新商科系列



# 商业计划书编写指南

## （第3版）

朱海雄　主编

张东风　杜俊华　宋　俊
张　萌　李天一　编

電子工業出版社
Publishing House of Electronics Industry
北京•BEIJING

## 内 容 简 介

本书阐述了商业计划书在创业企业与风险投资之间扮演的角色和起到的作用，完整介绍了商业计划书的格式、内容、编写规范及要求，详细讲解了商业计划书各部分的编写规范和要点，包括摘要，企业成长历程与发展规划，管理团队与组织结构，产品或服务，行业、市场与竞争分析，营销策略组合，生产与经营，风险因素分析，财务分析，附录及其他应注意的事项等，针对创业企业如何推销自己的商业计划书、如何与投资人沟通给出了建议。同时，本书还介绍了国家相关政策和法规。登录华信教育资源网 www.hxedu.com.cn 可免费下载本书 PPT。

本书力图理论联系实际，是一本实践性较强的工具书，适合准备进行融资的创业者、企业管理者，产业或行业的研究机构，投融资领域的专业人士，金融管理相关专业的学生阅读、参考。



**图书在版编目（CIP）数据**

商业计划书编写指南 / 朱海雄主编．—3 版．—北京：电子工业出版社，2021.9

ISBN 978-7-121-41954-6

Ⅰ. ①商… Ⅱ. ①朱… Ⅲ. ①商业计划－文书－写作－指南 Ⅳ. ①F712.1-62

中国版本图书馆 CIP 数据核字（2021）第 183688 号

责任编辑：秦淑灵　　　　特约编辑：田学清

印　　刷：天津千鹤文化传播有限公司

装　　订：天津千鹤文化传播有限公司

出版发行：电子工业出版社

北京市海淀区万寿路 173 信箱　　　邮编：100036

开　　本：720×1000　1/16　印张：18.5　字数：385 千字

版　　次：2002 年 4 月第 1 版

2021 年 9 月第 3 版

印　　次：2022 年 10 月第 2 次印刷

定　　价：58.00 元

凡所购买电子工业出版社图书有缺损问题，请向购买书店调换。若书店售缺，请与本社发行部联系，联系及邮购电话：（010）88254888，88258888。

质量投诉请发邮件至 zlts@phei.com.cn，盗版侵权举报请发邮件至 dbqq@phei.com.cn。

本书咨询联系方式：qinshl@phei.com.cn。

# 序

科技型中小企业从设立到发展壮大是一个长期和多阶段的过程。在这个过程中，每个发展阶段都需要资金的支持，而且资金需求量会不断增加。具备良好的融资能力，对于保证科技型中小企业健康、持续发展是十分重要的。商业计划书是一份全方位描述企业发展的文件，它从企业人员、制度、管理、产品、营销、市场等各个方面进行可行性分析和规划，帮助创业者厘清思路，认识自身具有的优势和面临的困难，确定正确的发展模式。因此，一份考虑详尽的商业计划书是创业者素质的体现，是企业拥有良好融资能力的重要条件之一。

商业计划书是资本市场通行的融资文件。理解商业计划书的内涵，可以帮助创业者在融资操作上适应资本市场的规则，掌握资本市场的内在规律，设计合理的发展战略。一份好的商业计划书可以帮助投资者发现具有投资价值和发展潜力的项目和企业，可以在投资者和创业者之间搭建起实现理想的桥梁。

创新是一个民族进步的灵魂，是国家兴旺发达的不竭动力。企业是技术创新的主体，它们既是经济可持续发展的推动力，又是国家提高综合国力、增强国际竞争力和保障经济可持续发展的根本。扶持科技型中小企业发展，营造良好的科技企业发展环境，推动高新技术产业的健康发展是科技管理部门的重要使命，也是建设创新型国家的战略选择。

国家科技风险开发事业中心成立于 1991 年，由中华人民共和国科技部、中华人民共和国财政部共同组建。作为国内最早推动科技风险投资事业发展的机构之一，国家科技风险开发事业中心积累了一些经验和教训。2002 年，该机构编写的《商业计划书编写指南》一书，针对商业计划书的编写要素、结构和内容，企业融资过程、步骤，以及创业风险投资的理念、操作方法等进行了较为详细的阐述，此次又进行了补充和修订。我相信本书对正在创业和筹划创业的人们是有所帮助的。

祝大家创业成功！

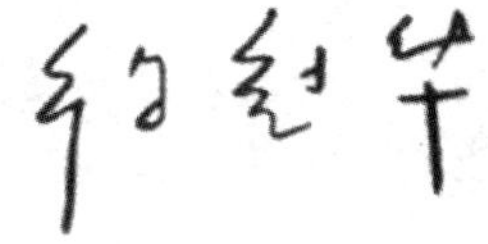

原国家科技部部长 中国科学院院士

2012 年 5 月 20 日

# 编 者 序

这是一个充满重大变革、机遇和风险的时代，这是一个需要不断创新和面对挑战的时代。随着国家创新驱动发展战略的深入实施，重大科技成果加速涌现，5G、人工智能、生物技术等最新科技成果正在深刻改变着人们的生产生活方式，引导着新产业、新业态、新模式快速形成和发展。创新创业作为一种价值导向和生活方式，正向着更大范围、更高层次、更深程度不断发展。而创业团队和科技企业的快速涌现，对促进科技成果转化、培育经济发展新动能、助力现代经济体系建设、促使经济社会高质量发展有着不可替代的作用。

创业团队、科技企业在不同发展阶段能够得到天使投资、风险投资青睐，商业计划书是必不可少的“敲门砖”。作为“中国商业计划书大赛（长春）”“中国创新创业大赛（宁波）”的培训教材，《商业计划书编写指南》自 2002 年出版至今已近 20 年，《商业计划书编写指南》（第 2 版）自 2012 年修订至今也快 10 年，该书的出版及修订为创业团队、科技企业编写商业计划书，争取获得融资和提升企业运营质量提供了力所能及的帮助。通过编写商业计划书，许多创业者、科技企业很好地展现了自身独特的技术（产品）优势，形成了特有的发展优势，与风险投资机构达成共识，借助资本的力量，走出了一条利益共享、风险共担的快速发展之路。

根据同行建议，结合创新创业、投融资政策环境、资本市场变化及近些年来接触到的一些创业团队、科技企业融资过程的实操案例，我们在前两版的基础上，做了部分修订：对商业计划书部分章节内容做了更加翔实的解释和实例分析，以期帮助读者理解和准确掌握商业计划书的编写要点；对创业者与风险投资人的洽谈给出了进一步的指导建议；收录了近年来国家出台的新政策，为创业团队、科技企业制定切合实际的阶段发展目标提供了帮助。实践中，因行业的不同，所处发展阶段的不同，投资机构偏好的不同，编写商业计划书的重点也会有所不同，在结构形式和内容上不必完全统一。希望创业者能够灵活运用书中的知识，根据自身特点，站在投资人的角度，编写出既适合企业发展，又满足投资人期望的商业计划书。

我们有一个梦，就是希望通过我们的努力，帮助创业团队、科技企业借助资本市场的力量获得快速、健康的发展。祝大家成功！

编 者

2021.9.1

# 目　录

第1章

# 商业计划书与创业企业

一位风险投资家曾经说过："如果你想踏踏实实地做一份创造性工作，写好一份商业计划书非常重要。它不仅可用于向投资人介绍项目，还能促使你进行系统思考。有些创意可能听起来很棒，但是当你努力把尽可能多的细节和数据写下来的时候，可能就没有听起来那么棒了。"

## 1.1 商业计划书对创业企业的重要性

### 1.1.1 创业企业成长之困

当前，新科技革命和产业变革正在加速重构全球创新版图，重塑全球经济结构。随着我国深入实施创新驱动发展战略，体制机制改革深入推进，科技成果转化、商事制度等重点领域改革取得突破性进展，科技人员、留学归国人员、返乡创业人员等各类创业群体的创新创业热情进一步迸发，从草根到精英、从城市到农村、从国内到国外，参与创业的群体越来越多元化、覆盖范围越来越广泛，创新创业正成为全社会的一种价值导向和生活方式，大众创业、万众创新正向着更大范围、更高层次、更深程度发展。创新创业培育新动能成效显著，为建设现代化经济体系、推动高质量发展发挥了不可替代的重要作用。

创业企业是指那些主要从事高新技术产品的研制、开发、生产和服务，拥有自主知识产权的核心技术，具有良好的创新管理和文化，成立时间较短、规模较小、业绩尚有较大成长空间的企业。

创办创业企业都是由少数人开始的，创业冲动可能源于对某一项高新技术及产品的构想和诱人的市场前景，但通常缺少实现理想所需人才、生产、市场等诸多要素的配置，还缺少把技术变成产品并推向市场所需的资金，或者对于资金准备严重不足浑然不知，盲目乐观。高新技术产业往往前期投资大、周期长、不确定因素较多、风险高，在生产管理模式、营销模式、市场及消费习惯的培育与建立、客户认可等方面都面临挑战。

在诸多问题之中，制约创业企业发展的瓶颈主要是创业资金不足。很多早期的科技创业企业固定资产较少，难以达到贷款要求。同时，创业企业贷款具有单笔金额小、风险大的特点，银行出于贷款成本考虑，不愿对创业企业放贷。财务信息不透明也阻碍了创业企业从银行融资。为创业企业建立风险补偿机制、增信的担保与再担保机制、多层次资本市场机制、信用体系建设等方面的工作滞后，难以解决创业企业的融资问题。

面对资金压力，创业企业要善于运用自身所掌握的技术、研发、管理等资源要素，形成特有的融资优势，借助资本的力量，努力与各类有利于自身发展的市场要素结合，与外部资源进行良性整合与互动，走一条利益共享、风险共担的快速发展之路。

### 1.1.2 什么是商业计划书

商业计划书（Business Plan）是公司、企业或项目单位为了达到融资或其他目的，在对项目进行科学调研、分析、搜集与整理有关资料的基础上，按照一定格式起草的、向投资人全方位、多角度展示项目目前发展现状和未来发展潜力的书面材料。商业计划书要围绕一段时期内要实现的发展目标，对技术、产品、营销、市场、资本运营及人员、制度、管理等各个方面进行统筹规划和可行性分析，是创业企业经营活动的蓝图与指南，是企业发展的行动纲领和执行方案，是企业管理团队和企业本身给投资人的第一印象。

商业计划书的价值在于对投资人决策的影响，其主要用途是提供给投资人，便于他们全面了解行业发展趋势、行业痛点难点、创业目标及状态、核心优势、团队情况、发展潜力、可能遇到的风险及解决方案，从而对企业是否符合其投资偏好做出初步评判，并决定是否将该企业列入潜在投资对象。就帮助企业获得融资来说，商业计划书的价值是无法衡量的，可以说商业计划书就是企业的融资计划书。

在我国创业投资蓬勃发展的今天，商业计划书在投资中的作用越来越被人们所重视，成为众多创业企业进行融资的必备文件，其重要性就如同预上市公司的招股说明书。近年来，创业融资的程序日益规范，商业计划书成为投资机构进行项目内部立项审批的正式文件之一，编写商业计划书已经成为越来越多创业企业家的“必修课程”。

### 1.1.3 商业计划书的作用

当企业处于创业阶段需要融资或者准备实施一项新的经营计划时，总会面临各种各样的问题，会被大量繁杂的工作所困扰。“凡事预则立，不预则废。”

这个时候就需要一份尽可能完备的商业计划书。对于创业企业而言，商业计划书是其融资成功与否的重要因素。但是，除融资的用途外，商业计划书还可以为企业未来的经营管理提供必要的分析基础和衡量标准，是创业行动的计划，这对于创业企业家来说是不可缺少的。简而言之，商业计划书可以从以下几方面为创业企业提供帮助。

1. 商业计划书是"敲门砖"，帮助创业企业获得外部投资

大多数专业投资公司或投资人审查、评估拟投项目的第一关就是看项目的商业计划书。投资人每天会收到很多商业计划书。要顺利获得风险投资，避免项目在进入投资人视线之初就被筛选出局，商业计划书的质量和专业性就显得至关重要。即便创业企业的技术水平很高、发展前景很好，也不代表投资人就应该知道它、关注它、和它商谈合作。这时，创业企业就需要一块"敲门砖"，敲开投资人的大门，与投资人面对面商谈合作。一份内容丰富、专业规范的商业计划书，就是获得投资人青睐的"敲门砖"，仅凭专利证书或科技成果鉴定证书是不可能获得风险投资的。

美国一位风险投资家曾说过:"创业企业邀人投资或加盟时,双方各有打算,仅靠空头许诺是无济于事的。"对于正在寻求资金的创业企业和寻找项目的投资人来说，商业计划书的好坏，往往决定了投融资交易的成败。

投资人在与创业企业的接触中，为什么要企业先提交一份商业计划书？为什么不直接通过电话洽谈或者面谈？这是因为投资是一项十分严谨的商业行为，投资人通常都是在审阅完商业计划书之后，觉得有必要进一步了解企业的情况时才会与企业人员见面，这不仅体现了投资人的专业性，也是对拟融资企业的一种尊重。因为，只有在了解了企业的产品技术、管理策略、市场规划、盈利预测等内容之后，并结合对企业所处行业的了解，投资人才知道这家企业是否符合他们的投资要求，从而决定是否有必要进行进一步商讨。而且投资人看过商业计划书后，面谈才更有针对性，避免浪费时间。所以，商业计划书是融资的试金石，只有商业计划书写得好，才会使投资人更快、更有效地了解企业，才会使投资人对企业充满信心，融资才会有希望。

2. 商业计划书是一面"透视镜"，帮助创业企业更进一步认清自身

对创业企业来说，商业计划书不仅是决定企业能否与风险投资机构面谈的通行证，而且能帮助创业企业家对企业进行再认识。一个酝酿中的项目往往各个方面的想法都很模糊。创业企业家按照编写商业计划书的具体要求，把正反理由都列出来，然后再逐条推敲，有助于对项目有一个更加清晰的认识。可以

这样说，商业计划书是先要把计划创立的企业推销给创业企业家自己。

制订相应的商业计划，能够使企业家对企业各个方面的情况有一个全面的了解，可以更好地了解目标客户、规划市场范畴、形成定价策略，并对市场竞争环境做出分析，在其中开展业务以求成功。商业计划的制订保证了这些方方面面的考虑能够协调一致。同样的，创业企业家在制订商业计划的过程中往往能够发现企业颇具竞争力的优势，或是商业计划本身所蕴藏的机遇或不足。只有将商业计划付诸纸上，才能确保提高创业企业家管理企业的能力。创业企业家也可以在实施过程中，集中精力应对与商业计划书产生偏差的状况，做到防患未然。

正如一位风险投资家所说："如果你想踏踏实实做一份创造性工作，写好一份商业计划书非常重要。它不仅可用于向投资人介绍项目，还能迫使你进行系统思考。有些创意可能听起来很棒，但是当你努力把尽可能多的细节和数据写下来的时候，就没有听起来那么棒了。"在编写商业计划书的过程中，创业企业家通过全面梳理，可以对自己运作构思的可行性进行系统思考，改正一些不切实际的想法，避免假大空，降低试错成本，提高创业成功率。

### 3. 商业计划书是一张"施工图"，帮助创业企业统筹协调内外部资源

商业计划书不仅是一份商业策划方案，也是一个企业管理工具，能引导你走过企业发展的不同阶段。无论是商业项目的动作，还是企业经营，都离不开参与者的相互沟通和协作。在项目推进的过程中，如果缺少共同认可的方向和方案，就难免会产生歧义，继而产生分歧和冲突，影响项目的推进。要实现合作成功、信息共享、沟通顺畅、认识统一，行动一致是基础和前提。而商业计划书其中一个很重要的作用，就是向投资人、合作伙伴、企业员工及包括政府在内的利益相关者提供信息，做出某种承诺，是建立信任、保证顺畅沟通、做出正确决策和积极执行的基础。

一份有深度的商业计划书能帮助你认清市场风险和拦路虎，从而让你绕过它。对于新建立企业或创业项目来说，商业计划书有四个基本目标：确定机遇的性质和内容；说明利用这一机遇进行发展所要采取的方法；确定最有可能决定企业是否成功的因素；确定筹集资金的工具和渠道。通过编写相应的商业计划书，企业或项目参与者及运营者会对自己企业的各个方面有一个全面的了解。商业计划书保证了项目整体运营的协调及自身优势的充分发挥。它可以帮助创业者更好地分析目标客户，掌握竞争环境，规划市场，制定销售及价格策略，以进一步提升项目的成功率；也可以帮助创业者抢在市场环境恶化之前，应对项目出现的偏差，以便有足够的时间为未来做打算，做到防患未然。很多创业者都与他们的团队分享商业计划书，以便让团队成员更深刻地理解自己的业务

到底走向何方。

大企业也在利用商业计划书，通过年度周期性的反复讨论和仔细推敲，最终确定企业未来的行动纲要和当年的行动计划，并让上级和下级的意志得到统一。商业计划书也能帮助你跟踪、监督、反馈和度量你的业务流程。优秀的商业计划书将是一份有生命的文档，随着团队成员知识与经验的不断增加，它也会随之成长。当你建立好企业的时间轴及里程碑，在一个时间段后，你就能衡量企业实际的路径与开始的计划有什么不同了。越来越多的企业都在利用年度周期性的计划工作，总结上一周期的成功与不足，以便调整集体的方向与步骤，进而奖优罚劣，激励团队成员成长。

4. 商业计划书是一份“承诺书”，帮助企业明确未来利益的分配

对于创业企业家来说，商业计划书也是一份“承诺书”。这点在企业利用商业计划书执行融资工作的时候体现得最为明显。和其他法律文档一样，在创业企业家和投资人签署融资合同的同时，商业计划书往往作为一份合同附件存在，与这份附件相对应的是主合同中的对赌条款。对赌条款和商业计划书共同构成一个业绩承诺：当企业家完成或没有完成商业计划书中所约定的目标时，投资人和创业企业家之间在利益上如何重新进行分配。

对于已创建的企业来说，商业计划书也是一个有效的承诺工具。在辅助执行企业内部管理时，上级和下级就某一特定目标达成一致以后，他们合作完成的商业计划书就记录下了对目标的约定。这样的约定，将成为各类激励方案得以实施的重要基础。

与此同时，商业计划书作为承诺工具的作用和价值，也体现在上级与下级的合作关系中。企业战略的展开，意味着必要的资源投入，同时也需要全体参与者的共同努力，更需要领导者统筹全局，运筹帷幄。一方面，只有经过慎重思考的战略，才能够让领导者下定必要投入的决心；另一方面，稳定的战略思维是领导者凝聚人心和统一指挥不可或缺的基础，是上级对下级最重要的承诺。下级可以原谅因为具体环境的变化、市场的发展、技术的进步、认识的提升、知识的增长而带来行动计划乃至战略的调整，但是没有任何人愿意和一个朝三暮四、朝令夕改的，不具备战略思考能力的领导人共同工作。

### 1.1.4　商业计划书的类型

商业计划书的名称和类型多种多样，如投资建议书、投资项目概述、商业计划书概要、商业计划书、可行性研究报告、项目计划书等。其展示形式、篇幅长短、内容详略、风格样式等也不尽相同。

商业计划书可分为精简版商业计划书和完整版商业计划书两类。精简版商

业计划书是基于完整版商业计划书的内容制作的，是完整版商业计划书的精华。无论是精简版还是完整版，涉及的核心内容、发展脉络、具体目标、关键节点都是相同的，只是表述的深度和细致程度不同而已。一般创业者在融资时会同时准备两个版本的商业计划书，具体使用哪个版本，取决于商业计划书的应用场合及给什么人看。

### 1. 精简版商业计划书

精简版商业计划书内容简洁，重点突出，多用于项目投递、项目路演、宣讲等场景下，与投资人初步接触时使用，目的是要在短时间内让投资人了解项目的大概情况，以引起对方的兴趣。在与投资人接触的初期，并不需要将商业计划全盘托出，特别是涉及的商业秘密，这一点要充分予以重视。目前，精简版商业计划书采用的主流格式是演示文稿PPT或PDF（可采用PowerPoint制作，其后缀名为ppt、pptx或pdf，多被直接称为PPT文件）。PPT文件以图表为主，文字为辅，形式简洁美观，样式生动形象，展现方式多样，重点内容突出，传递的信息量大，能够使投资人在短时间内很好地抓住和理解项目的核心内容。

精简版商业计划书的PPT文件可以通过投影仪投放到大屏幕上，同时向多人展示和介绍项目情况。但由于PPT文件格式的特殊性，其文字部分是精简的要点，无法呈现细节部分。因此，PPT文件以外的内容就需要演讲者现场陈述。这就要求演讲者对项目相当熟悉，能够掌握项目的每个细节部分，能够根据精简的要点，将细节还原。很多创业者在进行路演时都会忽视PPT文件的重要性。PPT文件展示及演讲也是企业融资工作的一部分，会影响投资人的决定。很多时候，成功与失败仅在举手投足之间就发生了反转，因此企业家应该在自己力所能及的范围内做好所有细节，不断增加成功的可能性。

精简版商业计划书的目标是让投资人对你的项目产生兴趣，有了兴趣才可能继续。此时，精简版商业计划书就好比一份求职简历，应在很短时间内引起HR的兴趣，否则就可能被扔到垃圾桶。同理，投资机构每天从各种渠道收到的商业计划书很多，每天能用来看商业计划书的时间也是有限的。想要在投资机构堆积如山的商业计划书中脱颖而出拿到融资，那么精简版商业计划书就要重点鲜明、详略得当，内容篇幅不需要太多。

### 2. 完整版商业计划书

完整版商业计划书是企业全方位展示项目现阶段发展状况和未来发展潜力的文件，多适用于项目已经通过投资人初步筛选，企业家向投资人进行进一步详细介绍和展示项目的情况，可以使投资人更加全面深入了解项目，以便于做出投资决策。完整版商业计划书一般采用报告形式（可采用Word制作，其格式后缀名为 doc、docx 或 pdf，Word 版本目前已很少使用）。报告形式更多地采用按条阐述或者小段落阐述的文字，以较长篇幅、大量的文字来描述项目，但这并不意味着可以忽视图表的辅助内容。图表作为必要且有用的工具，不仅可以强化创业者对它们的记忆，还便于同投资人进行交流。

完整版商业计划书要使用标准的商业术语，尽量避免使用非正式用语或俚语，以免引起歧义；通篇涉及的内容和数据必须是真实的，是经得住检查的，至少可以自圆其说。千万要知道，投资人开始并不熟悉你的经营状况，商业计划书并不仅仅是一份公司介绍，还可能成为投资人开展尽职调查的基础文件和对照物。当投资人在尽职调查过程中发现任何一项或几项内容与商业计划书中的描述不一致时，都可能会对创业者或者项目产生怀疑甚至不信任。

完整版商业计划书是全面、完整描述项目的书面文件，涵盖了企业规划与实施过程中的方方面面，透视了项目的整个商业模式，涉及点、线、面及问题。编写这样一份内容翔实的商业计划书有助于创业者梳理自己的创业思路，不断地对里面的细枝末节进行复盘，不断地优化自己的创业方法、完善工作计划，并将其中的精华提炼到精简版商业计划书中，呈现给投资人，提高融资成功率。

由于需要将项目内容介绍得比较详细，完整版商业计划书的篇幅一般较长，但简洁表达也尤为重要，应在保证全面展示项目内容的前提下，页数越少越好，正文内容最好控制在 30 页以内。如果页数太多，投资人看不完的概率会很高。

## 1.2　如何编写一份好的商业计划书

一个专业的投资机构每月都要收到大量各式各样的商业计划书，每个投资人每天都要阅读很多份商业计划书，其中仅仅有几份能够引起他进一步阅读的兴趣，更多的则被无情地放弃。所以，为了确保你的商业计划书能够引起投资人的注意，必须事前做好充分而周密的准备工作，防止错失与投资人进一步交流的机会。

### 1.2.1　商业计划书的基本要求

行业不同，风险点和运营特点也不一样，商业计划书的结构形式和内容不必完全统一，但关键要素必须完备，主要包括行业发展趋势、行业痛点和难点、产品或服务介绍、商业模式，市场分析、竞争分析、财务测算、融资需求、团队介绍和风险控制等。商业计划书的基本要求具体如下。

（1）文字简洁。编写商业计划书的目的是获取风险投资机构的投资，而不是为了与投资人闲聊。因此，在编写商业计划书时，应该避免一些与主题无关的内容，要开门见山地直接切入主题。同常人一样，投资人也没兴趣阅读对他来说没有意义的东西。初次创业者在编写商业计划书时应当格外注意这一点。

（2）信息完整。编写商业计划书时，应尽可能地按照《商业计划书编写指南》的提示要求，全面披露与创业企业发展有关的全部重要信息。如果披露不完全，则投资人会对该投资建议存疑，从而失去融资机会。

（3）条理清晰。写商业计划书要站在投资人的角度考虑问题，关键是要有清晰的条理和严谨的逻辑。文字表达要清晰，语言流畅易懂，意思表述精准。要抓住重点展开论述，层次分明，结构合理，这样才能吸引投资人的注意力。否则，投资人看完觉得云里雾里，不知道讲了哪些事，搞不清主线和重点，对项目的印象就会大打折扣。要防止堆砌，各章节要突出重点，同一问题一般不要在多个章节赘述。

投资人常常挂在嘴边的问题往往也就这么几个:产品是什么？谁来买单(目标客户）？竞争优势是什么？市场容量多大？能达到盈亏平衡的最短时间有多长？商业计划书要使人读后非常清楚：企业的商业机会、创业所需要的资源、把握机会的进程、风险和预期回报等。商业计划书不是学术论文，阅读它的是非专业技术背景，但对企业有兴趣的人，如可能的团队成员，可能的投资人和合作伙伴、供应商、顾客、政府机构等。因此，一份好的商业计划书应该写得让人明白，避免使用过多专业词汇，避免聚焦于特定的策略、目标、计划和行动。

（4）前后一致。在编写商业计划书时，要注意内容的前后一致性。例如，产品计划与产品服务中的未来研发一致，融资需求与资金使用计划一致，人员配置与人力资源规划一致等。整份商业计划书的前后基本假设或预测要相互呼应，也就是前后逻辑要合理。例如，财务预测必须根据市场分析与技术分析所得的结果进行规划。

（5）客观实际。一切数字要尽量客观、实际，切勿凭主观意愿估计。通常创业者容易高估市场潜力或报酬，而低估经营成本。在商业计划书中，创业者应尽量列出客观的可供参考的数据与文献资料。

### 1.2.2　商业计划书的信息需求

在花费时间与精力准备商业计划书之前，创业者应该对企业经营概念进行快速的可行性研究，看看是否存在影响成功的因素。尽管获得的信息有许多，但这些信息应该主要集中于市场、运营和财务。在可行性研究开始之前，创业者应该清楚地确定企业目标。企业目标可以帮助创业者确定什么是需要做的及如何实现，从而为编写商业计划书提供一个框架。目标如果定得太低或不切实际，则商业计划书就难以控制和实施。

1. 市场信息

市场既是企业产品设计的出发点，又是企业产品使用的终结点。对创业者来说，首要的信息就是其产品或服务的潜在市场信息，没有市场则一切归零。为了判断市场规模，创业者需要明确地定义市场。例如，该产品最可能被男性购买还是女性购买？产品面对的是高收入人群还是低收入人群？是城市居民还是农村居民？是受教育水平较高的人群还是受教育水平较低的人群？产品或服务能够为客户带来什么？明确定义市场将会使创业企业较为容易地确定市场规模及市场目标。例如，有个创业者开发了一个独特的高尔夫球训练辅助器，该产品可以确定击球的距离、右曲球或左曲球，并且能够在淡季时使用户在地下室或车库里进行训练，给用户带来好的成绩。于是，该产品所定义的市场为立志提高得分的、狂热的高尔夫球手。

为了对市场的潜力做出评价，创业者应该考虑从行业协会、政府报告及已发表的有关研究成果中收集信息。一般情况下，这些信息是比较容易获取的。在上文例子中，创业者应该能够从二手资料中估计出市场的规模。一般来说，高尔夫协会或高尔夫杂志会按地域提供有关的市场信息。另外，来自高尔夫商店的有关训练辅助器的信息也会有所帮助。通过与这些商店进行接触并与之讨论这种产品，可以为商业计划书提供一些有价值的看法。因此，创业者就可以确定该市场的大致规模。仅国内而言，10 亿元以下应是相对小的市场容量，50 亿元左右为一般，100 亿元以上为较大，1000 亿元以上是大市场。

掌握市场信息要进行充分的市场调研。要知道，当一个创意或者新的投资项目从你的大脑中萌发时，它并不是存在于真空中的。要把你的创意或者投资项目付诸实施，并不是说干就干的。因此，你在编写商业计划书以前，应该进行充分的市场调研。

开展市场调研，主要回答以下问题：你的产品或服务处于行业的什么位置（上、中、下游）？总的市场容量有多大（可以从行业发展研究报告、上市公司公开资料、政府公布的相关数据中获得，如果生产男鞋，切忌将女鞋、童鞋都算作你的市场）？该市场尚需培育，还是已处于快速发展阶段或处于平稳发展阶段？竞争对手情况如何？如果是全新的技术，往往能开辟出新的市场，但哪些用户能够构成新的市场且规模足够大？

2. 运营信息

运营的可行性研究依赖于企业的特点。所需要的大多数运营信息可以通过直接接触适当的信息源而获得。创业者可能需要的运营信息包括以下几个方面。

（1）地点。需要确定企业坐落的地点，地点的确定主要考虑与顾客、供应商及分销商的距离。

（2）制造运营。需要确定企业运作所需的基本机器和装配，也要确定这些运营是否需要分包，以及由谁来分包。

（3）原材料。需要确定所需要的原材料、供应商的姓名和地址，以及成本。

（4）设备。应该列举出所需要的设备，并确定这些设备是要购买还是要租赁。

（5）技能。确定所需的技能，每项技能所要求的人数、工资，并估计这些技能可以从哪里获得、如何获得。

（6）经营场所。确定企业运作所需的经营场所的大小，包括这些场所是否需要自己拥有或租赁。

（7）间接费用。确定对企业运营提供支持的各项开支，如工具、供应、公用事业、薪水等。

上述大多数信息都应直接列入商业计划书，且对每一项都要做一些相应的研究，这对于投资人对商业计划书进行评估并进而考虑投资计划来说很有必要。

3. 财务信息

在准备商业计划书之前，创业者必须对企业的盈利能力进行完整的评价。这个评价主要是告诉潜在的投资人：这家企业会盈利、创办企业并满足短期财务需求需要多少资金，以及如何获得这些资金（如股权投资、银行贷款、发行股票或债券）。

要判断创办一家新企业的可行性，一般需要三方面的财务信息。

（1）起步阶段至少三年的预计销售额及支出费用。

（2）起步阶段至少三年的现金流预测数据。

（3）现在的资产负债表数据和起步阶段至少三年的资产负债预测表。

根据前面所讨论的市场信息，确定前 12 个月内每个月及以后几年的预计销售额和支出费用。每一项支出都应该以月为基础来计算。现金流的预测要考虑企业在所选定时间内满足费用支出的能力。现金流的预测应该是在整年内以月为基础，确定初始现金、预计可收账款和其他收入，以及所有的支出。现在的资产负债表数据提供了企业在特定时间的财务状况，以确定企业的资产、负债和所有者权益。

### 1.2.3 商业计划书的编写过程

越来越多的案例表明，仅仅依靠创业者个人的力量是很难做到尽善尽美的，尤其是缺乏成功创业经历的创业者。因此，在编写商业计划书的过程中，需要有一个强有力的智囊团，以弥补个人的不足。寻求有丰富经验的企业家、管理专家、律师、会计师、咨询师的帮助是非常必要的。他们能够弥补你在整体设计及某些专业方面的不足，让你的商业计划书更加完整。编写商业计划书是为了获得投资，因此商业计划书应当从投资人的角度来考虑。这一点很重要，创业者与投资人看待项目的角度是不同的，关注的重点也存在差异，不转换角度是很严重的事。

需要强调的是，智囊团的作用只是弥补你个人知识、经验的不足。创业者必须全程参加商业计划书的编写，因为创业者既是计划的提出者，又是计划的执行者，创业之路最终需要创业者和他的团队自己走，投资人能够提供的是创业所需资金，最多还有一些所谓的“增值服务”。解决困难的智慧主要来自创业者本身，投资人需要透过商业计划书来判断创业者和团队所具有的能力。

从重要性程度来看，投资人最重视的是创业企业本身及其管理队伍，然后是企业如何打开市场。

时间是最为关键的。创业者接下来应该建立一个合适的时间表来安排和完成计划与计划附录。商业计划书的完成需要较多的时间，而且对于大多数创业者来说，还涉及学习过程。下面介绍编写商业计划书的具体步骤，大致可以分为以下几个阶段。

### 1. 商业计划构想细化

要按照商业计划书编写要求，对自己将要开创的事业进行细致的思考，并进行细化的构思，确定明确的时间进度表和工作进程。一定要提醒自己，其中涉及的问题都是需要回答的，有些问题自己就能回答，有些则可能回答不了，还有一些没有把握。但不管怎么说，先要列出来，再去寻求答案。

### 2. 客户调查

与至少 3 个潜在客户建立联系，其中至少有一个是你将选作自己销售渠道的客户。准备一份 1～2 页的客户调查纲要，保证获取足够的信息，包括潜在客户的数量、他们愿意支付的价钱、产品或服务对于客户的经济价值。另外，还应当收集定性的信息，如购买周期、可能导致客户拒绝本产品或服务的因素。

### 3. 文档制作

在文档中主要突出以下内容。

1）市场、目标和战略

这是商业计划书的主要部分，应当建立在客户调查的基础之上。准备一份

3～5 页的文档，主要内容为如何量化市场机会、如何把握这个机会及细化实现目标的战略。另外，再附上一些市场预测、客户证明、调查数据、从各种出版物上获取的材料、产品描述或者市场营销材料。

2）实施

针对新企业的运作，创业者应明确哪些是你达到目标的关键优势，如何在你的商业计划书中反映出这些优势，并且在重要方面体现这些优势。

例如，你如何寻求雇员？你如何开发你的产品？整个过程中的关键风险是什么？这家新企业如何在长时间里进行大量生产？简而言之，详细描述这家企业从今天到两年后、五年后，以及将来的运作方式。仔细进行财务估算，以透彻把握这家企业如何在产品技术或服务、收入、销售量、客户及其他推动因素上取得长足发展。在这个过程中，你将全面把握企业的经济状况。

3）团队

准备 2～3 页文档，说明企业成员具备做好这家企业所需的能力，并说明企业发展过程中主要人员的分工情况。投资人经常挂在嘴边的一句话是“第一投人、第二投人，第三还是投人”，可见创业者本人和团队在投资人眼里是多么重要。用单独一部分说明企业各成员在企业中所拥有的股权。如果你需要外来资金，那么用一段话来说明你们将出让多少股权以换取资金。

4）财务

一份完整的财务分析（包括对企业的价值评估）必须保证所有的可能性都已经考虑到。财务分析要量化本企业的收入目标和战略，要详细而精确地考虑企业运作所需的资金。

#### 4. 路演和反馈

准备 15 分钟的路演以推销企业。这是第一次（也许是最后一次）来向一群投资人推销你的企业。路演时，你应当强调企业能够取得成功的关键因素，但这并不是要求你把商业计划书用口头方式表达出来，用一些看得见的东西来让你的听众眼花缭乱，而是应该用简洁的市场分析和可靠的数据来给投资人留下深刻的印象，并对投资人提出的问题给予科学、直接、细致的分析与解答。

### 1.2.4 编写过程中要思考的问题

花时间探讨和评价你的企业和你个人的目标，可以增加成功的机会，也可以帮你编写达到这些目标的翔实周密的商业计划书。

编写一份商业计划书将帮你思考一些原本可能未曾意识到的重要问题。商业计划书将成为一个为你的企业增加利润和活力的极具价值的工具，也将成为记载你成功之路的里程碑。

具体来讲，在编写商业计划书时，创业者要思考以下几个方面的问题。

### 1. 在开始之前列出你要创办企业的动机

创办企业的普遍动机如下。

（1）你想当自己的老板。

（2）你想实现财务自由。

（3）你有创新的想法。

（4）你想完全展示自己的技能和知识。

### 2. 决定哪类企业适合你

试着回答下面的问题。

（1）你想干什么？

（2）你学习过、发展过哪些技术、技能？

（3）你擅长什么？

（4）你是否获得了亲友的支持？

（5）你有多少精力投入到企业中？

（6）你的爱好和兴趣是否具有商业价值（含有可市场化的、可销售的成分）？

这些问题可以帮你决定适合你的企业类型。

### 3. 确定企业的经营范围

下面的问题可以指导你做一些必要的调查研究。

（1）你对什么行业有兴趣？

（2）你将销售什么产品或服务？

（3）你的生意是否现实？它是否满足或适应了某种需求？

（4）你的竞争对手是谁？

（5）你与现有的竞争者相比，你的优势是什么？

（6）你能提供高品质的服务吗？

（7）你能为你的企业创造一种需求吗？

### 4. 管理团队方面的问题

在商业计划书中，投资人会非常关注“人”的因素，即创业企业中管理团队的情况。因此，商业计划书要能够翔实地向投资人展示管理团队的风貌。投资人对管理团队的关注点有如下几个方面。

（1）创业者是否是一个领袖式的人物？是否具备应有的素质？

（2）这个管理团队的创业信念是否坚定？目标是否一致？

（3）管理团队是否具有强大的凝聚力从而始终努力地追求事业成功？

（4）管理团队的市场战斗力如何？

（5）管理团队是否非常熟悉和善于开发潜在的市场？

5. 列一个清单，问自己下面这样一些问题

（1）你有哪些技能和经验可以用于新企业？

（2）哪种组织结构最适合你的企业？

（3）你需要哪些设备和物资？

（4）你的资源有哪些？

（5）你需要从何处获得资金？

（6）你需要防范哪些风险及如何防范？

（7）你将如何给自己付酬？

（8）你的企业位于何处？

（9）你的企业名称是什么？

你的回答将有助于你编写一份有针对性的、经过充分调查研究的商业计划书。这份商业计划书可被视为一个蓝图，它应详述企业如何运作、经营、管理和资本化。一旦你完成商业计划书，先和你的朋友或商业伙伴对它进行复审、讨论和修改，直到对内容和结构都满意，再去找选定的投资人或银行，和他们进行讨论。商业计划书应是一份根据企业的成长和商务活动的发展而不断变化的、灵活的、有弹性的文件。

### 1.2.5 评估自己的商业计划书

在编写商业计划书的过程中，创业者应该站在投资人的角度（或立场）对自己的商业计划书进行评估，并努力审视以下七个问题是否在你的商业计划书中有了明确的答案。

（1）投资人能获得多少回报？

（2）投资人会损失什么（可能遇到的风险，如投资担保、法律诉讼、时间）？

（3）谁认为这个计划可行（对商业计划书各项内容的第三方验证）？

（4）交易当中还有谁发挥作用（管理团队和投资人群体及他们在各自领域中的地位）？

（5）这个市场有多大？

（6）你的企业如何争取到潜在的客户（对市场开拓能力的验证）？

（7）投资人的投资何时和怎样退出（公开上市或并购的退出战略）？

**指点迷津：**

商业计划书要满足阅读商业计划书的每一个人的需求是不可能的，而较为现实的情况是创业者的产品必须满足顾客的需求。

## 1.3　投资人眼中的商业计划书

对于创业者来说，应该明白投资人眼中的商业计划书是个什么样子的，只有这样，写的时候才能有的放矢。

### 1.3.1　商业计划书对投资人的意义

对于投资人来说，一份商业计划书就是一个信息载体。通过商业计划书披露的信息，投资人可以评价这个企业是否真正具有他所认可的投资及经营价值。投资人可以以商业计划书为依据，考察创业者是否能够清晰分析和把握创业过程中将面临的方方面面的难题。一旦通过了这种考察，投资人就会对这家企业的未来持乐观态度，并相信投资能够获得预期的回报。另外，透过商业计划书，投资人还可以初步判断创业者的基本素质和办事风格。所以，商业计划书是投资人决定是否投资的重要依据之一。

从法律上说，投资人希望创业企业能准备一份完整的商业计划书。因为，如果投资失败，投资人可以根据创业企业有意或无意提交的信息起诉创业者，以尽可能地减少损失。投资人往往专业水平很高，非常熟悉有关法律、法规，有能力阅读、分析商业计划书并对其进行职业性的严格审查，以确定其中是否含有欺骗或使人误解的信息。

确切地说，创业者应该公布企业的全部机密信息，将机密信息以书面形式交给投资人。如果投资项目失败，且创业者隐瞒了有关企业的机密信息，或机密信息失真，投资人可以要求退还投资，甚至对责任人提起法律诉讼。这时候，商业计划书会起到法律证据的作用。

### 1.3.2　投资人关注的重点

那些不能给投资人充分的信息，也不能使投资人激动起来的商业计划书，最终结果只能是被扔进垃圾箱。以下是投资人关注的重点，也是创业者编写商业计划书时应该把握的重点。简单地说，投资人主要关注商业计划书的三大重点及其证据。

（1）你到底是谁？

（2）你要做什么？你的产品或服务到底有什么价值？

（3）怎么做？你是不是有执行能力和成功的把握？

1. 企业产品

一般而言，实体产品的发展前景比服务型产品的发展前景更容易预测。因此，在商业计划书中，创业者应提供所有与产品或服务有关的细节，包括企业已实施的所有调查。具体如下：产品正处于什么发展阶段？它的独特性竞争优势是什么？企业分销产品的方法是什么？谁将使用企业的产品？产品的生产成本是多少？售价是多少？企业产品迭代升级的计划是什么？创业者应把投资人拉到企业的产品或服务中来，这样才能使投资人和创业者一样对产品或服务感兴趣。在商业计划书中，创业者应尽量用简洁的词语来描述每件事——创业者应非常熟悉自己的产品及其属性，但其他人却不一定清楚。编写商业计划书的目的不仅是要让投资人相信企业的产品会在世界上产生革命性的影响，同时也要使他们相信企业有实现的能力。商业计划书对产品的阐述，要让投资人感到“啊，这种产品是多么美妙啊”！

2. 竞争对手

在商业计划书中，创业者应详细分析竞争对手的情况。竞争对手都是谁？他们的产品是如何工作的？竞争对手的产品与本企业的产品相比，有哪些相同点和不同点？竞争对手所采用的营销策略是什么？创业者要尽可能明确每个竞争对手的销售额、毛利润、收入及市场份额，然后再讨论本企业相对于每个竞争对手所具有的竞争优势。创业者要向投资人展示，顾客偏爱本企业产品的原因。在商业计划书中，创业者还应阐明竞争对手给本企业带来的风险及本企业将采取的对策。创业者在描述竞争时往往会觉得困难，或是过于自信而否认竞争，或是对市场了解过于简单甚至不够了解。然而没有竞争是不可能的，有的竞争可能来源于新工艺、新技术导致的价格优势，有的竞争可能来源于创意或替代，有的竞争可能来源于对竞争对手的不了解等。

3. 市场营销

在商业计划书中，创业者要给投资人提供企业对目标市场的深入分析和理解，要细致分析经济、地理、职业及心理等因素对消费者选择购买本企业产品的影响。商业计划书还应包括一个主要的营销计划，营销计划中应列出本企业打算开展广告、促销及公关活动的地区，明确每一项活动的预算和收益。在商业计划书中创业者还应简述一下企业的销售策略：企业使用外面的销售代表还是使用内部职员？企业是通过转卖商、分销商销售还是通过特许商销售？企业将提供何种类型的销售培训？此外，商业计划书还应特别关注销售中的细节问题。

4. 行动计划

企业的行动计划应该是无懈可击的，至少应该让投资人认为是无懈可击的。商业计划书应明确下列问题：企业如何把产品推向市场？如何设计生产线？如何组装产品？企业生产需要哪些原料？企业拥有哪些生产资源，还需要哪些生产资源？生产和设备的成本是多少？企业是买设备还是租设备？生产地区的产业配套能力如何？招聘专业技工是否困难？另外，投资人还应在商业计划书中解释与产品组装、仓储、运输有关的固定成本和变动成本的情况。

5. 管理团队

创业企业把一个思想转化为一项成功产品或服务的关键因素就是要有一支强有力的管理团队。团队成员必须有较高的专业技术知识、管理才能和多年工作经验。要给投资人这样一种感觉："看！如果这个公司是一支足球队，他们就会一直杀入世界杯决赛！"管理者的职能是计划、组织、控制和指导企业实现目标的行动。在商业计划书中，创业者应首先描述一下整个管理团队及其职责，然后再分别介绍每位管理人员的从业背景、技术特长、性格特点和管理风格，细致描述每位管理人员将对企业所做的贡献。商业计划书还应明确管理目标及组织机构图。

美国苹果电脑公司（苹果公司）的创始人史蒂夫·乔布斯与斯蒂夫·沃兹尼亚克在 1976 年设计出了一款新型的个人电脑，由于市场反响良好决定进行小批量生产。他们卖掉旧汽车凑了 1400 美元，但这样的资本根本不足以应对发展的需要。百万富翁马克库拉敏锐地意识到了未来个人电脑市场的巨大潜力，决定与两位年轻人合作创办电脑公司。他们花了两个星期的时间编写出一份商业计划书，马克库拉掏出 9.1 万美元入股，还争取到银行 25 万美元的信用贷款和 60 万美元的创业资金。为了加强公司的经营管理，马克库拉又推荐了美国半导体制造商协会主任斯科特担任公司的总经理。

1977 年 6 月，四个人组成了苹果公司的领导班子，马克库拉任董事长，乔布斯任副董事长，斯科特任总经理，沃兹尼亚克是负责研究与发展的副总经理。技术、资金、管理的结合产生了神奇的效果，使苹果公司获得了快速发展。1984 年，苹果公司推出的麦金塔型微机更是友好型人机界面的楷模，被广泛地应用于出版、平面设计等领域。

6. 摘要

商业计划书中的摘要十分重要。它必须能让投资人有兴趣并渴望得到更多的信息，它将给投资人留下长久的印象。摘要是创业者所写的最后一部分内容，却是投资人首先要看到的内容。创业者从商业计划书中摘录出与筹集资金最相关的细节，用简明而生动的文字概括出企业内部管理情况、企业的能力及局限性、企业的竞争对手、营销和财务战略、企业管理团队等情况。如果企业是一本书，摘要就是这本书的前言，做得好就可以把投资人吸引住。它会给投资人这样的印象："这个企业将会成为行业中的巨人，我已等不及要去读商业计划书的其余部分了。"

7. 财务预测

财务预测是商业计划书中的重要部分之一，但是在创业企业中是最容易被忽视的方面。财务预测包括企业合理估值（即计划用多少股份交换多少资金）、预期收益，以及日后融资中预计出现的股权稀释等情况。商业计划书中必须有清晰的业务思路、完整的财务预测，以清楚表述财务数字和企业业务发展之间的有机联系。

8. 股权结构

投资人往往觉得人越多越安全，所以他们通常不愿意成为交易中的唯一投资人，而是关注是否有其他投资人准备一起投资，将来可能要和哪些人一起共事。投资人尤其关注创业者个人在企业里投入了多少资金，如果投入过少，投资人会怀疑创业者自己对项目的信心和创业态度。

9. 退出方法

企业是否已经提前做好了安排，让投资人能在交易中顺利拿回自己的投资并获得回报。

### 1.3.3 商业计划书中的商业模式

商业计划书中最重要的内容是商业模式。创业者要用最简洁的语言清楚地描述商业模式。商业模式是企业为实现其战略目标而采取的能使其自身不断增值或获利的经营模式，通俗地说就是如何做生意。

随着知识经济的到来，全球化的经济形势使企业间的竞争更加激烈，企业的生死存亡变化更快。在这种形势下，一个企业确定要做什么，即企业的战略已经变得非常简单，但企业怎样做，即企业的商业模式显得更加重要。

传统企业的经营模式以生产为中心，现在被认为是刚性企业经营模式，即企业将自己所有的人力、物力、财力等资源均围绕产品生产进行，缺乏必要的灵活性。现代企业除这种经营模式之外，还有以下几种经营模式。

（1）分工协作经营模式。把为大企业配套作为企业发展、走向市场的途径。具体是指中小企业不直接与大企业竞争，而是尽可能与大企业合作，做大企业发展中必不可少的伙伴。

（2）特许权经营模式。这是连锁经营的一种重要形式。它是指特许经营机构将自己拥有的商标、产品、专利和专有技术等，以特许经营合同的形式授予被特许者使用，被特许者按合同规定在统一的业务模式下从事经营活动并支付相应的费用。

（3）虚拟经营模式。20 世纪 90 年代以来，全球正在由物质型经济向知识型经济转变。知识和信息通过对传统生产要素，即资本、劳动力和土地等的整合和改造，为企业的发展创造了一种新的经营模式，即虚拟经营模式。

在虚拟企业中，企业只掌握核心功能，把企业知识和技术依赖性强的高增值部分掌握在自己手里，而把其他低增值部分虚拟化，借助外力进行整合，在竞争中最大效率地提高企业的资源利用率、降低成本与消耗。

从某种范畴上看，商业模式属于企业的战略层面，但它赋予了战略更深层次的含义，使企业战略所包含的内容更丰富。从存在价值上看，商业模式甚至比单纯的企业战略更重要，特别是对投资人来讲，创业企业的商业模式是否蕴含巨大的利益，是否能对现有的和潜在的利润进行重新组合和分配，是决定其投资的关键所在。

### 1. 商业模式与企业的关系

商业模式指导企业的发展。一个企业要想成功，必须有一个好的商业模式。商业模式决定企业的行为，是企业经营活动的指导思想。新经济下的产业和传统的产业都可创造成功的商业模式，如连锁店（特许经营权）、虚拟运作、直销、仓储式销售等。

商业模式使企业发展具有更多选择。企业可以选择不同的商业模式，这些商业模式仅仅在形式上有所不同，其目的都是实现企业的战略目标。互联网技术的兴起，使商业模式具有更多变化，企业也随之具有了更广阔的选择和发展空间。

对于创业企业来说，商业模式更为重要，创业者在萌发创业动机时就要考虑创业企业的商业模式。它决定了企业的创业行为、吸纳资金及进一步的发展。只有设计出成功的商业模式并在实施中不断完善，企业才能成功。

2. 商业模式是商业计划的亮点

前面已经提到，商业模式是企业为实现其目标所要采用的经营模式，确定的商业模式将在一定时期内指导企业的经营运作。因此，创业者在商业计划书中一定要明确所要选择的商业模式。

同时，商业模式最重要的一个作用是吸引风险投资，而投资人在研究一个创业企业的商业计划书时，最关注的正是这个企业是否具有能够成功的商业模式。所以，在商业计划书中，商业模式是一个焦点。

在商业计划书中，创业者应该表明拟创建企业的商业模式，并表明企业不仅能提供单纯的产品或服务，还能通过这种产品或服务，让消费者提高效率或降低费用。只有让投资人充分认识到你的企业具有无限的增值潜力，他才会给你的企业投入资金。

**案例 1.1　商业计划书在中国**

在美国，商业计划书是获得风险投资的第一步。风险投资机构收集雪花般蜂拥而至的商业计划书，据此对项目进行初次审查，并挑选出少数感兴趣的进行进一步考察，最后只有约 2%的项目能获得投资。

20 世纪 90 年代，风险投资在美国大行其道。在硅谷的咖啡馆里拿着一纸单薄的商业计划书给投资人讲生动故事，在几个星期内融到几百万甚至几千万美元的大有人在。1995 年 4 月，在斯坦福大学攻读电机工程博士学位的杨致远休学创立了 Yahoo，他编写了一份商业计划书，每天带着商业计划书早出晚归，不停地拜访风险投资人，最终获得红杉资本近两百万美元的投资，开启了硅谷一代新神话。

在中国，人们逐步认识到商业计划书的魔力。从人们的早期记忆来看，风险投资像“傻钱”，一纸空文就可换来。1996 年，张朝阳凭借自己的执着和对国外互联网公司的简单模仿，以一纸商业计划书融来了 18.5 万美元，回到中国创办当时人们听不懂的互联网公司，人们才逐渐明白了这一纸商业计划书可以换来创业资金。

2000 年前后，以搜狐、新浪、网易等门户媒体为代表的互联网公司在风险投资的支持下纷纷崛起，仅在 1999 年至 2001 年，风险投资额就达 15 亿美元。

在这次热潮中，美国风险投资首次进入中国，以跑马圈地的速度拓展领地，一手催生了当时还显稚嫩的中国互联网产业，给人们普及了商业计划书的概念。IDG、华登等拓荒者从新浪、搜狐、网易等早期幸运儿身上赚取了丰厚收益，成了中国互联网产业的获益者。

2000 年，马化腾拿着改了 6 个版本、20 多页的商业计划书，凭着早期 QQ 的 400 万名用户数量，从 IDG 和盈科数码那里拿到了 220 万美元的风险投资。2019 年，腾讯全年收入达 3772.89 亿元，净利润为 933.1 亿元，QQ、微信、WeChat 月活跃账户数超过 18 亿人，业务范围覆盖社交网络、网络游戏、网络广告、金融科技及企业服务。公司已于 2004 年在香港挂牌上市，至 2020 年 8 月，市值近 50 000 亿港元，跻身全球前十。

# 第 2 章 创业企业与风险投资

一位美国的投资家说过，“硅谷的故事很好听，但神话的诞生不仅归功于科学技术的进步，还归功于它特殊的运作方式——风险投资。”风险投资并不是一股潮流，也不是简单的资本融入。在层出不穷的技术创新和眼花缭乱的市场变化下，企业仅靠自身经营实现资金积累是很难发展壮大的。只要企业有快速成长的要求，并且具备长远的发展眼光，那它就需要风险投资的支持。企业关注提供的产品或服务的好坏，风险投资则关注企业的成长性，因此风险投资符合企业快速、长远的发展需求。

## 2.1 认识风险投资

### 2.1.1 何谓风险投资

下面是一个创业者与投资人成功合作的故事。

**故事主人公：创业者小伙 A 与投资人先生 B。**

A 认真地对 B 说：“我在遥远的山上发现了一座金矿。”B 说这件事很多人都知道。A 说：“我不一样，我不仅知道那座山上有金矿，还知道通往金矿唯一的路，还知道这条路怎么走及开采金矿的办法。”对此，B 兴趣大增，约 A 见面。

在听完介绍后，B 问 A：“那你为什么不去开矿呢？”A 答：“我没钱，找你就是希望能得到你的帮助。”B 说：“这条路可不好走，风险不小，我认为期间至少有 a、b、c、d 四个重要的坎，哪一个坎过不去就都会导致失败，再说也不知道你是否具有这个能力。要不这样，我先给你一些投资，看看你能不能过 a 这个坎，如果过去了，咱们再说。”A 答应了，双方约定了首轮投资的额度、到达 a 点需检查的事项，并约定好双方的权益比例。A 拿着第一笔钱出发了，B 开始等待，并给予力所能及的帮助。在约定时间内，A 到达了 a 点并要求 B

按事先约定增加投资。B 对 a 点目标的完成情况进行了仔细检查，非常满意。他说："干得不错，至于下一步嘛，我再找几位有钱人一同加入吧。"就这样，B 又找了几位有钱人，凑够了钱，确定了 b 点的考核目标，并重新约定了各自的权益比例。A 拿到钱后又出发了。经过这一轮融资后，A 的无形资产和先生 B 的首轮投资都增值了，尽管他们俩在项目中所占权益比例有所下降，但账面财富大幅增加，他们都很高兴。之后，又经过了 c、d 两道坎，A 找到了金矿，并开采出了金子。之后，A 就认认真真地挖金子，靠生产经营赚钱，并不断扩大生产规模；B 和几位出资人则卖掉了在金矿的全部权益，发了大财，并开始寻找新的投资机会。

风险投资又被称为创业投资。根据美国风险投资协会的定义，它是指由职业金融家投入到新兴的、迅速发展的、具有巨大竞争潜力的企业中的一种权益资本。风险投资机构在承担相应风险的基础上为企业提供长期股权资本和增值服务，培育企业快速成长，一般数年后通过企业上市、并购或其他股权转让方式撤出投资，并取得高额回报。对于渴求投资的创业者来说，风险投资机构往往是他们寄托希望的对象。

目前，风险投资作为一种高风险、高回报的投资方式和高新技术企业的融资手段，具有诸多符合科技创业企业经营规律的特性，已经成为高新技术产业化的重要桥梁，成为科技成果转化为现实生产力的催化剂，成为科技创业企业日益重要的选择。

现代高科技风险投资业起源于美国。美国风险投资业的繁荣不但使其在高科技及尖端科技的发展上保持世界领先地位，同时也带动了国内相关工业的发展，对美国经济的发展做出了很大贡献。

从上面的定义我们可以看出风险投资有如下特征。

1. 风险投资的"产品"是企业

风险投资和其他投资形式（如产业投资）在获取回报的方式上存在很大差异。一般投资机构在起步时可能对产品的关注多于对企业的关注；但风险投资机构在关注产品的同时，更加关注拥有产品的企业，关注决定企业快速成长、发展的各种要素，并且从进入企业的那天起就为未来离开企业而努力。

从某种程度上说，风险投资机构投的不是产品，而是企业本身。也就是说，企业就是风险投资的"产品"。风险投资机构通过风险投资支持科技成果转化为企业，并把企业培育成熟、强大，最后，通过出售所持企业的股权来获取投资回报。相比来说，出售企业比出售一般产品更加复杂，风险也更大，因为企业是一个系统，涉及人财物的合理配置、产供销的协调配合，而且要面对政府监管层严格的审查和资本市场投资者的挑剔。一个高素质的管理团队是企业成功的保证，同时也是出售企业时最好的包装。所以，风险投资机构在选择投资对象时，要做好方方面面的考察，尤其是对管理团队的考察。

2. 风险投资是一种高风险的投资

风险投资机构往往青睐于投资刚刚起步或尚未起步的高新技术企业，这是由高新技术企业具有的、潜在的高风险、高成长特性决定的。企业在成长的过程中会面临方方面面的问题，即使在发达国家，高新技术企业的成功率也只有20%～30%，但由于项目成功后的回报率很高，仍能吸引一批投资人进行投资。

风险投资机构所投的高新技术企业的经营过程有很高的风险性，主要表现在以下方面。

（1）技术风险，包括技术开发风险、转化应用风险、技术寿命风险及知识产权风险。当前，高新技术发展日新月异，更新迭代速度越来越快。选择的技术何时被更高、更新的技术代替，很难确定。当更高、更新的技术提前产生时，现有技术就会被提前淘汰，风险投资的风险将大大增加，存在企业出现技术失败而造成损失的可能。

（2）市场风险。市场风险是指由新产品、新技术与市场需求不适应及产品生产设计能力与市场容量不匹配而引起的风险，特别是当有的新产品需要消费者改变已经形成的消费习惯或消费模式的时候。

市场风险主要体现为市场的接受程度、市场接受的时间、新产品的市场容量和市场竞争力。科技成果的转化是商业化过程，实验室的科研成果必须进行大量的技术完善工作和商业化过程才能转化为能够被消费者接受的产品。市场能否接受，以及什么时候接受这种产品，它的扩散速度及竞争能力都存在不确定性，因此存在市场营销失败的可能性。市场风险是导致新技术、新产品商业化、产业化过程中断，甚至失败的核心风险之一。

（3）财务风险。财务风险集中体现在两个方面。一是风险投资机构所投资的企业发展到一定阶段，随着经营规模的扩大，对资金的需求迅速膨胀，而投资预算很难准确确定。企业能否及时获得后续资金的支持，将直接关系其扩张与成长。二是风险投资的退出风险，国外多项研究表明，高新技术企业的存活率要比其他行业低得多，投资能否回收及什么时候回收存在着诸多不确定性因素。如果退出机制不完善，退出渠道不顺畅，风险资本被锁定在所投资企业中，则风险投资将失去其本色与功能。

高新技术企业在初创时期往往没有厂房、设备等做抵押，也没有过去的信誉记录，上述特点与银行贷款的低风险目标是背道而驰的，因此其不可能得到银行贷款，也不可能通过上市的方法来融资。在这种局面下，风险投资机构为这些高新技术企业提供了所需要的资金，使它们首先得以存活而后得以发展，对它们的创立和发展起到了不可替代的作用。

（4）管理风险。管理风险是指创业企业因管理不善而导致的风险，它也是核心风险之一，包括意识风险、决策风险、组织人事风险等。

风险投资机构敢于承担风险的原因在于其拥有管理风险的经验和能力。作为风险投资具体的操盘者，风险投资家的神秘在于他们拥有生产经验、市场资源、对未来市场发展的判断能力。这就好比举重，在常人眼里，举起 100 千克所承担的风险非常大甚至是不可能的，对于专业举重运动员而言就没什么风险可言。这也是为什么风险投资家的着眼点与一般投资人不同，他们不太在意投资对象当前的盈亏，他们着眼的是投资对象的发展前景和资产增值潜力，以便通过上市或出售达到退资并取得高额回报的目的。

**注意：**

千万不要为了获得风险投资而隐瞒或者缩小风险，这将会使投资人失去对你的信任。实事求是、诚实坦诚的品质才是投资人最赞赏的。

### 3. 风险投资的目的是高回报

资金永远流向风险小、收益高的行业和地区。与其他投资方式一样，风险投资也不是免费的午餐，它所采用的股权投资是一种追求超额回报的投资方式。风险投资家不是无私助人的天使，正如美国一家天使俱乐部的召集人所言：“我们所从事的任何事情均非出于慈善目的。”明确了这一点，创业企业在寻找风险投资的时候就应该首先给自己定位：自己的创业必须满足风险投资人的回报要求。只有这样，资本供求双方才具有更进一步接触的基础和必要。

### 4. 风险投资是一种流动性较小的中长期投资

风险投资往往是分阶段的，这也是规避企业发展不确定性的手段之一。风险投资机构在创业企业初创时投入资金，一般需经 3～8 年才能通过退出取得收益，而且在此期间还要不断地对有成功希望的企业进行增资，放弃没有成功希望的企业。和一般一次性的产业投资相比，风险投资机构一般都会对企业进行多轮投资，如天使轮、A 轮、B 轮、C 轮和 D 轮，主要还是源于高新技术企业发展的不可预知性，这是风险投资机构管理风险的措施之一，轮次不同，承担的风险不同，当然付出的投资成本也不同。

### 5. 风险投资是一种高度专业化和程序化的组合投资

由于风险投资主要投向高新技术产业，要求风险投资机构具有很高的专业水准，要选择高度专业化和程序化的项目，精心组织、安排和挑选，尽可能地降低投资风险。为了分散风险，风险投资机构通常会将资金投向多个项目，形成一个投资项目组合，通过投资项目组合中成功项目所取得的高回报来弥补失败项目的损失，以期在整体核算上获得收益。

6. 风险投资是一种投资人参与管理的投资

风险资本与高新技术两个要素构成了推动风险投资业前进的两大车轮，二者缺一不可。风险投资机构在向创业企业注入资金的同时，为降低投资风险，必然派人介入该企业的经营管理，提供咨询，参与重大事项的决策，必要时甚至可以解雇企业经理，亲自接管企业，尽力保证企业获得成功。

7. 风险投资是融资与投资的结合

风险投资是融资与投资的结合，其利润来自资产买卖的差价。融资时，投资人购买的是资本，出售的是自己的信誉，靠的是吸引人的投资计划和对未来收益的预期。投资时，他们购买的是创业企业的股份，出售的是资本金。退出时，他们出售的是创业企业的股份，收回的是资本金、利润，以及光辉的业绩和成功的口碑。资本撤出后，他们会进行下一轮的融资和投资。融资中有投资，投资中又有融资，二者构成了不可分割的有机整体。

### 2.1.2 风险投资与其他投资的区别

从上述风险投资的含义和特征中可以看出，风险投资与一般金融投资、银行贷款有着较大的区别。

1. 风险投资不同于一般金融投资

（1）投资方式。一般金融投资主要以资金形式投入，并有固定的偿还期限，收益形式以分红和派息为主；而风险投资以股权投入为主，风险投资机构在投资期间还参与企业的经营管理，提供尽可能的增值服务，待项目成功上市、股权大幅增值后，再变现其股份，获取投资收益，事先没有确定的回收期。

（2）评价方式。一般金融投资的可行性论证都把重点放在财务分析和经营保证上，是现实的可行性研究，考察的是内部收益率、净现值等指标；而风险投资考虑的首要因素是投资项目的科技含量、产品和技术创新、新产业和新市场的建立、创业家精神和合作者素质，以及未来成功的可能性。一般金融投资都尽量避免风险；而风险投资却甘愿冒风险，确信风险与收益成正比，追求的先是风险收益，再是投资收益。

（3）支付方式。一般金融投资通常是一次性支付或事先确定分期支付；风险投资则具有分段投资的特点，通常没有确定的投资总量和准确的投资期限，往往根据企业的发展情况，分段追加投资或退出投资。

（4）投后管理。一般金融投资在投资企业之后，投资人不参与被投资企业的经营管理，只关心企业的财务状况，关注投资是否能如期回收并获得相应的收益；而风险投资在投资之后，投资人十分关注企业的经营管理，并为企业提供各方面的咨询和建议，甚至推荐人才直接参与企业的经营管理。

（5）分散风险。风险投资所投项目在技术上能否成功，成功后能否转化为新产品并正式投产，以及投产后市场需求是否符合预期等，这些都具有很大的不确定性，因此风险投资非常注意分散风险，大多采取同时、多项跨领域投资，或以联合投资等方式，一般不以单独出资的形式投资，以避免过大的风险损失。

2. 风险投资有别于银行贷款

（1）从运营条件来看，银行贷款的条件是平均贷款利率大于存款利率；而风险投资的条件是投资平均收益率（风险、失败考虑计算在内）要大于投资的预期收益率。风险投资面临较大的风险，而相对来说银行贷款的风险要小得多，因此风险投资的预期收益率显然应高于平均贷款利率。

（2）从获利手段来看，银行以贷款利息获利，其注重投资的安全性，尽量避免风险；而风险投资机构则偏好高风险项目所隐藏的高收益，意在管理风险、驾驭风险。风险投资机构多采取参股形式投资企业，从红利和卖出股份中获利。

（3）从操作方式看，银行贷款虽然要对投资项目进行认真的考察，但并不参与企业的管理；风险投资对资金的使用同样是十分慎重的，在选择有发展潜力的项目时必须对这些项目进行可行性分析和研究，包括严格的尽职调查，然后才可能投资，一旦投资，风险投资人不仅要参与创业企业的董事会，对创业企业的发展进行实地管理和经营，而且还要提供各种专业性技巧和其掌握的市场资源，帮助创业企业顺利运营。

（4）从流动性来看，银行贷款追求流动性，关注企业的经营现状、资金周转情况和债务偿还能力等；而风险投资追求长期性，着眼于企业未来的收益和成长性。有关数据显示，风险投资从投资到回收大约需要 5 年，而且在投资期间风险投资机构还需要配合创业企业的发展阶段，给予不同性质的资金融通。

（5）银行贷款需要抵押、担保，其一般投资的是处于成长和成熟阶段的企业；而风险投资不要担保，不要抵押，它投资的是新兴的、有巨大潜力的企业和项目并承担投资失败的风险。

以上区别如表 2-1 所示。

表 2-1　风险投资与银行贷款的区别

| | 风险投资 | 银行贷款 |
|---|---|---|
| 资产类型 | 无形资产 | 有形资产 |
| 考核内容 | 未来增值潜力 | 现实经营状况 |
| 流动性 | 长期性、流动性差 | 短期性、流动性强 |
| 成熟度 | 技术较成熟 | 成熟技术 |
| 资本属性 | 权益资本 | 债务资本 |
| 是否参与经营 | 部分参与经营 | 基本不参与企业经营和监管 |
| 有无抵押 | 无抵押担保 | 有抵押担保 |
| 回报要求 | 高风险、高额利润回报 | 以安全、保值、增值为前提 |
| 回报方式 | 分红、股权转让差价 | 还本收息 |

相比于一般投资方式，风险投资是一种更适合于科技创业企业的融资方式。

（1）风险投资的投资对象是具有高成长性的科技创业企业。风险投资机构凭借投资对象拥有的技术或服务上的优势，获得潜在的高收益。它着眼于企业未来的发展潜力，而不是现在的资产负债状况。科技创业企业在技术研发、技术转化、产品试销、扩大生产等各环节都潜藏着优势和风险。

（2）风险投资是一种权益资本，投资人与企业是风险利益共同体，因而会积极参与企业经营管理，帮助企业引进先进生产技术、设备和现代化经营管理理念，要求企业建立产权清晰、目标明确、责任落实的管理体制，实现向现代企业的转型。

（3）风险投资是长期投资，资金流供给稳定，可以满足处于早期发展阶段的科技创业企业对技术创新、产品研发、组织营销等各环节资金的需求。

（4）风险投资严格规范的管理机制对规范科技创业企业的经营行为，保护其知识产权，协助企业提高自身发展能力具有重要作用。

由此可见，风险投资是科技创业企业生存和发展的一条有效融资渠道。首先，风险投资帮助企业加大科研投入，吸收优秀人才，将技术创新成果及时转化为现实生产力；其次，风险投资为企业引入现代化经营模式，建立现代企业制度；再次，风险投资帮助企业进行财务规划，避免重复开发、重复建设，提高资金的利用效率；最后，风险投资引导企业进行品牌建设、改善形象，提高社会地位和信用度。

### 2.1.3　风险投资的种类

风险投资可以采取非组织化形式和组织化形式。非组织化风险投资是指非专业机构和个人分散从事风险投资，如天使投资人；组织化风险投资是指机构或个人通过设立专业创业投资组织从事风险投资，如风险投资基金、中小企业投资公司与孵化器、投资银行、企业风险投资等。

1. 天使投资人

在风险投资市场上，私人风险投资者是重要的投资人，他们是一些风险投资机构的发起人。他们资金充足，具有判断风险的经验和管理风险的能力，富有冒险精神。从美国风险投资的发展历史看，私人风险投资者也是风险投资市场最早的投资人。目前，美国风险投资市场最重要的私人风险投资者是天使投资人。

天使投资是指除被投资企业职员及其家庭成员和直系亲属以外的个人以其自有资金直接开展的风险投资活动。与风险投资机构不同，天使投资人一般不通过职业经理人管理的机构来投放自己的资本，而是通过自我组织天使投资人网络然后向这个网络投放资本。与其他风险投资家不同，天使投资人集资本与能力于一身，他们既是投资人，又是管理者。美国天使投资人主要包括各大公司的高级管理人员、退休企业家、医生等富有人士。美国著名企业家比尔·盖茨就是天使投资人，他曾经在生物工程界多次进行风险投资，扶持新兴企业。近年来，中国天使投资人的规模也逐步发展壮大，涌现了一批耳熟能详的天使投资人，如朱敏、李开复、雷军、周鸿祎、徐小平等，他们针对具有巨大发展潜力的初创企业进行早期直接投资。

2. 风险投资基金

风险投资基金也称创业投资基金，是目前市场上最主流的组织化的风险投资形式，本书提到的风险投资主要是指这种形式。在美国，每名基金投资者出资从几百万美元到几千万美元不等，而每支基金的资金规模在 500 万美元到数亿美元之间。目前，美国的风险投资机构有 3000 多家，投资规模达 600 多亿美元，每年约有 10 000 个高新技术项目得到风险投资机构的支持。经过多年的发展，我国风险投资行业也取得了长足的进步，截至 2020 年 7 月底，在中国证券投资基金业协会备案为创业投资的基金有 9054 支，资金总规模达 14 259.71 亿元。

1. 基金的主体

投资人、管理人和托管人是风险投资基金重要的三个主体，风险投资基金就是围绕这三大核心人群运作的。其中，投资人是基金财产份额的所有者，按其所持基金财产份额享受基金的收益，并承担风险，主要包括金融机构、社保基金、母基金、政府引导基金、工商企业、富有的个人投资者等；管理人是风险投资基金的募集者和管理者，其最主要的职责就是按照基金合同的约定，负责基金资产的投资运作，在控制风险的基础上为投资人争取最大的投资预期收益，在我国管理人只能是依法设立的基金管理公司；托管人独立于管理人之外，对管理人的投资操作进行监督、对基金资产进行保管，在我国托管人只能是依法设立并取得基金托管资格的商业银行。

投资人、管理人、托管人之间是契约关系。三者之间关系密切，投资人与管理人是所有者与经营者的关系，即钱是投资人的，交由管理人经营运作；管理人与托管人是相互制衡的关系，为防止管理人资金使用不当，将资金交由信用较高的托管人，保证资金安全；投资人与托管人是委托与受托的关系，投资人将资金托付给信用较高的托管人，以保证资金安全。

2. 基金的组织形式

根据组织形式不同，风险投资基金可以分为公司型基金、合伙型基金和信托（契约）型基金。

公司型基金采用公司的组织形式，投资人是公司股东，依法享有股东权利，并以其投资额为限对公司债务承担有限责任。公司型基金可自行或委托专业基金管理人进行管理。公司型基金是企业法人实体。

合伙型基金采用有限合伙企业的组织形式。有限合伙企业由有限合伙人（LP）和普通合伙人（GP）构成。投资人作为有限合伙人参与投资，依法享有有限合伙企业的财产权，以其认缴的出资额为限对有限合伙企业的债务承担责任。普通合伙人负责具体执行有限合伙企业的合伙事务，对债务承担无限连带责任。在大部分基金中，普通合伙人同时也是管理人，具体负责投资运作。托管人负责保管基金资产，执行管理人的有关指令，办理基金名下的资金往来。合伙型基金不具有独立法人地位。

信托（契约）型基金是指通过订立信托契约的形式设立的风险投资基金。投资人通过购买基金份额，享有基金投资收益。管理人依据基金合同负责基金的运营和管理操作。托管人负责保管基金资产，执行管理人的有关指令，办理基金名下的资金往来。信托（契约）型基金不具有独立法人地位。

3. 基金的管理方式

风险投资基金的管理方式主要分为自我管理和受托管理两种。

自我管理，即基金自建投资管理团队并负责基金的投资决策。自我管理方式常见于公司型基金。在有限合伙框架下，直接通过合伙协议，约定由某个自然人或若干自然人以执行事务合伙人的名义管理合伙事务，而非委托专业管理机构管理，也属于自我管理。

受托管理，即基金委托第三方管理机构进行投资管理。随着第三方管理机构管理品牌的形成，受托管理正逐渐成为主流的基金管理方式。

3. 中小企业投资公司与孵化器

1958 年，美国国会通过了《小企业投资法案》，批准成立小企业投资公司（Small Business Investment Company，简称 SBIC），实施小企业投资公司计划，目的是让政府有限的财政资金最大限度地撬动民间资本，引导私人股权资本和长期债权资本投向小企业，“确保民间资本最大化的参与度”，为创新型、创业型小企业提供融资支持，解决小企业创新创业面临的资金约束问题。SBIC 是经由美国小企业管理局许可后设立的私人风险投资公司，以美国小企业管理局提供融资担保为主要募资方式，以美国本土的小企业为主要投资目标，重点投资创新型小企业，是美国创新型国家战略实现的重要助推器，对推动美国小企业持续健康发展做出了重要贡献，成功培育出苹果、惠普、英特尔等一大批著名的创新型跨国企业。我国类似的机构是科技企业孵化器，或被称作“高科技创业服务中心”，是为新创办的高科技中小企业提供创业服务的专门化科技服务组织。

4. 投资银行

投资银行是与商业银行相对应的一类金融机构，主要从事证券发行、承销、交易，企业重组、兼并与收购，投资分析，风险投资，项目融资等业务，是资本市场上的主要金融中介。投资银行的组织形态主要有四种：一是独立型的专业性投资银行，这种类型的投资银行比较多，遍布世界各地，它们有各自擅长的业务方向，如美国的高盛、摩根士丹利；二是商业银行拥有的投资银行，主要是指商业银行通过兼并收购其他投资银行，参股或建立附属公司，以从事投资银行业务，这种形式在英、德等国非常典型，如汇丰集团、瑞银集团；三是全能型银行直接经营投资银行业务，这种形式主要出现在欧洲，银行在从事投资银行业务的同时也从事商业银行业务，如德意志银行；四是一些大型跨国公司兴办的财务公司。在中国，投资银行的主要代表有中国国际金融有限公司、中信证券等。

随着风险资本市场的发展，投资银行的一部分资金也向创业企业拓展，以扩大自己的业务领域。投资银行直接进行风险投资，一般是通过内部的风险投资部门，主要有两种方式：一是作为有限合伙人提供资金，由专门的风险投资机构运营；二是作为普通合伙人直接设立风险投资基金，由投资银行负责管理。投资银行直接进行风险投资，不仅可以获得高额的投资回报，而且一般都会得到被投企业上市的承销商地位，一方面投资银行可以获得一笔不菲的上市费用，另一方面投资银行基于自身风险资本退出的考虑也会在企业上市的过程中尽心尽力。目前，高盛、摩根士丹利及已经被收购的美林等国际知名投资银行都设立了创投基金、收购兼并基金、增长基金、过桥资金等多种股权投资基金。此外，被投企业上市之后，企业的需求也从最初简单的融资转向资本运营，投资银行还可以继续为其提供资产管理和财务顾问服务，为企业进行一系列资产重组、并购等方面的策划。

5. 企业风险投资

企业风险投资（Corporate Venture Capital，CVC）是一种创新的投资组织形式，是指各大企业成立风险投资部，直接投资于外部小微企业的企业基金，不包括企业内部投资或通过第三方的投资。企业风险投资起源于20世纪60年代的美国，从创新周期最紧迫的医药行业发展起来。美国通用电气公司、埃克森公司等都设有从事风险投资的分公司。中国企业风险投资起步较晚，直到2010年左右，百度、腾讯、阿里巴巴等互联网巨头才先后设立战略投资部门，以协调母公司的发展。此时中国的企业风险投资私募基金才算正式起步，也是在此阶段，联想、复兴、海尔等传统企业也开始了行业内外投资的步伐。经历了多年的发展，企业风险投资已成为风险投资领域的中坚力量。2019年，百度、腾讯、阿里巴巴等投资金额最多的10家产业集团的投资总额达904.67亿元。

企业风险投资与传统意义上的风险投资在投资领域及投资模式等方面有很多共同点，但在组织架构、投资目标及激励方案等方面也有不同。简单来说，企业风险投资除了考虑投资回报的问题，母公司的战略目标是其投资项目的重要考虑因素之一。企业风险投资在战略上主要有两个方向，即横向的产业扩张和纵向的产业延伸。横向的产业扩张是指企业通过投资扩大自身产业领域，在现有产业上扩大市场占有率。纵向的产业延伸则是加深产业链布局、延伸客户需求，从而整合更多产业链资源。除战略目标外，企业风险投资可以帮助产业集团实现布局新兴赛道、抢占前沿科技、拓宽客户渠道、剔除潜在竞争者、多样化投资对冲原有产业周期风险等多元目标。

### 2.1.4 风险投资的原则与偏好

1. 风险投资的原则

风险投资是一种高风险、高收益的权益资本。风险投资人在选择投资项目时极其谨慎。原因如下：首先，风险投资人是以个人的业绩、个人的声誉、个人的魅力为担保筹得资金的，一旦投资失误，就可能会损失个人在风险投资领域的信誉，甚至会断送个人的职业前途；其次，风险投资的对象大都以新兴的高新技术企业为主，它们除高新技术外既无自有资产，又缺乏管理经验，新产品的市场前景不明，存在许多不确定性因素，投资风险自然很高。因此，在进行风险投资过程中为了降低和化解投资风险，风险投资人遵循的基本投资原则主要有以下几个。

1）组合投资原则

风险投资人在进行投资时往往将资金投向不同的创业企业或项目，这样如果一个项目失败还可以从其他项目的投资收益中得到补偿；或是把资金投入创业企业的不同发展阶段，这样可以分散并降低投资风险，以便及时采取对策。这一原则以组合投资的经济效益来保证资金的回收，以盈补亏，在维持收支平衡的基础上逐步发展。

2）联合投资原则

对于资金需求大的创业企业，风险投资人经常遵循联合投资原则，与其他风险投资机构共同投资，一般投资金额最大的一方作为领投方，代表其他投资人就投资条款与创业企业进行谈判。待投资条款确定后，所有投资人与创业企业共同签订投资协议，或是由领投方牵头，其他投资人参与共同成立一家特殊目的的投资企业，由这家特殊目的的投资企业与创业企业签订投资协议。如果说组合投资是风险投资机构内部资本进行组合的方式，那么联合投资则是多家投资机构、多笔风险投资资本在投资机构外部进行组合的方式。联合投资还有一个好处，就是参与联合投资的其他风险投资人都会从各自角度，对拟投资项目提出自己的建议，特别是控制风险的建议，这对领投方做出投资决策是有帮助的。

3）分类投资原则

风险投资人可把已经投资的创业企业分为成功、平凡、失败三类：对成功企业，加大投资，强化经营管理，促使它尽快成熟，尽早在资本市场上 IPO 上市，以获取最大收益；对平凡企业，鼓励其与大企业合并，或协助它从银行或其他渠道筹集资金、引进人才或技术等，帮助企业突破发展瓶颈；对失败企业，及早提出警告，协助其转移、转变经营方向，或者干脆淘汰，宣布其破产，以便把投资风险降到最低水平。

4）匹配投资原则

这一原则实际上是政府风险投资遵守的一个主要原则。各国政府在为某个风险项目提供资金时，均要求有相应的私人资金参与。一般比例为 1∶1。美国“小企业创新研究计划”就优先考虑有私人后续资金的风险项目。据统计，这项计划的投资与私人资金匹配的比例为 1∶5。匹配投资不仅调动了各方资金，而且由于风险共担增强了承担者的责任心，提高了创新的成功率。

5）分段投资原则

风险投资人可以选择企业的不同发展阶段，分多次进行投资，根据企业经营业绩、市场行情等风险因素的变化决定进退，以尽可能避免损失。对于发展势头较好的企业，投资人可能会在企业新一轮融资时追加投资且加大投资力度。对于发展情况趋坏的企业，投资人会在企业新一轮融资时慎重考虑是否追加投资。对于那些已经没有挽救希望的企业，投资人则会通过破产、清算等手段尽可能收回前期投资。

2. 风险投资偏好

风险投资偏好是指风险投资机构对待风险的态度与投资喜好。不同风险投资机构的风险投资偏好是存在差异的，这是由投资人的要求及管理人的经验决定的。一部分人可能喜欢大得大失的刺激；另一部分人则可能更愿意求稳，至少不熟悉的领域是绝对不会碰的。根据投资人对风险投资的偏好可将其分为风险回避者、风险追求者和风险中立者。

风险回避者偏好于低风险的项目，而对于同等风险的投资项目则会选择具有高预期收益率的项目。与风险回避者恰恰相反，风险追求者通常主动追求风险，他们选择项目的原则：当预期收益率相同时，选择风险大的，因为这会给他们带来更大的效用。风险中立者通常既不回避风险，又不主动追求风险，选择投资项目的唯一标准是预期收益率，而不管风险状况如何。

在投资喜好方面，不同投资人由于经验与个人喜好不一，对行业、区域、阶段的投资侧重不同，有的只投某一行业或某一类型的企业。在投资阶段方面，成长期项目是较多风险投资机构的投资重点。

君联资本的前身是联想投资，始建于 2001 年，是联想控股旗下独立的专业风险投资公司，以“成为一家最有价值、最受尊敬，并具有国际影响力的投资公司”为愿景。君联资本的核心业务定位于初创期风险投资和扩展期成长投资，重点关注创新消费、专业服务、智能制造、医疗健康、文化体育等领域内的创新与成长性企业，并在建立互利互信的伙伴关系基础上通过积极主动的增值服务创造价值，促进已投企业创新与成长，帮助创建一流的企业。截至 2020 年，君联资本投资企业近 450 家，其中超过 70 家企业已成功在国内或海外上市/挂牌，超过 60 家企业通过并购退出。

毅达资本是由江苏高科技投资集团内部混合所有制改革组建而成的，倡导全产业链投资，基金产品覆盖初创期、成长期、成熟期企业，投资领域包括清洁技术、健康产业、新材料、先进制造、消费服务、文化产业等。毅达资本通过“江海计划”和“星罗棋布计划”推动全国和江苏区域的投资，在北京、上海、广东、山东、浙江、福建、安徽及江苏省内苏南、苏中、苏北等地市及发达区县设立了管理公司或区域办事处，为创新创业企业提供专业、贴身的资本市场服务。截至 2020 年 7 月，毅达资本管理团队累计管理资本规模达 1087 亿元，累计投资支持了 864 家创业企业，助推其中 184 家企业登陆境内外资本市场。

### 案例 2.1 风险投资与企业发展

硅谷地处美国加利福尼亚州北部旧金山湾以南，早期以硅芯片的设计与制造著称而得名，后来生物、空间、海洋、通信、能源材料等其他高新技术产业也蓬勃发展，硅谷现已成为全球高新技术产业重要的研发与创意基地，引领着全球科技创业的风向标，产生了苹果、惠普、谷歌、雅虎、思科、甲骨文、脸书、推特等诸多世界知名科技企业。

在硅谷整个产业集群的形成过程中，风险投资起到了十分重要的作用。一方面，风险投资是硅谷高新技术企业成长的发动机，硅谷有世界上最完备的风险投资机制，有上千家风险投资公司和 2000 多家中介服务机构为创业企业提供帮助；另一方面，硅谷高新技术企业的快速发展又成为孕育美国风险投资的摇篮。诸多研究者一致认为风险投资是硅谷科技创新和产业化的前提。

英特尔公司的创始人罗伯特·诺伊斯在 1959 年夏天发明了集成电路后，曾加入仙童半导体公司，但他一直想建立自己的公司。风险投资家阿瑟·洛克具有高度的技术敏感性和丰富的资本运作经验，曾参与创建仙童半导体公司，他敏锐地察觉到诺伊斯的创业设想有不可限量的前景，于是逐个打电话给他的商业伙伴，向他们推荐这家拟创建的新企业，在不到两天的时间里说服了 25 位投资人，筹集了 250 万美元。

1968 年 7 月，英特尔公司在硅谷诞生，它的名字是由“集成电子”( Integrated Electronics ) 两个单词组合而成的。在英特尔的原始资本中，风险投资为 250 万美元，两位创始人诺伊斯和摩尔各出资 25 万美元。随后，英特尔发明了微处理器，开创了电脑产业的新纪元。英特尔的创新活动不仅影响了半导体和计算机产业，还直接影响了社会的发展与进步。英特尔公司成为世界上最大的半导体集成电路厂商，最高时占有全球 80%的市场份额。

风险投资与高新技术企业的良性合作成为双赢的典型范例。据美国风险投资协会调查，受风险投资支持的企业在创造工作机会、开发新产品和取得技术突破上明显高于一般企业，不仅如此，这些企业一般都实行科学研究、技术开发和生产营销三位一体的经营机制，其成长推动着硅谷经济的发展，增强了美国经济在世界上的竞争力。正因为此，全球越来越多的科技企业家开始寻求风险投资的支持。

20 世纪末，随着硅谷神话被国人热捧，硅谷创业模式也随之进入中国，引起了中国互联网行业第一波风险投资热潮。直到今天，几乎所有的中国大型商业网站的背后都有风险投资的身影，中国在海外股市上市的互联网企业无一例外都曾获得过风险投资的支持。

21 世纪初，全球性的互联网泡沫破灭，中国互联网行业随之一度消沉，但是广阔的市场和国外风险投资的预期不变，中国互联网企业依然在风险投资的浇灌下茁壮成长，仅 2004 年就有携程、盛大网络、第九城市、空中网、前程无忧等多达九家中国互联网企业在纳斯达克成功上市，引发了 2005 年新一波风险投资热潮，以网络视频和社交网站为代表，它们中的佼佼者，如腾讯、优酷、奇虎 360 等纷纷登陆海外资本市场，吸引的风险投资额在 14 亿美元左右。

自 2009 年以来，中国电子商务网站在经历了 10 年漫长的市场培育后开始走热，造就了第三波风险投资热潮，2009 年到 2011 年 8 月吸引的风险投资额在 25 亿美元左右。但行业的同质化、技术能力和用户体验的平庸严重打消了风险投资机构的热情，2000 多家大大小小的团购网站一夜之间冒出，又迅速陷入困境。

2011 年，美国等海外市场的中国概念股频繁出现暴跌，整体估值回落。但大多数外资风险投资机构依然看好中国的投资机会，只是迫于海外市场退出渠道受阻，它们开始调整在中国的投资策略，放缓美元基金投资，加强拓展人民币基金业务。

时至今日，风险投资在中国投资的领域与范围更为广阔，不再紧盯互联网领域，以工业互联网、物联网、5G、人工智能、大数据、云计算、区块链为代表的新型基础设施建设成为风险投资机构关注的重点领域，新材料、新能源、生物医药及医疗健康等则成为风险投资机构长期青睐的投资领域。

## 2.2 风险投资的运作机制

**一语道破：**

风险投资往往像接力赛，风险投资人并不一定跑完全程才退出，跑完前一两棒就退出的情况时有发生。风险投资人在出让企业后续发展收益的同时，也出让了后续可能出现的风险。关键在于取得收益，在于能否把接力棒顺利地移交出去。

### 2.2.1 风险投资的运作

风险投资的运作包括融资、投资、管理、退出四个阶段。

融资阶段解决“钱从哪里来”的问题。通常，风险投资机构的资本来源包括政府引导基金、社保基金、国有企业、投资银行、母基金、大公司、保险公司、富有的个人等。投资人和管理人（风险投资机构）之间通过协议约定彼此的权利、义务及利益分配关系。在一般情况下，风险投资机构在提出融资需求前，需要先寻找备选项目（备选项目的资金需求应该是融资目标的一倍左右），需要向投资人说明融到资金后准备用于什么项目、需要融多少资金、融到的资金计划使用多长时间，以及预期的投资回报。投资人基于管理人的历史投资业绩、在投资行业积累的信誉和品牌、备投项目的成长性及预期投资收益，决定是否给管理人资金。投资人还会通过资金托管、签署协议等方式，对管理人的投资行为加以适度限制。

投资阶段解决“钱往哪儿去”的问题。风险投资机构通过项目初步筛选、尽职调查、估值、谈判、投资条款设计、投资结构安排等一系列程序，把资本投向那些具有巨大发展潜力的创业企业。

管理阶段解决“钱如何增值”的问题。风险投资机构主要通过对企业的监管和服务实现价值增值。监管主要包括参与被投资企业董事会、监事会、股东会，对企业定期或不定期回访，收集企业季度/年度经营情况的数据和报告等；服务主要包括帮助被投资企业完善商业计划、改善公司治理结构、优化管理团队及帮助企业获得后续融资、提供专业服务等。监管和服务是风险投资区别于其他投资形式的重要方面。

退出阶段解决“收益如何实现”的问题。风险投资机构主要通过首次公开募股（IPO）、股权转让和破产清算三种方式退出所投资的创业企业，退出完成后将投资收益分配给投资人，从而实现投资收益。

以上运作步骤可以用图 2-1 表示。

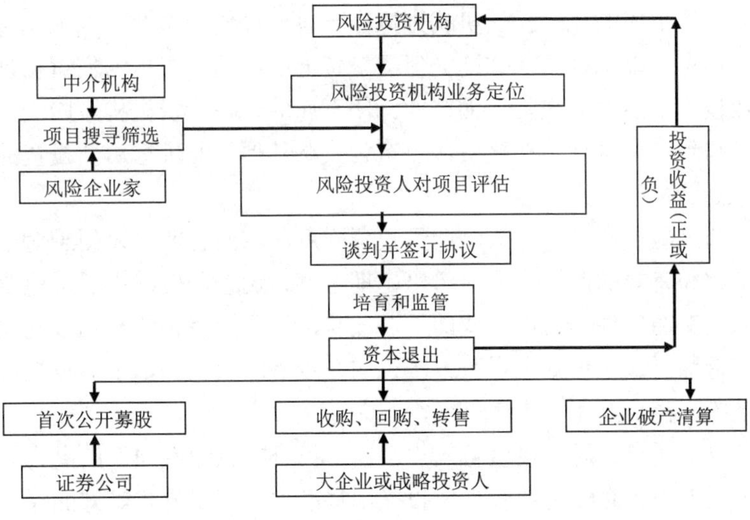


图 2-1　运作步骤

### 2.2.2 风险投资各阶段的运作要点

1. 融资阶段的投资策略

任何一家风险投资机构都有自己的经营定位，或者叫投资策略。这有利于风险投资机构保持一致的公司形象，吸引对口的风险项目，也便于创业企业选择风险投资机构。风险投资机构主要在以下方面给自己定位。

1）投资规模

投资规模是指投资金额的最大值和最小值。一般单个项目的投资金额不会超过风险投资机构管理的单支风险投资基金规模的 20%。对于超过最大值的项目，会尝试与其他机构进行联合投资；低于最小值的项目一般不投，否则资金分散，会影响管理成本和效率。

2）投资产业

越来越多的风险投资机构倾向于投资一到两个相关的产业，如生物和医药、电子和通信、计算机集成和软件服务、网络和资讯管理。只有那些历史悠久、经验丰富、资金与专家资源丰富的风险投资机构才会投资多个行业。

3）投资阶段

致力于投资初创企业的风险投资机构会强调自己的投资政策。因为只有那些优秀的风险投资机构和经验丰富的风险投资人才致力于投资初创企业，一般的风险投资机构只投资处于发展期和扩张期的企业，宁可降低投资回报也要规避风险，或者在投资阶段偏好不明确，随机应变，寻找适合自己专长的项目。

金融机构下属的风险投资机构则倾向于投资成熟期企业，以求迅速变现，发挥它们在资产重组、企业并购、债务融资上的经验，避免它们对初创企业管理和行业技术不熟悉的缺陷。而产业集团下属的风险投资机构倾向于为获得一种新技术和新市场进行早期投资，也有为收购其他企业进行后期投资的。

4）地域偏好

早年的风险投资机构一般倾向于投资附近区域的企业，以便于对企业进行全面的了解和有效的监管，同时可以定期考察、调查，做好投后增值服务。近年来，随着交通条件和通信方式的不断改善，以及投资人的日趋多元化，除非投资人有特殊要求，否则大多数投资机构在投资区域上基本不再设限，投资范围覆盖全国，甚至是海外。

除了以上四点，风险投资机构也会在所投资的企业或项目的潜力、产品特色、管理层能力、企业的成长性、投资回报潜力、变现方式等方面提出自己的一些要求，作为投资策略的补充。

2. 投资阶段的项目评估

风险投资机构都有一套自己的投资项目评估程序，大体可分为以下几个步骤。

1）收到企业提交的精简版商业计划书

精简版商业计划书即商业计划书摘要，主要说明企业所需要投资的资金、企业的基本情况、项目或业务设想等核心内容。风险投资人每月要收到许多商业计划书摘要，其中 90%以上不会被关注，只有不到 10%会引起风险投资人的兴趣。

2）要求企业提供完整版商业计划书并约见创业者

风险投资人在阅读完精简版商业计划书后，会考虑其中较感兴趣的候选投资项目，请企业提供完整版商业计划书并约见创业者，询问有关问题，让创业者就一些关键问题做一次路演，从中考察创业者的信心和对项目的把握。一份准备充分的完整版商业计划书反映了创业者清晰的思路和周密的计划，也反映了创业者的管理素质。在风险投资中，最主要的评估因素是人，风险投资人强调自己是投资于人，宁要一流的人才和二流的业务计划，也不要一流的业务计划、二流的人才。通过上述过程，一般只剩下 5%的项目或企业进入风险投资人的尽职调查阶段。

3）尽职调查和投资决策准则

风险投资人调查的范围非常广，是一般的银行信贷调查无可比拟的，也是证券分析师的投资分析无可比拟的。风险投资人似有怀疑一切的倾向，是某种程度上的商业侦探。他们的调查活动包括以下几个方面。

（1）会见所有的管理层：观察他们的素质，了解他们的经验和专长，必要时会对管理者和创业者的工作风格和心理素质做一定的测试分析，并要看几个管理层成员的经验和个性是否相互配合，是否可以取长补短，组成一个强有力的管理层。

（2）实地考察企业资产和设施：对比商业计划书中所提到的资产数据，核实企业的净资产和开发新项目应有的设施，对企业现阶段的管理状况进行评估。

（3）联络创业者的前业务伙伴和前投资人：了解创业者的前业务伙伴和前投资人对创业者的评价，了解他们建立合作和中止合作、进行投资和终止投资的原因，尽管可能会听到不同的意见甚至对创业者不利的评价，风险投资人也能客观地分析，兼听则明。

（4）联络当前或潜在的客户和供应商：主要看产品的市场销路如何，市场潜力的大小和增长速度，生产产品所需原材料的价格、质量和供应渠道方便与否。

（5）调查同类企业的市场价值：主要了解拟投资企业在未来的价值和盈利前景，投入资金后可取得创业企业股份的比例。

（6）咨询行业专家：了解拟投资企业的产品性能、技术水准，以及是否可能过时或被其他新产品、新技术淘汰，了解行业和技术的发展趋势。

（7）与银行、会计师事务所、律师事务所咨询交谈：了解企业过去的融资、偿债和资信状况，财务报表的准确性，以及专利、案件诉讼方面的情况。

（8）联络拟投资企业的竞争对手：了解拟投资企业的竞争对手在相关产品上的市场竞争力和占有率，以及竞争对手关于拟投资企业管理人员素质的评价，从另一侧面了解拟投资企业的情况。

（9）寻求其他风险投资机构的意见：在联合投资的情况下，其他风险投资机构的意见有助于更加全面地评估拟投资企业现状和发展前景。

（10）寻求其他创业企业的管理层的意见：相关行业的创业企业管理层对拟投资企业的评估，包括对技术、市场潜力、创业者的素质的看法。

从上文可以看出，风险投资人把管理层的素质放在第一位，产品特性、市场潜力、回报率都放在前面几位，财务管理、权益比例、企业发展阶段也在重点考虑范围之中。而在不同的投资阶段，投资决策准则的重点也各有不同，管理层素质、市场需求和产品特性的权重也相应发生变化。第一轮投资时管理层素质被放在第一位，第二轮、第三轮投资时，各个因素的比重逐步接近。了解以上内容，可以使创业者在融资时更有针对性。

### 3. 投资阶段的投资协议

如果风险投资人对项目前景看好，便可以开始进行谈判，谈判过程要持续几个月。最终，风险投资人和创业企业在目标上达到一个均衡点。

1）风险投资人在风险投资项目中的主要目标

（1）取得合理回报。风险投资人的首要目标是取得投资回报，不盲目追求高风险项目，通过对风险进行客观评估，要求获取与风险相对应的合理回报。风险投资人要求的回报往往是在约定的时间内，企业能够上市，这其中必然包含企业的营业收入、净利润和下一步发展计划等内容。

（2）参与企业经营。持有股份较高的风险投资人一般会要求取得企业董事会席位，持股比例较少的风险投资人会要求取得监事会席位，或列席董事会，以便对企业进行决策咨询和监管，掌握企业发展状况。风险投资人一般不愿成为企业的第一大股东或取得企业的实际控制权，因此很少有风险投资人会要求出任董事会主席，并领导董事会开展工作。在参与企业决策的过程中，风险投资人奉行“帮忙不添乱”的原则，当企业经营偏离既定计划或经营不善时，会积极地协调各类内外部资源，改善企业的经营状况。

（3）控制重大事项表决权。风险投资所采用的可转换优先股往往伴有表决投票权。风险投资人还会在投资协议及相关法律文件中规定，一旦企业出现重大事项，风险投资人有超级投票权，即风险投资人的一股所代表的投票权可以是其他普通股的投票权的两倍。通过控制投票权，风险投资人能更有效地监控创业企业，在必要的时候更换管理层。

（4）确保实现投资回报。风险投资人通过种种方法来确保投资回报的实现，除了上面三个方面，还包括分段投资、管理咨询、合同制约和变现方式调整等。

2）创业者的目标

（1）领导自己创立的企业。创业者有强烈的意愿来控制公司，领导自己的企业发展，因此风险投资人一般开始会选择保持少数股东的身份以避免冲突。随着资金投入的增加或企业经营出现问题，风险投资人通过投资协议及相关法律文件的规定获得更多的董事会席位、投票权和股份，逐步控制企业。在正常情况下，风险投资人不会与创业者争夺企业控制权。

（2）获取充分的资源发展企业。创业者必须在外来融资和自己的股份比例之间寻找平衡点。没有足够的资金和其他资源，业务无法发展，不能产生盈利，再多的自有股份也没有用途。

（3）寻求合理的收益。创业者也希望有一定的收益，包括一定比例的股份和较高的股票价值，在企业变现时可以获得较高的收益。

3）风险投资人和创业者还必须就两方面的问题达成共识

（1）以灵活的协议条款来吸引后续投资。投资协议中应有可以调整的部分，适时根据企业经营状况的变化进行修改，按照企业的价值重新评估每股净资产值，以吸引其他投资人后续追加投资，并保护前期投资人的利益。

（2）有关管理层和员工的激励机制，主要是员工持股计划、管理层聘请和员工聘用条款。创业企业普遍采用认股权或送红股等不同形式的组合来激励管理层和员工，同时也规定管理层和员工在没有工作到一定年限前离开公司或遭解雇，不能获得全部股份并变现，以防止管理层和员工的短期行为，鼓励长期服务。

只有明确了风险投资人和创业企业的目标，才有可能进行协议条款谈判，签订投资协议。一旦投资协议签订完成，创业者便能得到资金。在多数投资协议中，还包括对赌条款。当风险投资人认为创业者提出的企业发展计划实现起来有困难，但是又不想放弃时，很可能会在确定投资协议时提出与创业者签署对赌条款的要求，一旦对赌条件未实现，创业者就需要向风险投资人进行股份补偿或通过加一定利息的方式回购风险投资人的股份。初创企业最好不要采取签对赌协议的方式解决与投资人的分歧，因为这没有体现投资风险共担的原则。

#### 4. 投后阶段的管理

风险基金或风险投资机构有别于传统投资机构的重要特征之一是风险投资

人具有介入创业企业经营管理的意愿。风险投资人本身一般是企业管理的专家或与专家有着广泛的联系，能在财务、营销方面为创业企业提供强有力的支持；另外，与金融机构的密切关系也为创业企业追加融资提供了来源。

风险投资过程中的管理监控与前面的精心评估、选择投资项目和精心策划、设计投资协议一样重要，风险投资人对创业企业的管理、参与、咨询和监控，是降低投资风险、确保预期投资收益率的重要手段，也是风险投资区别于其他投资方式，如银行贷款、企业项目投资的重要标志，更是风险投资产业在近 30 年来健康发展、蓬勃成长的原因之一。

风险投资人参与创业企业经营管理的重点体现在以下几个方面。

（1）组建董事会。

（2）策划追加投资。

（3）监控财务业绩。

（4）制定企业发展策略和营销计划。

（5）挑选和更换管理层。

风险投资人很少参与那些操作性的日常工作，尤其是需要花费大量时间的细致工作，如选择供应商和设备、产品开发、寻找新客户和分销商、员工管理等。这些工作通常是创业企业的管理层所应该做的。风险投资人参与创业企业管理可根据参与程度的不同分为以下三种类型：

（1）直接指挥型；

（2）间接参谋型；

（3）放任不管型。

一般来说，直接指挥型是一种紧密式参与，风险投资人的意见直接影响创业企业的决策工作。直接指挥型的风险投资机构力图协助被投资方加强企业日常管理，每星期至少要来企业一至两次。有的风险投资机构甚至派部分人员到被投资企业直接参与管理业务。目前，有越来越多的风险投资机构采取这种方式为企业提供增值咨询服务，进行有效的信息收集和监控，以确保投资收益。

大部分风险投资机构属于间接参谋型，他们一般充当被投资企业的董事会成员，并按月参加企业管理工作会议，对企业的投资、发展、关键问题的处理或人事安排等事务提出建议。其各种建议一般都是站在第三者的立场上提出的，并不强求企业完全接受和采纳，具体实施的主动权还在企业管理层手中。假如被投资企业确实陷于困境，他们会积极主动地管理被投资企业，以挽救其自身的投资。

放任不管型通常是在金融机构下属的风险投资机构对后期企业做短期投资的情况下，这些风险投资机构的经理既缺少相应的管理经验，又没有必要对已经比较成熟和规范的企业进行过多干预。放任不管也是联合投资的非领投方投资人对所投资企业采取的做法。

风险投资人对被投资企业的管理监控程度与以下因素有关。

1）投资数额

风险投资人对企业的投资数额越大，风险也就越大，管理监控的程度也就越高。

2）时间安排

风险投资人必须经常对一家企业进行实地访问和电话查询。每年花在企业上的时间是有限的，如果他们管理的创业企业很多，就会影响他们对每家企业的管理时间和程度，因此他们必须有所选择。

3）企业的需要

企业是否有管理咨询的需要，愿意接受这种紧密式监控。管理层是否有足够的经验独立完成工作，也会影响风险投资人参与管理监控的程度。

4）风险投资人的经验

没有足够的经验，风险投资人就无法监控企业的经营管理，也无法提供有效的咨询意见。风险投资人还必须对所投资企业的业务和产品及相关市场的竞争进行深入的研究，以便对企业发展进行客观全面的评估。除了风险投资人应该具有的行业和金融方面的经验，其他企业策略、营销、人事管理方面的经验也是必需的。

5）与创业者的关系

风险投资人必须与创业者相互信任和理解，共同明确风险投资人参与管理的目标和方式。风险投资人要花时间与创业者交流沟通，建立伙伴和合作关系，才能进行有效的管理、监督、参与和咨询。

6）企业的发展阶段

企业发展初期，风险投资人参与程度较深，后期则参与程度降低；在创业企业遇到困难或出现危机时，领投方的参与程度会加强，而其他投资人一般不参与。

#### 5. 退出阶段的方式选择

风险投资投入的是权益资本，并不想长期持有创业企业的所有权或控制权。风险投资人常说："我们并不想控股，我们要的是增长，我们要的是收益。"这句话道出了风险投资人的目的不是控股，而是带着丰厚利润和显赫业绩从创业企业退出。退出的方式主要有首次公开募股、股权转让和破产清算等。

1）首次公开募股

通过上市退出企业是风险投资最经常、最喜欢采用的一种方法。一般而言，创业企业第一次向社会公众发行股票，称为首次公开募股。在美国，首次公开募股是创业资本最常用的退出方式之一，大约30%的创业资本以这种方式退出。

对于创业企业来说，首次公开募股往往被视为企业发展壮大的最佳渠道和创业成功的标志。首次公开募股具有以下优点。

（1）可以大规模筹集资本金，大幅度提高公司股东、风险投资人和创业者的回报。

（2）公司股票具有很强的流通性，拓宽了长期资金的融资渠道。

（3）大幅度提高了公司知名度，帮助公司获得比未上市公司更好的市场信誉。

（4）容易吸引管理人才，并用期权来激励他们努力工作。

首次公开募股具有以下缺点。

（1）前期费用较高，耗费管理人员的大量精力，一旦上市不成功会对企业的经济利益产生较大影响。

（2）企业必须面对证券监管部门的严格审查与监督，必须面对公众审视的压力披露大量内部情况，要在报告、审计等工作上花费更多时间，增加开销。

（3）若公开发行股票比例较高，一旦受到市场投资人狙击会影响原股东对企业的控股权。

2）股权转让

股权转让是指风险投资人将所拥有的企业股份转让给其他企业或投资人，或是要求创业企业从其手中回购股份。

股份转让对于大多数风险投资人来说，是一个备用的退出方法。当企业达不到首次公开募股的条件的时候，为了保证已投入资本的安全，便采用此种方式退出。

创业企业回购对创业企业与风险投资人双方来说都有一定的诱惑力，因此创业企业从风险投资人手中回购股权的方式发展得很快。在美国，股权转让已成为风险投资退出的最主要方式。

3）破产清算

最后一种退出方式是破产清算，这也是风险投资人和创业者最不愿意采用的退出方式。如果一个创业企业每况愈下，则对风险投资人来说，最好的办法是尽快破产清算，以收回部分投资避免更大的损失。如果企业因资不抵债而破产，则风险投资人将血本无归；如果企业尚有一定数量的净资产，则风险投资人的投资很可能大大缩水。

### 2.2.3 风险投资关注的要素

人才、技术与市场是构成风险投资的三个要素，而三者又以人才最为重要。

一个成功的风险投资家需要熟悉各类行业的专业技术人才，并在所投资的科技企业需要的时候，为其提供引进高级管理人才的建议，帮助企业强化管理团队，这也是风险投资机构为所投资企业提供的增值服务的内容之一。

人才在风险投资中扮演着极为重要的角色，认识、发现人才是风险投资家进行风险投资的关键环节。风险投资能否成功，关键在人。曾因投资于苹果计算机公司等一举成名的风险投资家亚瑟·罗克先生认为，风险投资的成功在于不断追求新概念。有新概念、新思想，就有新产品、新市场。然而，在选择投资对象时不是看新概念或新思想，而是看人，看创业者个人的素质。他不无感慨地说，他每次错误都是由于选错了人，而不是选错了思想。

技术和市场也是风险投资家重视的两大要素。因为只有产生了新的技术，才会有新的产品，才会有新的需要，才会带来新的市场机会。风险投资家把握了这三大要素，其风险投资基本就成功了一半。

1. 人才

在风险投资行业圈中有一句标准口头禅：宁愿投二流技术，一流团队；不投一流技术，二流团队。风险投资人之所以重视技术的独特性，是因为这可以保证产品上市时能超过其他竞争对手。一个在进入市场时具有竞争优势的企业，将拥有更大的市场占有率，故其利润也较多。但创业者是否具有经营、管理能力，是否具有将竞争优势转化为市场优势的能力，是一个先决条件。一般而言，创业企业最薄弱的环节往往是管理层的人才及其组成人员。风险投资人对此可助其一臂之力，组织优质的管理层，作为出资条件。

风险投资人在衡量商业计划书中有关的创业团体的经营才能时，常从以下四点着手。

（1）具有不同经营能力且有经验的管理人员。

（2）人员权责明确且平衡。

（3）经营人才的来源。

（4）获得专业人才的诱因。

管理层中的关键人物须具有对创业企业高度的认同感、献身精神、求胜心理、求富欲望及敢于冒险的精神，而最重要的乃是个人本质。为测验管理层的献身程度，风险投资人常坚持其必须在创业企业中投入若干资本，使此创业企业与管理层的个人利益密切相关。

2. 技术

风险投资人在决定是否选择某一投资计划时，在技术层面通常考虑以下四点。

（1）技术的创造性与独特性。

（2）产品是否可以创造新的市场并带来高利润。

（3）技术本身及应用此技术的竞争性。

（4）未开发的潜能——在可能机会之外者。

在评估技术的运用方面时，风险投资人着眼于所应用的技术是否新颖、是否独特，此项技术的发展是否能开拓一个具有潜力且快速成长的新市场，新产品或系统能否改善和提升经营业绩、提高服务质量与水平、降低成本等。基于这些原因，提高生产能力的技术、产品或系统是风险投资的最佳对象。

产品的独特性能创造高利润。某企业若采用此种新技术或以新技术能发展出独特工程设计产品，则其产品上市就会具有比较优势。因此，独特性是创业企业进入市场的有效途径。又因为产品具有比较优势，所以利润较高，能为企业长期发展提供充足的营运资金，其利润也可用于资助研究与发展，形成企业发展的良性循环。

最后，风险投资人还会注意此技术在开拓其他应用上的潜在能力，因为一个产品在市场上的寿命通常为 3～5 年，风险投资人希望此产品能再发展，且能行销市场。

3. 市场

评估技术与评估市场两者之间的差别很难区分。假设应用的技术具有独特性，则使用产品的范围也有限。因此，市场范围必须明确地认定并充分地验证，否则创业者很难获得风险投资人的支持。风险投资人在评价市场时，通常从以下三方面着手。

（1）市场容量。

（2）产品间的相对竞争力。

（3）潜在成长力。

如果创业者提出一项新产品的投资计划，那么此新产品的预期客户数目必须多至足以支持企业的潜在成长。如果投资额为 500 万美元，风险投资人心目中的市场容量至少为 5000 万美元至 1 亿美元，如此方能支持企业未来的发展。曾经有一家科技企业，以其特有的技术和产品，三年内销售收入过亿元，引起了风险投资人的兴趣，但当企业介绍市场占有率已达 80%以上时，投资人就客气地结束了投资洽谈。

## 2.3 科技成果、风险投资与创业企业的关系

**请相信：**

风险投资对创业者就像维生素 C 对人体一样，是必不可少的。

科技成果、风险投资与创业企业的关系如图 2-2 所示。

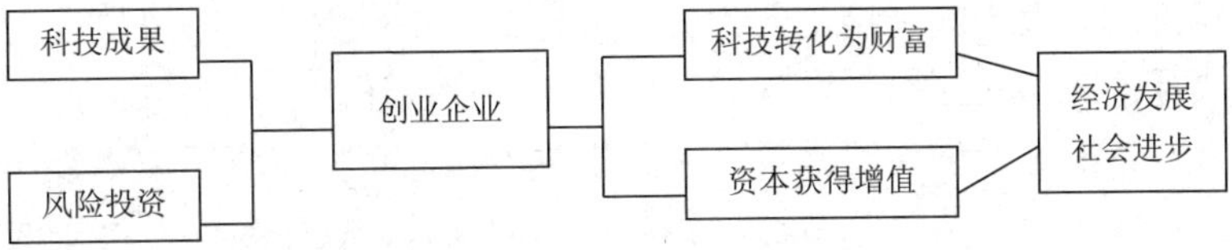


图 2-2　科技成果、风险投资与创业企业的关系

## 2.3.1　科技成果转化需要风险投资

科技成果转化是科技成果商品化的一个过程，是科技成果价值和使用价值的实现过程，能推动经济社会发展。科技成果只有和资本相结合，才能转化为现实的生产力，知本家才能转化为资本家，才有可能获得高额的回报。

风险投资不同于传统的投资方式。它集金融服务、管理服务、市场营销服务于一体，通过其独特的运作目的与方式，借助企业核心科技成果转化的成功，获得高额的投资回报。科技成果转化得成功与否，直接影响被投资企业的成长性，也影响风险投资机构的收益。正因为如此，风险投资机构对所投资的创业企业悉心关照，并在科技成果转化过程中扮演着十分重要的角色。

### 1. 催化作用

风险投资对科技成果转化的催化作用表现在以下几点：首先，风险投资的趋利性特点激励着它去发掘有盈利前景的科技成果转化项目，并在前期给予资金资助，推动科技成果从实验室走向市场；其次，在风险投资的支持下，科技成果转化过程可以在不同层次上同时展开，大大缩短了产品的开发周期；最后，风险投资会适时地将新兴企业推销上市，在实现自身收益目标的同时，也将企业推上了一个更大的融资平台和发展平台，使其通过股票市场快速积聚发展资金，加速了科技成果的产业化进程。

### 2. 分散风险作用

风险投资分散科技成果转化过程风险的作用表现在以下三个方面；一是投入经费，分担了转化过程中的金融风险；二是通过项目可行性论证和市场适用性调研，对需要转化的项目进行严格筛选，规避了技术风险和市场风险；三是通过有效的管理体制驾驭转化过程中的非技术风险。正是有了风险投资的参与，科技成果转化的风险才大大降低。

3. 转化管理作用

风险投资人大多既是投资人，又是懂经营的企业家。风险投资人与银行家不同。银行家在向企业提供贷款后，便坐等企业偿还本金和利息，万一发生风险则利用贷款抵押物来规避风险；风险投资人在向企业投资后，要参加企业的经营管理，介入企业的经营活动，和企业一同成长，发生风险后可采取的防御措施有限。因此，为了帮助企业完成科技成果转化，风险投资人为企业提供的不仅仅是资金，还有专业特长和管理经验。从某种意义上讲，这也是创业企业所需要的。

4. 投资接力作用

科技成果转化是一个长周期、多阶段的复杂过程。转化的每一阶段都需要有资金支持才能进行，而且这种资金需求量还会随着转化的进行而逐步增加，甚至是突变。这种对资金逐步增加的投资要求（转化过程中企业可能长期没有盈利，或者产生的盈利也被用于发展投入，而无法分红）使传统资本对之望而生畏。风险投资通过其独特的运作方式满足了科技成果转化过程中企业对资金的需求，为所投资企业创造了融资渠道，使要追加的资本在必要时源源不断地流入。即使由于种种原因这些风险投资人本身不再为企业提供资金，但风险投资人往往也可以通过他们的种种关系为企业疏通新的融资渠道。

### 2.3.2 风险投资需要科技成果转化

风险投资的管理人通过各种渠道获得资金，目的只有一个：寻找具有高成长性的企业，实施投资并做好投后管理，以实现高额的投资回报。实现科技成果转化的高新技术企业恰好能满足他们对于企业高成长基本特性的要求。高新技术产品一般具有较强的市场垄断力，一旦为市场所接受，就会表现出极强的扩张力。

总之，高新技术企业在成长过程中的高成长性，决定了风险投资在培育高新技术企业上的独特功能。风险投资被称为科技发展的发动机。美国斯坦福大学国际研究所所长米勒曾经说过：“在科学技术研究的早期阶段，风险投资的参与和推动，使科学技术研究转化为生产力的周期由原来的二十年，缩短了十年以上”。

同时，风险投资的特性也决定了其将大部分资源分配于科技含量高、成长性强的企业。从某种意义上说，科技成果转化和风险投资是互补的。一方面，没有风险投资，就没有当今大量的科技成果迅速地实现商品化；另一方面，科技成果商品化为风险投资提供了培养职业人才的经济环境，没有这种经济环境，就没有大量职业人才的培养和训练，风险投资就不能得以长足发展。

### 2.3.3　推动风险投资和科技成果结合的实体：创业企业

和其他企业相比，创业企业具有鲜明的特征。它既不同于那些处于成熟期的企业，又不同于那些成熟产业中的新建企业。

1. 创业企业具有较高的风险

对于创业者而言，开创新的事业具有极大的挑战性和个人价值；但对于投资人而言，新企业有着极大的风险，包括创业者的个人能力风险和道德风险、新产品的市场风险、技术风险、竞争风险、管理风险、资金风险等。也正因为如此，创业企业面临着巨大的融资困难：那些针对成熟行业和成熟企业的资讯评估标准，创业企业难以满足。因此，创业企业既难以从商业银行获得贷款，又难以通过直接融资获得资金。如果没有得到其他形式资金的支持，创业企业往往还没有进入市场，便因难以承受资金压力而关门了。

由于创业企业所从事的多是以技术上的新发明、新创造为基础的开发工作，一旦产品上市，可以其新颖性、没有竞争对手而独占市场，在一段时间内可以享受垄断价格，获取高额利润。但与此同时，因为大部分发明创造虽经过试验，但终究还未发展成为产品，失败率相当高。对风险投资机构来说，由于同时向多个企业投资，高收益率可以抵消其高失败率所带来的损失。总体而言，可以得到高于其他方面投资的收益率，这就是对投资人最大的诱惑和刺激。一般来说，创业企业有 70%是要失败的，但平均 30%的成功就可以使风险投资机构赚钱。

2. 创业企业具有鲜明的创新性质

对于创业者和投资人而言，创新既存在风险，又有带来高收益的可能。创业企业大多属于高新技术企业。和一般企业不同，创业企业都源于研究人员，先有研究成果，然后建立企业、推出产品。而吸引大批研究人员从事研究，又易于产生重大突破的，大多是那些正在蓬勃发展的高新技术领域。创业企业是高新技术产业的开拓者。美国许多著名科学工业区，如硅谷、波士顿（以电子为主）、明尼阿波利斯（以医药为主）、达拉斯、休斯敦（以能源为主），大多是靠创业企业发展起来的。美国风险投资机构向计算机、通信及其他与电子技术有关的产业和工厂自动化方面的投资约占总投资的 60%，向遗传工程和医疗保健产业方面的投资比例也很大。

3. 创业企业在财务上处于较为困难的境地

用传统的现金标准来看，创业企业在财务上是不稳健的。事实上，由于创业企业缺乏连续的财务数据，要对它们进行财务评价也十分困难，甚至是不可能的。这也是创业企业难以获得商业银行贷款的原因之一。因此，创业企业有着迫切的资金需要。只因一个突发事件或失误，直接导致资金链断裂的情况也是经常出现的，企业财务瞬间转入困难境地，甚至无法摆脱困境。

4. 创业企业在管理上还不成熟

作为新的企业，创业企业在管理上往往存在先天缺陷，而且常常没有任何现代意义上的管理制度。因为它们本身就是全新的事业，又没有得到时间的磨炼。它们的规模通常很小，既没有迫切规范管理的需求，又没有立即建立管理制度的可能。因此，创业企业的管理往往很不成熟。但是，投资人必然要投资于那些管理良好的企业，这些企业要么有优秀的管理人才，要么有接受外来管理高手的空间。

5. 创业企业具有巨大的发展潜力

只有那些具有发展潜力的创业企业，才能够成为投资人青睐的对象。投资人在寻找这样的企业，而这类企业受资金压力的驱动也在寻找投资人。创业企业虽然面临着不测的风险前景，但也具有巨大的发展前景。风险投资具有投资见效快的优点，它能使研究成果迅速实现商品化。规模小、管理不成熟的小企业，在风险投资的帮助下往往能迅速发展成组织和管理日臻成熟的大企业。美国的一些大企业，如苹果、英特尔等便是如此。同时，从整体上来说，创业企业的数量和投资总量增长也很快。以美国为例，据统计，每年新建高新技术企业多达 60 万家，其中很多都获得了风险投资。创业企业的繁荣促进了风险投资的发展，它反过来又给创业企业提供了大量资金和发展机遇。

6. 创业企业一般是中小企业

大企业在产品方面及经营管理方面都已定型，稳健但应变能力较差；中小企业则较为灵活，有了发明创造就可以很快研制出新的产品。同时，中小企业投资少，所冒风险有限，而且其发展的主要希望就在于新机会的出现。大企业由于风险过大，不敢轻易以尚未成熟的想法来发展新产品；对与本行业无关的技术设想，往往让发明者自找出路或由公司以有限投资方式帮助发明者另设小公司。所以，即便发明创造来自大企业，而当其成为创业企业时，也是以另一个独立的中小企业身份出现的。有人认为，利用社会上的资金创办中小企业开发新产品是美国经济的核心。创业企业中的投资人和技术人员是合作伙伴关系，而不是雇用的关系。投资人以投资获得股份；而技术人员则以其技术上的创新获得相应的股份。开始创业阶段主要靠投资维持企业的生存，而在产品投入市场，股票上市后，企业就扩大了资金来源，从而可以进一步扩大生产。

### 2.3.4　国内风险投资发展状况

中国的风险投资起步于 20 世纪 80 年代。1985 年 3 月，《中共中央关于科学技术体制改革的决定》提出，对于变化迅速、风险较大的高新技术开发工作，可以设立创业投资给予支持。这是中国首次提出以风险投资的方式支持高新技术产业的开发，为中国风险投资业的发展提供了政策上的依据和保证。当时，中华人民共和国国家科学技术委员会发表了题为《风险投资在中国》的研究报告，第一次系统地将“风险投资”概念引入我国。1986 年 1 月，经中华人民共和国国务院批准，中华人民共和国国家科学技术委员会、中华人民共和国财政部等出资成立了我国境内第一家风险投资公司——中国新技术创业投资公司。同时，通过火炬计划的实施，我国又创立了 96 家创业中心、近 30 家大学科技园和海外留学人员科技园，它们都为我国的风险投资事业做出了巨大贡献。

1998 年，中国民主建国会中央委员会在中国人民政治协商会议第九届全国委员会第一次会议上提交了《关于尽快发展我国风险投资事业的提案》，被称为政协“一号提案”，进一步推动了我国高新技术产业和风险投资的发展，为我国风险投资业掀开了新的一页。1997 年到 2001 年年底，我国风险投资机构从 53 家增加到 246 家，管理的资金总额从 51 亿元增加到 405 亿元。

从 2002 年开始，随着互联网泡沫的破灭，世界经济发展放缓，国际风险投资退潮，中国风险投资业的发展也遇到了不少困难，进入调整时期。从 2005 年开始，中国风险投资业经过几年的低迷期和调整期后，进入了全面复苏期。

近年来，随着创新驱动发展战略，“大众创业、万众创新”，供给侧结构性改革等政策的实施，以及股权分置、设立创业板和科创板等一系列资本市场改革的推进，国内风险投资业获得了快速发展的良好政策环境。截至 2020 年 8 月，在中国证券投资基金业协会备案的创业投资基金已达 9247 家，基金规模达 14 428.23 亿元。2019 年全年，私募基金投向境内未上市、未挂牌企业股权的本金新增 7392 亿元，相当于同期新增社会融资规模的 2.88%，有力推动了供给侧结构性改革与创新增长。

根据《全球创投风投行业年度白皮书（2019）》，随着风险投资资金越来越多地流入亚太地区和欧洲地区，美国创投风投整体规模在全球的占比正在逐年下降，而中国得益于创业生态系统的迅速升级，正成为除美国外崛起最快的国家。在过去三年中，中国已经占据了全球创投风投总额的近四分之一。

### 案例 2.2 创业企业发展周期与风险投资融资路径

下面是一个美国科技创业企业在不同发展阶段的融资过程（见表 2-2），这个案例具有科技创业企业发展的典型特点，反映了科技创业企业融资过程的规律。

表 2-2 某科技创业企业的融资过程

| 时间周期 | 6 个月 | 12 个月 | 18 个月 | 12 个月 | 6 个月 | 6 个月 |
|---|---|---|---|---|---|---|
| 目标/阶段 | 概念/创意 | 研发 | 产品投放 | 市场推广 | 品牌建立与市场扩张 | 首次公开募股 |
| 产品生命周期 | 概念/创意 | 研发 | 引入期 | 引入期 | 成长初期 | 快速成长期 |
| 融资轮次 | 种子融资 | A 轮融资 | B 轮融资 | C 轮融资 | 过桥融资 | 上市 |
| 募集资金额度（美元） | 50 万 | 200 万 | 500 万 | 1400 万 | 3000 万 | 1.2 亿 |
| 每股价格（美元） | 0.1 | 1 | 2.5 | 3.5 | 6 | 12 |
| 发行股权（股） | 500 万 | 200 万 | 200 万 | 400 万 | 500 万 | 1000 万 |
| 累积总股权（股） | 500 万 | 700 万 | 900 万 | 1300 万 | 1800 万 | 2800 万 |
| 募集资金后企业价值（美元） | 50 万 | 700 万 | 2250 万 | 4550 万 | 1.08 亿 | 3.36 亿 |
| 创业者持股比例 | 100% | 71% | 56% | 38% | 28% | 18% |
| 创业者持股价值（美元） | 50 万 | 497 万 | 1260 万 | 1729 万 | 3024 万 | 6048 万 |
| 成功率 | 1% | 10% | 25% | 67% | 85% | 100% |
| 失败率 | 99% | 90% | 75% | 33% | 15% | 0% |

对应上表可以看出，该企业的融资过程经历了以下阶段。

1. 概念/创意阶段

这一阶段的特征是创业者仅有一个创意或商业计划，可能还没有设立企业或企业刚刚成立，产品和经营方式等还停留在设计和计划阶段，良好的市场预期仅停留在设想状态。这一阶段通常需要创业者自己筹措资金，如用个人积蓄、向亲朋好友借款等。这时，创业者的主要目标就是完善概念或创意，编写商业计划书，争取获得投资人的关注。

筹措到的资金主要用于商业计划书的完善，以及产品的开发、改进、完善、小试生产等，创业者开始着手组建志同道合的创业团队。在这个阶段，投资风险极高，一般只有少数天使投资人会对创业者的行为予以关注，并提供少量启动资金，通常被称作种子投资。

在本例中，该企业在此阶段获得种子融资 50 万美元，发行股权 500 万股，每股价格为 0.1 美元，这个股价仅是一个安排，真正价值并未得到资本市场认可，每股 0.1 美元也仅是为了适应投资人此时投资较少而特意安排的。这个阶段创业者可能拥有企业的全部股份。

2. 研发阶段

经过一段时间的研究开发、设计、测试等工作，产品的实验室生产运作已经开始，但不确定性因素依然很多，投资风险依然很高。这一阶段企业的主要目标是进行产品研发，完成产品原型/样机或基础模式。一些潜在顾客开始试用产品或服务，但企业还没有销售收入，成本开始增加。

在这个阶段，有的专业风险投资开始进入，通常称为企业的 A 轮融资。筹措的资金主要用于技术研发、营销策划、试探市场、建立经营模式。

本例中，该企业获得 A 轮融资 200 万美元，发行股权 200 万股，每股价格为 1 美元，比上阶段 0.1 美元的股价有了较大增长。募集资金后，企业总股份达到 700 万股，企业总价值由 50 万美元相应增至 700 万美元，创业者拥有的企业股份比重稀释至 71%。

3. 产品投放阶段

产品投放阶段或称市场启动阶段。这一阶段的主要特征是研究开发成果的商品化，实验室样机变成可销售的商品，产品或服务取得了相关的许可或资质，开始得到市场认可，企业组建了采购、生产和销售体系。这一阶段企业的主要目标是将产品或服务正式投放市场，创业构想开始接受实际的市场检验。

在这个阶段，专业风险投资可能增加，也可能会引起其他投资人的关注，通常称为 B 轮融资。筹措的资金主要用于建立销售体系、打开市场、扩大生产能力，使之达到商品化要求。此时还需要完善产品质量，根据市场反应对产品的技术和性能做适当改进，使之与客户现实需要尽可能地吻合。

在本例中，企业获得了 B 轮融资 500 万美元，发行股权 200 万股，每股价格为 2.5 美元，企业总股份达到 900 万股，企业总价值增至 2250 万美元，创业者拥有的企业股份比重稀释至 56%。

4. 市场推广阶段

企业的产品或服务经历了市场的严酷考验，经历了用户的苛刻要求，已经显示了其生命力。这一阶段，企业的目标是开展市场推广，加大产品营销力度，扩大影响力与知名度，努力在市场上站稳脚跟。

在这个阶段，专业风险投资可能会继续增资，其他投资人开始要求参与投资，通常称为 C 轮融资。筹措的资金主要用于市场推广，建立销售网络，扩大销售队伍，购买更多设备、扩大产能，完善生产工艺及流程，关注竞争者，力求通过扩大市场份额和降低生产成本提高产品的市场竞争力。

本例中企业获得了 C 轮融资 1400 万美元，发行股权 400 万股，每股价格为 3.5 美元，企业总股份达到 1300 万股，企业总价值增至 4550 万美元，创业者拥有的企业股份比重稀释至 38%。

5. 品牌建立与市场扩张阶段

此时，企业在市场上已经具有一定的知名度和较大的市场份额，开始致力于自身品牌的建立，继续扩大市场份额，提高竞争能力。

在这个阶段，专业风险投资的投资热情可能会减退，取而代之的是战略投资人的蜂拥而至，通常称为过桥投资。筹措的资金主要用于解决企业短期资金困难的问题，继续帮助企业完善品牌建立与市场扩张，继续巩固并提升企业的竞争能力及引入更加专业的管理人等。同时，过桥资金应满足企业出于改善财务结构的上市前（Pre-IPO）融资需求，帮助企业整理其资产和财务状况，如调整企业的负债率，减少应收账款，特别是减少应付账款数额，与客户建立更加友好的关系等，换句话说，就是要展现出企业具有高成长性的基础和能力，为首次公开募股做准备。

此时风险投资的主要工作是帮助企业选择合格的战略投资人，改善企业股权结构，完善现代企业管理制度，选择上市时机等。

过桥投资来源多样化，主要是看企业达到上市条件的程度、所需资金的数量及资金在短期内能否套现并有较高回报率这些关键因素。例如，蒙牛乳业在首次公开募股之前就获得摩根士丹利、鼎晖投资和英联投资三家私募股权基金的过桥投资，改善了其财务结构，从而顺利地在香港上市。

在本例中，企业获得了过桥投资 3000 万美元，发行股权 500 万股，每股价格为 6 美元，企业总股份达到 1800 万股，企业总价值增至 1.08 亿美元，创业者拥有的企业股份比重稀释至 28%。

6. 首次公开募股阶段

在这一阶段，企业处于快速成长阶段，商业模式日益成熟，有良好的品牌形象与较大的市场份额，财务状况良好。

在这个阶段，企业完成首次公开募股，从有限责任公司转变为公众公司，企业运行将接受公众及监管部门的严厉监管及资本市场的持续评估，所募集的资金将按照上市招股说明书中承诺的那样使用。

在本例中，企业获得了 1.2 亿美元的资金，发行股权 1000 万股，每股价格为 12 美元，企业总股份达到 2800 万股，企业总价值增至 3.36 亿美元，创业者拥有的企业股份比重稀释至 18%。创业者所拥有的 500 万股企业股份价值至此得到资本市场的承认，企业每股股权的价格由 0.1 美元增至 12 美元，创业者的持股总价值也由最初的 50 万美元猛增至 6000 万美元。

上市对创业企业而言具有极其重要的意义，企业将因此获得广泛的社会关注和知名度，有利于吸收各方面的人才和社会资源，促进自身发展。企业此后的融资路径发生了变化，拥有面向全社会公开融资的稳定渠道，不再单纯依赖风险投资或某些定向资金，也有利于与金融机构建立良好的客户关系。此时，企业应站在更高的起点上审视、规划自身的发展道路及肩负起对投资人的责任。企业上市成功后，风险投资、战略投资人将择机出让所持企业股票，通过股份全部或部分变现，获得投资回报。

通过上述案例可以看出，科技创业企业的成长过程需要经历商业计划书、产品研发、市场开发、首次公开募股跨度达数年的艰辛历程，是分阶段的，不是一蹴而就的。与企业成长各阶段相对应，融资也是分阶段的，每个阶段的投资人都可能发生变化。投资人不会把资金一次性投入进来，而是根据企业的发展阶段决定投资的时机与数额。投资人和企业将一起成长，他们是风险共担、利益共享的合作伙伴。

## 2.4　创业企业融资决策

**点睛之笔：**

能获得风险投资是幸运的，但如果能同时得到管理上的帮助，则是幸中之幸。

创业企业引入风险投资之前应解决好如下问题。

### 2.4.1　明确引入风险投资的目的

评估本企业的融资需求是创业融资决策的第一步。从风险投资的实践看，虽然大部分企业引入风险投资是为了支持和促进本企业业务的发展和利润的增长，但也有一些企业是为了建立企业信誉或是为了获得风险投资人提供的增值服务。换句话说，有的企业引入风险投资是因为有资本需求，而有的企业引入风险投资是因为需要引入风险投资人的增值服务来提升企业的竞争力。二者相比，资本需求是融资的主要原因。

### 2.4.2　融资原则

和其他任何企业一样，创业企业融资也必须遵循一定的原则，主要包括以下几个方面。

1. 数量合理，按需定筹

创业企业要根据企业资本性支出与营运的需要来筹措资金，不要一味追求融资额，要和企业发展的阶段性目标相匹配，不能盲目进行。任何资金的使用都有资金成本，并不是资金越多越好，而且引入资金是以稀释股权为代价的。

合理确定风险投资的需求量一直是个难题，特别是在融资决策前期更是如此。必须注意，创业企业引入的风险投资越多，给投资人的股权也就越大。现实当中，风险投资也不会一次性满足企业发展过程中对资金的全部需求，融资数量的不同与开创、开发、扩展和发展等阶段有关，所引入的资金必须保证能完成眼前急需完成的任务，必须能保证相关的业务有本质性的进展，使下一阶段的融资比前一阶段的融资成本更低。融资用途要合理，要让投资人觉得是经过仔细推敲、客观计算的。

2. 找准时机，顺势而动

创业企业一般都缺钱，但也绝对不能仅仅为了钱而割舍股权。创业者应该根据企业发展状况，弄清楚企业所处的发展阶段，选择引入风险投资的最佳时机。否则，可能出现引入风险投资过早，企业股权贱卖的局面；也可能出现因启动融资过晚，现金流几乎断绝，风险投资机构认为风险太大而不愿入股企业的局面。

在一般情况下，服务业和制造业等传统企业在创业早期并不适合引入风险投资，而且往往也不具备吸引风险投资的条件。创业企业引进风险投资的最佳时机是在顺利度过初创期、进入加速发展阶段的时候，也是企业成长过程中最需要资金的时候，这时候企业前景良好，也容易获得更高估值。而高新技术企业，可以在种子期或者初创期引进具有天使投资性质的风险投资，解决企业初期研发和生产所需的资金。

3. 把握节奏，持续推进

企业融资要把握好节奏和策略，要有一个较为明确的融资规划，以保证股权的不过分稀释。融资不能在企业等米下锅时才临时抱佛脚，而是要在企业最良性发展，对资本市场最有吸引力的时候融进新资金。如果你是某个领域的领先者，这点尤为重要。要注意融资能力强的竞争企业可能会弯道超车，“先驱”很可能变成“先烈”。在竞争者还没有看清是否要跟进时，要把企业的“护城墙”尽可能地垒高。

有的创业者可能会觉得自己的创业项目相当“牛”，整个风投形势也很乐观，就以为拿到融资肯定是分分钟的事儿。但问题是形势在变，谁也保证不了明天会和今天一样。如果在创业过程中遇到资本寒冬，许多没有准备好过冬的创业企业猝不及防，可能直接“死亡”。创业是个十分艰苦的奋斗过程，为安全起见，创业者应该在融资的问题上早做准备，在可以融资的时候果断出手，而非在迫不得已时才去四处求人。

### 2.4.3　如何选择风险投资机构

对创业企业而言，挑选风险投资机构和挑选企业主要管理人员非常相似。风险投资机构能够把它在同一行业其他被投资企业中碰到的问题和解决办法介绍给企业，从而发现企业自身所看不到的问题并协助其解决。风险投资机构还可能帮助企业发现许多影响发展的外部不可控因素。另外，一家好的风险投资机构往往能帮助管理层更好地挖掘其在解决企业问题和洞察行业发展方向方面的潜力，因此风险投资机构过往成功的案例对创业企业的选择非常重要。

一般在投资期间，风险投资机构要进入董事会，参与企业决策，提供增值服务，并在企业的后续融资中起着非常重要的作用。如果利用得当，风险投资机构在企业的决策过程中往往能起到非常大的作用。从某种程度上来讲，管理层的经验越少，对风险投资机构的建议就越依赖；而管理层的经验越多，对风险投资机构提出建议的价值的认识就越充分。

出于时间上的考虑，创业企业在预选风险投资机构时最好限定在 5 家以内。因为风险投资机构的投资考察过程往往要耗费企业管理人员很多的时间和精力，从而分散管理人员对业务经营的注意力。此外，选择地理位置与创业企业相对较近的风险投资机构一般来说有利于更快地启动投资谈判。在选择风险投资机构时，创业者应该意识到，这是在建立一种长达 3～5 年甚至更长期的合作关系。因此，创业者有必要对风险投资机构的资质进行调查。对风险投资机构资质的调查通常包括以下五个方面。

（1）通过中国证券投资基金业协会或其他创投行业研究机构了解风险投资机构的背景、投资标准及其经理人情况，并从中发现该投资机构或其投资企业有无受罚记录等。

（2）了解风险投资机构的投资记录和成功案例，判定其投资偏好与本企业所处的发展阶段、所在行业、所处地理位置及所需投资规模的吻合程度，调查其以往投资记录，分析成败原因。同时，还可了解该风险投资机构是否在原定时间内成功地帮助被投资企业完成了后续融资等。

（3）了解风险投资机构的投资规模和投资重点，判定其是否能够满足本企业的投资需求，是否熟悉本企业所在行业的情况。风险投资机构一般不会对自己不了解的行业进行投资，投资偏好是由普通合伙人核心团队成员以往的成功经历和经验构成的。归根结底，企业争取风险投资等同于在私募市场上兜售自己企业的股份，要精准营销，找对自己的可能买主。每个风险投资机构都有适于自己的投资规模和阶段，这是一个专业分工非常明确的行业。

（4）了解风险投资机构提供增值服务的情况，注意风险投资机构的资源和管理特点，选择提供增值服务的投资机构。

优秀的风险投资机构由于其合伙人有广泛的行业关系和丰富的企业管理经验，能够为创业企业提供很多增值服务。但是，也有的风险投资机构只将增值服务流于口头。风险投资机构的项目经理们往往忙于寻找和评估项目，而且很多项目经理的企业管理经验有限，很难给创业企业提供切实的帮助。创业企业在融资时应该对投资人的广告性语言认真评估，看对方是否真正能帮上忙。这一点很重要，因为创业企业不仅是在寻找资金，还是在寻找有能力的合作伙伴。

（5）了解风险投资机构与投资银行的关系，判定其是否和投资银行有着密切关系从而可以帮助完成后续融资等。

当创业企业开始对某个风险投资机构进行调查了解时，这些机构通常会提供一份其已经投资的企业名单，因此创业者还可以通过这些被投资企业来了解该风险投资机构的情况。

创业企业还可以从已经成功引入风险投资的企业家那里听取建议，参加与风险投资有关的论坛、年会、训练营、融资对接会或专业研讨会，这通常是获得这些企业家建议或见解的有效途径。

此外，创业企业可经常通过信函或新闻发布会等形式与风险投资机构保持联系，以便和投资人建立起良好的合作关系，为后续融资做准备。

总之，创业企业要尽可能地选择那些既能满足企业本次融资需求又能提供高水平增值服务，并能帮助企业完成后续融资的风险投资机构。

### 2.4.4 如何规避相关风险

虽然风险投资在国内发展已近三十年，但在我国还是有很多创业者对风险投资的特征和运作模式较为陌生，对风险投资有较多误解。创业者应该重视风险投资本身可能给创业企业带来的风险，并有效控制。

#### 1. 法律风险

目前，国内尚无一部具有权威性的风险投资法律，对风险投资的规范约束分散在现行《中华人民共和国公司法》《中华人民共和国合伙企业法》《中华人民共和国证券法》《中华人民共和国证券投资基金法》等相关法律中。社会诚信的缺失、法律体系的不完备及风险投资实践的匮乏，导致风险投资领域存在一定的法律风险，在一定程度上影响了风险投资的发展。

对接受风险投资的创业企业而言，面临的主要法律风险及其防范策略如下。

（1）风险投资主体信息不对称。具体是指在项目投资过程中，由风险投资机构与创业企业之间的信息不对称导致的法律风险。投资领域的专业性，以及双方都可能有意隐瞒信息和提供虚假信息，导致双方无法在事前准确地知道合作方的真实能力、诚信度，存在法律风险。

防范策略：创业企业在与风险投资机构签订的投资协议中应明确双方的权利和义务，以合同形式完善彼此的权益保护机制，防范风险，如合理安排薪酬激励条款和约束条款、选择投资工具、安排投资阶段、分配企业董事会席位等。

（2）风险投资协议与商业秘密保护的冲突。风险投资机构与创业企业谈判的核心成果是签订投资协议，这是确定投资资金使用方向与双方权利义务的基本法律文件。在此过程中可能涉及技术成果、知识产权、经营方向等商业秘密，一旦泄露将严重影响企业的经营和发展。

防范策略：双方可建立基本的诚信基础与工作机制，事先约定具体相关的保密条款及违约责任，如一方存在严重过错时，可以按照有关规定处理。

（3）企业合法性的法律风险。企业核心技术的所有权、创业者与原单位的劳动关系、创业者原单位的专有技术和商业秘密的保密问题等，都有可能引发企业与他方的纠纷，影响风险投资的进入。

防范策略：创业者要妥善解决与原单位的劳动纠纷与就业限制的矛盾，确认核心技术权利与相关知识产权的合法性。

（4）创业企业首次公开募股失败，风险投资机构所持股权不能如期退出。在我国现行体制下，风险投资机构的资本投入企业后通常会获得有限责任公司的普通股权，退出方式主要是首次公开募股后售出股票或者是原股东、管理层回购相应股权。一旦企业首次公开募股失败，原股东或管理层又未依约回购，必将影响进一步的合作。

防范策略：加深对美国纳斯达克、香港创业板等多个海外证券市场的了解；同时，也要为首次公开募股失败后依约回购股权做好准备。

#### 2. 管理风险

管理风险是指风险投资进入企业后，创业者的权限被过分限制甚至丧失控制权，包括所约定的议事规则、决策程序、权限设置、对赌协议等。

议事规则、决策程序、权限设置等是企业管理的重要内容，往往直接决定企业的经营与运行、管理体制，对企业创始人的权限构成限制。有的风险投资机构会设定条件，限定企业的日常活动、投资项目、资金使用方向，甚至日常人事任免。对此创业者应有清醒认识，与对方明确约定双方的权限与行为范围，防止企业运行失去控制。

对赌协议（估值调整协议）是投资方与融资方在达成协议时，双方对于未来一些不确定情况的一种约定。如果约定的不确定情况被触发（多数为相应预期业绩未达到），投资方可以行使估值调整的权利（一般为融资方失去的部分股份或者权益）；如果约定的不确定情况未触发，则达成的协议条款不变。这实际上就是期权的一种形式，由于其结果是不确定的，与赌博有相似之处，因此被形象地称为“对赌”。

对赌协议广泛地应用于创业企业中。就目前而言，国内企业采用对赌协议时通常采用财务绩效指标，以股份、董事会席位、管理权限等为基本筹码。以股份为例，通常规定当企业未达到约定盈利水平时，企业管理层应向投资方低价转让一定数量的股份，或者是企业管理层高价回购投资人持有的股份；反之，管理层会得到股权激励。

对赌协议给不同企业带来的结果也不同，有的企业管理层借此获得更多股份和更多资金支持，有的则因此失去了企业中的股份和地位，甚至黯然出局。京东商城创始人刘强东曾建议创业者不要签订对赌协议，认为这会让创业者在短期利益和企业长远发展之间做取舍，无论何种选择都不会是好结果。

企业如果签署对赌协议，应当约定必要的“保底条款”保留控股权，以避免承担过大的风险甚至被迫出局。2006 年 5 月，北京动向与摩根士丹利签订对赌协议，在该约定中企业创始人陈义红设定了明确的上限，即使出现最坏的情况，摩根士丹利最多只能拥有 40%股权，这也确保了陈义红在最坏情况下的控股权。之后该企业如期在香港交易所公开上市。同样在 2006 年，三家机构注资太子奶集团共计 7300 万美元，并规定在投资后三年内，如果太子奶集团业绩增长不足 30%，创始人李途纯将失去对公司的控制权。结果李途纯因未达到目标，被迫出让其所持的全部股份，使企业重组。

**记住：**

并非所有的风险投资都能帮你完成创业梦，要根据自身的特点有所选择。

### 案例 2.3　阿里巴巴

1999 年年初，马云在杭州创办了一家名为阿里巴巴的电子商务站点，致力于为全世界中小企业服务。最初的创业团队包括马云和他的妻子、同事、学生及被他吸引来的精英，18 个创业者集资了 50 万元，在马云的家里办公。

阿里巴巴成立后很快面临资金瓶颈，但马云希望阿里巴巴的第一笔风险投资除带来钱以外，还能带来更多的非资金要素，如进一步的风险投资和其他的海外资源，为此他拒绝了多家投资人。最终以高盛为主的一批投资银行向阿里巴巴投资了 500 万美元，让公司稍稍喘了口气。

2000 年，日本软银总裁孙正义向阿里巴巴投资 2000 万美元，使阿里巴巴得以挺过长达两年的互联网寒冬。2004 年 2 月，阿里巴巴再获 8200 万美元的战略投资，这笔投资是当时国内互联网领域金额最大的一笔私募投资。2005 年 8 月，雅虎、软银再向阿里巴巴投资数亿美元。之后，阿里巴巴创办淘宝网、支付宝，收购雅虎中国，一举成为全球最大的 B2B 公司。风险投资不仅给阿里巴巴投入了资金，还在阿里巴巴的发展过程中提供了足够的支持，尤其是支持其挺过了 2001 年到 2003 年的互联网寒冬。

软银当年放弃别的机会，集中精力投资阿里巴巴的重要原因是马云及其团队的坚定信念，尤其是 18 个创业合伙人的精神。软银认为，马云有一种独特的分享意识及不平凡的领导才能，他既是战略家又是战术家，而且执行力也很强。

2007 年 11 月 6 日，阿里巴巴在香港联合交易所挂牌上市，正式登上全球资本市场舞台。当日，阿里巴巴市值约 280 亿美元，超过百度、腾讯，成为中国市值最大的互联网公司。在这次全球发售过程中，阿里巴巴共融资约 16.95 亿美元，这是全球互联网业第二大规模融资。

阿里巴巴的两个大股东雅虎和软银获得了巨额的回报。上市当天收盘时，软银间接持有的阿里巴巴股权价值 55.45 亿美元，当初投资阿里巴巴的 8000 万美元回报率高达近 70 倍。而雅虎间接持有阿里巴巴 28.4%的股权，市值高达 73 亿美元。

马云认为："在跟风险投资机构的沟通过程当中，不要觉得风险投资机构是爷、风险投资机构永远是舅舅。你是这个"孩子"的爸爸妈妈，舅舅可以给你建议、给你钱，但是肩负着把孩子养大职责的是你。风险投资机构不是来替你救命的，只是把你的公司养得更大。"

### 案例 2.4　京东

1998 年 6 月，刘强东在中关村创业，成立京东。三年后，京东成为光磁产品领域最具影响力的代理商，销售量及影响力在行业内首屈一指。2004 年，京东开始涉足电子商务领域，开通京东多媒体网并在全国首创即时拍卖系统——京东拍卖场，成为各大 IT 电子商务网站争相模仿的对象。2007 年，京东多媒体网正式更名为京东商城，以全新的面貌屹立于国内 B2C 市场。到 2010 年，京东商城跃升为中国首家规模超过百亿的网络零售企业，连续六年销售增长率超过 200%。京东商城成为中国 B2C 市场最大的 3C 网购专业平台，是中国电子商务领域最具有影响力的电子商务网站之一，在线销售家电、数码产品、电脑、家居百货、服装、母婴用品、图书、食品等 11 类数万个品牌百万种商品，注册用户达 1500 万人，日订单处理量超过 30 万单。

与苏宁易购、库巴和当当网等竞争对手的激烈较量使京东的资金链长期处于紧张状态，风险投资成为企业的重要资金来源。2007 年，今日资本第一轮投入1000万美元；2008年年底，今日资本、雄牛资本及梁伯韬共投入2100万美元；2010年年底，老虎基金向京东投入1.5亿美元；2011年4月，DST、红杉、高瓴、老虎等6家基金和一些社会知名人士向京东投入15亿美元；2013年2月，京东完成新一轮7亿美元融资，投资方包括加拿大安大略教师退休基金会和王国控股集团及公司一些主要股东；2014年3月，腾讯用约2.15亿美元收购京东3.5亿多股普通股股份，占上市前在外流通的京东普通股的15%。同时，京东和腾讯还签署了电商总体战略合作协议，腾讯将旗下拍拍C2C、QQ网购等附属关联公司注册资本、资产、业务转予京东。

2014年5月22日，京东在美国纳斯达克挂牌上市（股票代码：JD）。按发行价计算，京东市值为260亿美元，成为仅次于腾讯、百度的中国第三大互联网上市公司。2019年，京东全年净收入为5769亿元人民币（约829亿美元），同比增长24.9%，是中国线上线下最大的零售集团。京东名列2020年《财富》世界500强榜单第102位，位居中国零售及互联网行业第一、全球互联网行业第三。2020年6月18日，京东在香港联合交易所上市交易（股票代码：9618），在港上市首日报239港元/股，总市值为7386亿港元。前期支持京东发展的今日资本等风险投资机构均获得了丰厚的回报。

京东旗下先后孵化出京东数科、京东物流、京东健康等“独角兽”企业，这些“独角兽”企业在成长过程中也获得过风险投资机构的支持。2020年9月11日，上海交易所受理京东数科科创板上市申请。2020年12月8日，京东健康正式登陆香港交易所（股票代码：6618），上市当天市值突破3400亿港元。

# 第3章 商业计划书编写规范及参考示例

**一语中的：**

“摘要”是打开风险投资机构之门的钥匙。

## 3.1 摘要

### 3.1.1 摘要的地位

一个好的商业计划书可以使企业明确认识自己，明确奋斗目标，明确管理的各个环节。

商业计划书的摘要是风险投资人阅读商业计划书时先看到的内容。如果说商业计划书是敲开风险投资机构大门的“敲门砖”，是通向融资之路的铺路石，则摘要是点燃投资人对你的投资热情的火种。

摘要是整个商业计划书的第一部分，相当于对整个商业计划书的浓缩，是整个商业计划书的精华所在。由于风险投资人的时间和精力有限，不可能把所有到手的商业计划书都逐个地仔细研究，通常，他们都是先阅览商业计划书的摘要，通过从摘要获取的信息来判断是否有继续读下去的必要。也就是说，如果摘要不能激发起风险投资人的兴趣，那么商业计划书的后面部分就很有可能无缘与风险投资人“见面”了。从这一角度来说，虽然我们并不能担保一个写得很好的摘要能为一个项目带来投资，但一个写得不好的摘要一定会使风险投资人放弃对该项目的投资。

### 3.1.2 摘要的格式

根据不同企业的情况，摘要一般分为两种格式：提纲性摘要和叙述性摘要。

1. 提纲性摘要

提纲性摘要结构简单，开门见山，一目了然，能让投资人立即了解你为什么需要投资。提纲性摘要的每一段基本上就是对商业计划书每一章的总结。它的优点是容易编写，缺点是语言比较干涩，文章没有色彩。对于已经具有一定规模的创业企业来说，因为已经能够提供实实在在的相关情况和数据，采用提纲性摘要是合适的，此时风险投资人并不在意文章有没有色彩，而是会对你提供的各种关键性数据津津乐道。提纲性摘要基本上包括了商业计划书的所有方面，面面俱到，各部分在提纲性摘要中所占比例基本相等。

提纲性摘要是用简短明晰的话摘选出的商业计划书的重点。每个方面的描述不要超过三句话，只阐述与企业和项目关系最密切、给人印象最深刻的部分。提纲性摘要一般包括以下内容。第一和第二部分的内容必须按照下列顺序排列，其余部分的排列顺序并不太重要。为了突出重点，可以在每段的开头写上标题。为了压缩内容，精简篇幅，在摘要部分可以把有些内容合并。

（1）有关企业的描述。主要包括企业的名称、类型、地点、法律形式（股份公司、个人公司、合伙人公司等）。

（2）申请投资的目的。

（3）企业的状况。是老企业还是新企业，或是正准备成立的企业。还有企业成立的时间，项目所包括的产品或服务已经进行了多长时间、是否已经销售。

（4）产品或服务。列出已经销售或要销售的产品或服务。

（5）目标市场。列出产品将进入的市场，以及选择该市场的原因。同时，还要提供市场调查研究和分析的结果。

（6）销售策略。主要侧重于叙述产品如何进入目标市场、企业如何做广告，以及企业的销售方式，特别要指出主要销售方式。

（7）市场竞争情况和市场区分情况。简单介绍与产品有关的市场竞争、主要竞争对手，以及各自的市场划分和市场占有率。

（8）竞争优势和特点。阐述为什么你的产品能够在市场竞争中获得成功，列举你的产品或服务的优势，如专利、秘方、独特的生产工艺等。

（9）优良的经营管理。简述企业管理团队的能力，特别是企业的创始人和主要决策人的有关情况。

（10）生产管理。简述关键性的生产特点，如地点、关键的销售商和供应商、节省成本的技术和措施等。

（11）财务状况。包括过去两年的财务表现，以及未来一至三年的预期销售额和措施等。

（12）企业的长期发展目标。包括企业未来五年的发展计划，如员工总数、销售队伍的建设情况、分支机构数目、市场占有率、销售额、利润等。

（13）寻求资金数额。包括项目需要的资金总数、资金来源、筹集资金的方式、投资人如何得到回报等。

2. 叙述性摘要

与提纲性摘要相比，叙述性摘要好像是给投资人讲的一个优美动听的故事。创业企业因为还不能够提供企业在经营、管理、市场、财务等方面的实际情况和相关数据，因此只能采取叙述性摘要，讲好故事。

叙述性摘要的重点集中在描述企业的基本情况，突出项目特点，较少描述管理细节。叙述性摘要特别适用于需要用语言描述的新产品、新市场、新技术等，以及有一定历史或背景的企业。编写叙述性摘要难度很大，它要求作者既要有企业经营的知识和经验，又要有深厚的文学功底和娴熟的写作技巧。

叙述性摘要主要以文字调动投资人对企业的热情，使投资人对企业和项目感到兴奋，所以在编写时要重点选择一或两个能够打动投资人的企业特点，重点叙述企业的创立者是如何建立企业并获得成功的，讲述企业是如何根据社会和技术的变革制造新产品或提供新服务的，使投资人了解为什么企业能够成功。摘要要写得恰到好处，既要传达所有必要的信息，激起投资人的热情，又不能夸张，要通过摘要使投资人看到企业的眼光和经验。

叙述性摘要对各段落的关系没有明确的规定，各个部分的比重也不要求平均，重点是要能够明确地在投资人面前展示企业，给投资人留下深刻印象。

叙述性摘要没有统一的格式，但是应该包括以下几方面内容。

（1）企业简介。简单描述企业的组织机构、发展计划、法律形式、地点、目标等。

（2）产品的基本情况。包括企业背景、产品开发情况、产品特点、企业是如何认识到市场机会的。

（3）市场情况。简述目标市场的发展趋势、市场需要，特别要阐述清楚为什么市场需要你的产品或服务，以及市场分析结果、市场竞争、市场开放情况。

（4）竞争优势和特点。简述为什么你的企业能够在竞争中获得成功，列举你的产品或服务的优势，如专利、用户意向性信件。如果是新的企业，还要列举企业进入市场的障碍。

（5）管理团队（领导班子）的情况。描述企业管理团队的主要经历和能力，特别是过去的成功经验。

（6）未来的阶段性计划。列出每个阶段的发展目标及达到目标的方法和日期，包括销售额、利润、市场占有率、第一批产品的出厂日期、员工人数、分支机构数目等。

（7）财务情况。包括资金来源、投资人如何获得回报等。

叙述性摘要不是必需的。多数商业计划书的摘要采用提纲性摘要，特别是当企业的基本情况比较容易理解、市场和企业管理相当标准时更没必要采用叙述性摘要。提纲性摘要与叙述性摘要相比，写作风格并不重要。建议，如果条件具备，最好采用提纲性摘要，因为投资人第一关心的是如何通过投资你的项目赚到比投资其他项目更多的钱。

### 3.1.3 摘要的内容

不同类型的商业计划书的摘要所强调的内容可能有所差别，但一般都包括以下内容。

#### 1. 企业的名称和联系方法（封面中有的可以省略）

这一点很重要，不要让别人找不到你。

#### 2. 创业企业的业务范畴和类型

只要说明主要的经营范围就可以了。

#### 3. 管理团队和管理组织

这是重点，列出两三位主要成员，进行大概介绍，真实地反映主要成员的业绩和成就，特别是主要成员在实现本企业发展目标中的具体作用，不要说得神乎其神。在风险投资中，管理团队是最重要的因素，结构合理、成员学历较高、工作背景良好的团队是事业成功的保证，同时也是风险投资人退出投资、出售企业权益时的招牌。所有商业计划在实施过程中，都会发生很多变化，需要根据环境、形势变化做出相应调整，关键在于操作的人能不能够把它一直引领下去。所以，投资人一定要看准人，在之后的操作中如果换人，基本上也就意味着投资失败。

#### 4. 产品或服务及市场竞争情况

要说明投资项目在行业中的重要地位，最好是在行业中没有竞争对手，但是不要轻易地说没有竞争对手，因为有可能存在你不知道但风险投资人知道的竞争对手。

#### 5. 资金需求状况

要说明筹集多少资金，资金需求一定要与企业现在的发展阶段相对应，与企业在特定时期内要达到的经营目标相对应，至少要与下一轮的融资需求相衔接。同时，一定要说明资金的用途，募集的资金用来解决什么问题，达到什么可供检查的目标。另外，还需要说明资金的形式，是权益性投资还是贷款。权益性投资的形式包括普通股、优先普通股、优先股等。通常海外的风险投资机构一般会以可转换优先股或可转换债券的形式进行投资，这样一方面在企业形势明朗时可以转换成普通股，另一方面如果形势不好可以获得优先偿付。

6. 财务状况和计划

这一段要保证财务数据真实可靠，不要去修饰什么。风险投资人不一定是技术专家，但一定是财务专家，他们对于财务数据有着一种本能的敏感。

对于早期的创业企业，风险投资人最关心的是什么时候产品能够顺利通过各种测试推向市场，什么时候账上开始有收入，什么时候可以达到盈亏平衡。

当然，盈亏平衡并不是风险投资人的最终目的，企业收支平衡了，投资人的信心就增强了，就会给企业更多的资金去扩大规模、进一步发展。创业者应该明白，无论创立什么样的企业，账面达到盈亏平衡越早越好，这说明企业的产品有市场价值、企业自身是有盈利潜力的，至少不再亏钱。只有具有盈利能力的企业才是真正有价值的企业，才会有更多的投资人青睐并送来更多的钱。

要仔细估算好创业企业将迈出的每一步，确定企业在走向成功和辉煌道路上的每个重要的时间节点。

7. 退出方式

风险投资人不会做企业的永久股东，所以创业者需要说明在若干年后风险投资人的退出方式是什么，是实现上市，或者由创业企业管理者回购，还是并购等。一定要说明，否则可能就得不到投资。不同的退出方式对于风险投资人而言都是实现资金的退出，当然在获利上有一些区别。而对于创业者而言，可能就面临着控制权的转换。

### 3.1.4 摘要的写作要求

（1）行文流畅、清晰、客观、通俗、逻辑性强。只有这样，才能让风险投资人读得舒服，才可以向风险投资人表明你真正了解这个计划。因此，你应该投入足够的时间把它做好。字数不要太多，风险投资人阅览摘要部分的时间一般在 10 分钟以内。

（2）摘要应有针对性。编写摘要时应该明确读者是谁。风险投资人的经历和背景不同，感兴趣的点是不一样的，所以在动笔之前应该对投资人进行调查研究，使写出的摘要更有针对性。

（3）摘要一定要放在最后完成。动笔写摘要之前，先要完成整个商业计划书主体的编写。经反复推敲后，提炼出整个商业计划书的精华，再开始写摘要。做到胸有成竹，一气呵成。

（4）写完后一定要仔细检查。记住，如果文章中出现文字错误，就说明你是一位并不严谨的企业家。千万不能因为细小的差错，失去重要的机会。

总之，商业计划书的摘要一定要有感召力，能够打动投资人的心。因为在你向风险投资机构推销自己的时候，有成百上千人在做着同样的事。所以，必须保证你的摘要能脱颖而出，才有成功的机会。编写摘要时，要反复推敲，力求精益求精，趋于完美，争取尽最大可能给风险投资人留下美好的第一印象。

**记住：**

摘要只不过短短一两页纸，卖的是诱人的“香味”，而不是真正的“牛排”，所以它应该吸引读者、激发兴趣、突出优势。

**要点回顾：**

一份商业计划书的摘要主要包括以下几方面：

- 企业的简要介绍；
- 联系方法和主要的联系人；
- 业务范畴和类型；
- 管理团体和管理组织；
- 产品或服务及市场竞争情况；
- 资金需求状况；
- 市场状况；
- 资金运用计划；
- 财务计划；
- 生产经营计划；
- 退出方式。

## 案例 3.1 “华夏之门”商业计划书摘要

1. 主营业务

“华夏之门”属电子商务网站，我们的主营业务是开展电子商务、贸易和帮助企业实现贸易及商务的电子化。

2. 组织与管理

我们公司聚集了一批优秀的管理人才，采取“以人为本，活性管理”的原则，充分激励人的创新精神，为公司的发展做出自己最大的贡献。

主要领导如下。

总裁：×××，教育及工作背景。

常务副总：×××，教育及工作背景。

副总兼总工：×××，教育及工作背景。

3. 融资的必要性

互联网企业在运作初期需要大量资金投入，再好的创意如果没有资金支撑是无法按既定方案来实现的。为了“华夏之门”的快速发展，我们必须进行融资。我们拟采用国际上通行风险投资的运营模式来引入国外的风险投资，融资额为××××万元。在引入足够的风险投资之后，我们将全部投入“华夏之门”的发展。

4. 投资回报

（1）投资回报率。

在扣除各项成本费用之后，预计投资人可以获得 50%以上的年化收益率和 10 倍左右的投资回报。

（2）投资回报方式。

在公司前三年经营期间，以现金分红的方式给投资人以回报。当公司进入稳定经营期后，采用在香港创业板公开上市、管理层收购、公司股份回购、公司出售等形式使投资人的收益以现金、可流通股票的形式得以实现。

（3）资金使用计划及还款计划。

我们首次筹集的资金主要用于“华夏之门”超级门户网站的推广与发展，以及技术开发。其中，用于广告宣传的费用大约为 1000 万元。

## 案例 3.2　产品类计划书摘要

×××是新一代的多媒体便携式播放和浏览设备，支持文字、图形、图像、动画、视频、语音、音乐等的播放和浏览。×××融合了新的半导体技术、存储器技术、数据压缩和数字信号处理技术。其体积小、功能新颖，能在十分恶劣的环境下正常播放，另外通过连接器还可以实现与网络互联及网络内容的播放和浏览。随着发展，×××必然成为新一代便携式播放和浏览设备的标准。

×××的播放内容支持存储卡交换和网上下载两种方式，针对中国的实际情况采用存储卡交换将是一种十分有效的方式。

×××采用新一代的存储方式——半导体存储方式。随着半导体技术的发展，半导体存储器的价格越来越低。基于半导体存储器的优点，×××采用两种半导体存储器，一种是可随时擦写录制的 FLASH ROM，主要用于录制；另一种是固化的 ROM（主要为 MASK ROM），用于出版物的出版发行。

×××为了保证出版商的版权利益，采用加密方式来防止盗版行为。一是使用公用密钥 DES 方式对数据进行加密，在硬件上通过专用芯片实现；二是使用版权信息认证的方式进行合法性认证，同时在机器和播放卡上内置加密芯片，可有效防止盗版。

×××是一种小型化的便携式设备，其体积小、重量轻、耗电少、功能强大，是目前 MD、Diskman、Walkman、语言复读机的直接替代者，将×××与其他产品进行组合，如与数码相机等产品进行组合可开发出更高级的应用产品。

1. ×××主要针对如下市场

（1）音乐便携式播放器市场。

（2）教育便携式播放器市场。

（3）旅游便携式播放器市场。

（4）电子图书便携式浏览器市场。

2. ×××的消费对象和潜在市场

×××作为新一代的便携式播放器，其消费者主要为青少年。国内目前青少年人口数量为 3 亿～4 亿人，按三分之一的拥有比例计算，×××的潜在消费者的数量应在 1 亿人以上。加上家庭台式机市场和汽车音响市场等其他消费市场，×××的潜在消费者数量可达 1 亿～2 亿人，将形成一个国内年销售额在 200 亿～400 亿元的市场。从传统的家庭大众化音响播放设备的价格来看，便携式播放器大多定价在百元到千元之间，载体（磁带、光盘）的定位也在 5 元到 40 元之间。×××完全能够做到这个成本价格，其载体——半导体存储卡的价格也与传统载体的价格相差不大，消费者完全能够接受这样的产品。

3. ×××价格定位

（1）200～400（含）元的低档机，提供×××的音乐、语音播放和文字浏览等基本功能，主要针对低收入地区的青少年。

（2）400～1000（含）元的中档机，提供×××的全部基本功能并具有录制功能，具有音效均衡器等功能，为单色显示器，主要针对中高收入地区的青少年。

（3）1000 元以上的高档机，提供×××的全部基本功能并具有录制功能，具有高级效果器，为彩色显示器，主要针对高收入家庭的青少年。

4. 本项目的内容

（1）×××的开发及标准制定。

（2）×××的生产及市场推广。

（3）建立×××标准联盟。

5. 本项目的目标

生产目标如下。

（1）×××低、中、高档产品。

（2）×××套件。

（3）×××节目卡、×××录制卡。

项目计划在 5 年内完成，具备年产、销×××140 万台，×××节目卡 1000 万块，×××录制卡 400 万块的能力。×××在开始 1～3 年可全部采用 OEM 方式进行生产，因此不需要专门的生产设备和专门的生产场地。OEM 的生产商拟选择通过 ISO9000 质量体系认证，并为国际知名品牌做过产品加工的企业，为此在公司内设立 OEM 生产管理部严格管理生产。

6. 投资需求

投资计划是根据项目实施的两个阶段来进行的。第一阶段投入 600 万元，第二阶段投入 1400 万元。

7. 投资说明

投资条件：本项目的投资必要条件有三条。

（1）产品开发的关键技术能够实现。

（2）所需投资的充足及到位。

（3）主要技术开发人员的稳定。

投资建议：本项目必须有 600 万元的人民币投入才能够进入实施阶段，投入 600 万元可以获得公司 50%的股权；非现金投入者获得公司 50%的股权。在实现第一阶段的目标后，公司可以进行第二阶段的增资扩股，股价可按当时的市场价进行估算。第二阶段的增资扩股是为全面进入市场而进行的扩资，扩资资金主要为生产、流动资金和市场广告费用等。当公司出现无法经营的情况时，现金投入者可享有 1∶1 的股权代理权，有权对公司进行改组，并拥有对公司有形资产的处置权；非现金投入者无此权利，但对公司产生的无形资产（如知识产权等）双方按股份比例享有权利。

从长期发展的角度考虑，公司拟在 3～5 年上市，成为股份公司，筹集更多的发展资金，并建立良好的资本进入和退出机制。

现金投资人可以委派人员加入公司董事会对公司进行监督，在本项目的实施过程中董事会可以委派独立的财务总监对公司进行财务监督，也可以委托会计师事务所实施监督工作。

8. 财务成果

财务成果如表 3-1 所示。

表 3-1 财务成果

| 年度 | 1 | 2 | 3 | 4 | 5 |
|---|---|---|---|---|---|
| 产品 1 | | 10 | 20 | 40 | 60 |
| 产品 2 | | 10 | 20 | 40 | 60 |
| 产品 3 | | | 5 | 10 | 20 |
| 总计 | | 20 | 45 | 90 | 140 |
| 注：本计划不含存储卡产品。 | | | | | |

项目财务分析（1～5年）（单位：万元）如表3-2所示。

表3-2　项目财务分析

| 年度 | 1 | 2 | 3 | 4 | 5 |
|---|---|---|---|---|---|
| 销售收入 | | 8000 | 23 250 | 46 500 | 77 000 |
| 销售成本 | | 5321.01 | 14 570.8 | 29 050.84 | 47 579.8 |
| 销售税及附加 | | 500.97 | 1623.01 | 3262.99 | 5507.19 |
| 销售利润 | | 2178.02 | 7056.19 | 14 186.17 | 23 943.01 |
| 总费用 | | 1522.22 | 2300.38 | 3594.05 | 5012 |
| 利润总额 | | 655.80 | 4755.81 | 10 592.12 | 18 931.01 |
| 企业所得税 | | 98.37 | 713.37 | 1588.82 | 2839.65 |
| 税后净收益 | | 557.43 | 4042.44 | 9003.3 | 16 091.36 |
| 注：企业所得税按15%计，增值税按17%计，城市维护建设税及教育费附加合计10%。 | | | | | |

## 3.2　企业成长历程与发展规划

**点石成金：**

企业融资失败的原因有很多，其中最重要的一条是企业不了解自己，更没有让投资人了解。

这部分内容是为了让风险投资人对于你的企业有一个初步的了解。如果你是一个刚踏入社会的年轻人，从未有过创业的历史，有的仅仅是一个美妙的创意，那么你不妨在这一部分向风险投资人把你的情况做一番介绍，包括你的成长经历、求学过程、性格、兴趣爱好与特长，你的家庭及对你成长的影响，你的创意是怎样想出来的，为什么要创业等。这样，将一个粗线条的你展示给风险投资人而不至于让他对你摸不着头脑。

如果你以一个创业者的身份来获取风险投资，那么在这一部分中，你应该努力地向风险投资人尽可能简明扼要而又全面地介绍企业的情况，给他尽可能多的关于企业及企业所在行业的信息。

### 3.2.1　企业的基本情况

风险投资人不会投资一个自己不了解的企业，所以创业者在商业计划书中必须介绍企业的基本情况，主要应该介绍以下内容：企业的名称、业务性质、经营地点、法律形式等。

和摘要相比，这一部分的企业名称介绍的内容稍多一些，包括企业的法律名称、商标或品牌名称、企业商业用名称、子公司名称等内容。如果是准备成立的新企业，还没有固定的名称，在商业计划书中就先用一个弹性比较大、经营范围较广的名称。这样可以避免限制企业业务的拓展和经营方向的改变，而且有利于企业的转让。

简要介绍企业的业务性质，尽可能通过短短的几句话使风险投资人了解企业的产品或服务。例如，可以这样描述“本公司设计、制造和销售用于医疗的微型计算机”，接着应该对相应的产品或服务做简单介绍。

经营地点要列出企业总部所在的地点、企业主要经营场所的地点、分支机构的地点等。如果企业分支机构过多，只需要写出分支机构的总数就可以。值得注意的是，在商业计划书中一定要介绍企业业务范围所涵盖地区的情况。

按照财产的组织形式和股东承担法律责任的不同，企业的法律形式分为三种：独资企业、合伙企业和公司制企业。不同法律形式的企业有不同的优缺点，风险投资人承担的风险程度也有很大区别。所以，在商业计划书中必须把企业的法律形式写清楚。如果是股份公司，还要写明有多少股票和股东，最大的股东是谁等。例如，“IST 公司是一个合伙企业，在美国马萨诸塞州的波士顿市注册。共有四个合伙人，×××、×××、×××和×××，每个人拥有公司四分之一的股权。”

### 3.2.2　企业的宗旨和目标

企业的宗旨是以最精炼、明晰的语言表述的企业的使命与指导方针，即经营理念。它是一条纽带，将企业的信念与最高追求连在一起，用以激励员工同心协力地争取成功。企业的宗旨大致包括以下几个方面的内容：获利能力（说明获利程度）、外部追求（说明对公众注意事项的关心及对股东、员工、供应商及社区所注意事项的关心）、质量、效率、企业氛围、行为规范（说明企业内部应当遵守的行为规范）。

国际上一些著名的大公司都有明确的宗旨。例如，英特尔公司的宗旨是“在工艺技术和营业方面争创一流”；索尼公司的宗旨是“索尼是开拓者，永远向未知的世界探索”；IBM 公司的宗旨是“为顾客服务”；施乐公司的宗旨是“价钱公道”。这些公司认为，他们的成功与他们提出的言简意赅而又具有挑战性的宗旨密不可分。

企业的目标是企业使命和指导方针的具体化和数量化，它反映了企业在一定时期内经营活动的方向和所要达到的水平。企业目标的实现时间较长，一般为三至五年或者更长时间。好的企业目标具有与外部环境联系密切、有很大的激励作用、切实可行等特点。

在商业计划书中，创业者可以把企业的宗旨和目标放在一起来写。例如，可以这样写：我们的企业是一个销售食品的企业，向社会提供中等价位高质量的食品。我们的宗旨是在企业盈利的同时，与顾客、雇员、社区及我们的环境保持良好的关系。我们的目标是保持中等程度的发展速度和盈利水平。在第三年之前，销售额达到××万元，总毛利率达到25%，并保持该水平。在第×年之前，从服务、支持和培训等方面获得××万元的销售收入。

### 3.2.3 企业的发展历史与现状

介绍企业成立于何时、第一次生产产品或提供服务是在什么时候、企业发展经历了哪几个重要阶段等。但这部分的介绍必须简短切题，尽量不要超过一页，最长不能超过两页。因为面谈时，风险投资人通常会就企业的发展历史提出一些问题，这时候创业者可以再详细地说明有关细节。

在介绍企业的发展历史时，要记住你的读者需要了解你企业的形成过程。你的创意源于何处？它是怎样进化的？谁是负责人？发展历史描述应当简洁，同时也应写出企业发展进程中的各个重要日期等。

创业者在进行企业目标陈述时，要一语道出企业的目标，要深思熟虑，使其有分量，切忌夸夸其谈。

介绍发展阶段时要指出企业所处的融资阶段，企业是处于创立期还是成长期，或是准备公开上市，寻找战略合作伙伴，还是准备近期并购或出售。

### 3.2.4 企业展望与项目进度

创业者可以按时间顺序描述企业未来的业务发展计划，并指出关键的发展阶段，着重说明企业将采取的重要步骤，及有关时间节点，使投资人明了企业有关项目的进展。

阅读本部分时，风险投资人一般需要了解创业企业未来五年的业务发展方向及变动理由。

这部分在篇幅上可长可短，如可以这样描述："本企业未来五年将致力于生产销售目前这两种主要产品，但在第三年将引入另一种同类产品"。这样的描述简明而又切合主题。但如果企业预计未来业务发展需要经受许多变动因素的考验，通常应该在这里讲清楚，因为风险投资人需要搞清楚企业要发展成功必须做的事情。

### 3.2.5 企业内部利益冲突

无论企业中存在什么样潜在的利益冲突，都要在本部分加以说明。例如，本企业董事长是本企业某个供应商的所有人或董事长，或者是与本企业有相似业务的某个企业的所有者。此外，还应说明由管理层决定的交易中哪些是以不合理的价格进行的。如果在商业计划书中没有揭示这些利益冲突，一旦被风险投资人发觉，就会失去他们的信任。最好的办法是从一开始就解决这个问题并告知风险投资人。要注意关联交易的问题。在市场经济条件下，关联交易广泛存在。一方面，关联关系可以节约大量商业谈判等方面的交易成本，采用非市场手段（如招标等）使商业合同得到优先执行，大幅提高交易效率；另一方面，关联交易也容易在交易价格、交易方式等方面出现利益输送，有损企业及企业其他股东和债权人利益的情况。为此，问题不在于关联交易本身，而在于交易是否在一定范围内公开，交易价格、交易方式是否符合市场规则，是否损害企业及企业其他股东和债权人的利益。

### 3.2.6　诉讼

这里要说明与企业相关的所有诉讼事件，包括外企业对本企业的诉讼，也包括本企业对外企业的诉讼。要知道，你所提及的每一诉讼事件都可能引起投资方的认真思考和警惕，投资人对诉讼事件是十分敏感的。如果对方发现企业被许多人起诉，可能根本不考虑投资你的企业，因为这说明你的企业的行为必然存在诸多问题。即使是某些诉讼事件只与你的企业间接相关，也说明你的企业属于是非之地，对方也有理由怀疑你的企业在将来的某一天会卷入复杂的诉讼风波。如果创业企业总起诉他人，那么投资人有理由担心在投资到位后也会被别人起诉。因此，如果企业有诉讼历史，则应对风险投资人做出完美的解释，尽可能消除对方对企业的不良印象。隐瞒是绝对不可取的。

### 3.2.7　知识产权

随着人类文明的进步，特别是科学技术的迅猛发展和市场经济的建立，包括商标、专利、版权、商业秘密等在内的知识产权发挥着越来越重要的作用。本部分用于描述企业现有知识产权的状况，包括所拥有的知识产权状况、知识产权入股状况、保护状况等。

科技型创业企业所拥有的知识产权状况主要包括各种专利和商标，要说明专利获准的原因，目的是说明产品的技术壁垒，强调企业产品的独特性和唯一性。在某些情况下，为便于对方了解企业的专利和商标，甚至可将有关专利和特许权的副本交给风险投资人。除非有说明唯一性的特定需要，否则不能公开企业计划申请商标的副本。

知识产权作为无形资产作价入股创业企业在法律上没有障碍，但入股后往往会遇到作价是否公平、改进技术的权利归属、今后是否可收回及企业股东发生纠纷时如何处理该部分资产等问题。

科技型创业企业在运作过程中要增强法律意识，树立守法经营的理念，自觉规范自己的经营行为，在涉及知识产权的行为时应当辨清合理使用与侵权的界限，不能基于利益驱动而侵犯他人的知识产权，避免法律风险。主要从以下方面进行防范。

（1）在商标领域，企业可以通过与商标注册人签订商标使用认可合同，在合同的授权许可范围内合理使用注册商标。

（2）在专利权领域，企业可以通过获取专利实施的强制许可，合法实施专利权人的权利。

（3）在商业秘密领域，企业可以与商业秘密的权利人订立许可使用合同，合法获知并使用他人的商业秘密。

创业企业在生产运作的过程中，不但要积极防范侵犯他人的知识产权，同时也应当保护自己的知识产权不受他人侵犯。知识产权具有知识面广、专业性强的特点，保护知识产权是一个长期而艰巨的任务，关系到企业的发展乃至生存。

### 3.2.8 企业与公众的关系

公众是指对企业利益和行为产生影响的群体。企业与公众的关系好坏将给企业的生产经营活动带来直接的影响。这些公众包括融资公众（主要指银行、保险公司等金融机构）、媒体公众、政府公众和公民团体等。企业与公众的关系具体如下。

#### 1. 与融资公众的关系

企业必须投保，并同时把企业已经投保的项目，包括火灾保险、意外保险、水灾保险，以及核心人物的寿险等列出。记住，只要列出与企业运作相关的保险即可，不要把医疗之类的保险也列入其中。

#### 2. 与媒体公众的关系

作为信息来源之一，风险投资人可能对创业企业涉足的行业与贸易协会感兴趣。此外，他们也需要知道哪些商业杂志或者报纸刊登了哪些与本企业有关的信息。所以，在商业计划书中应该对相关的媒体和协会进行介绍。

这里，要对与企业有关的税种稍加说明。如果企业已开始营业，要说明全部应纳税种，包括工资薪金税（社会保险税）等，也应包括对国家关于“加计扣除”税收优惠政策的使用。

3．与政府公众的关系

此部分主要描述本企业的政府管辖部门及该部门与本企业的关系。在描述中，创业者需要重点指出本企业如何遵守有关部门关于职业安全及环保等方面的规章制度。政府管制直接决定企业的运营能否持续，因此如果本企业的政府管辖部门过多，企业家就应该在本部分做出追加描述，以便风险投资人确信本企业能够在这种环境下生存发展。

### 3.2.9　主要合作伙伴

此部分主要介绍本企业生产所需原材料及必要零部件供应商、产品经销商、广告商及公关代理商等。一般可以以表格形式列出 3～4 家主要的合作伙伴及其提供的产品或服务。风险投资人通常会给名单中的部分或全部供应商打电话以确认该名单的真实性。

如果在企业产品从生产到销售的过程中，还有其他一些协作者或分包人参与其中，通常也要予以说明。说明的内容包括协作人名单、协作金额等，一般还要说明协作单位的名称、地址及联系电话。

**要记住：**

你介绍的内容应包括企业过去的发展历史、现在的情况及未来的规划，具体而言，主要有以下几个方面

- 企业概述；
- 企业的名称、地址、联系方式等；
- 企业的自然业务情况和企业的发展历史；
- 对企业未来发展的预测；
- 本企业与众不同的竞争优势或者独特性；
- 企业的类别与隶属关系，如是合伙企业还是公司制企业；
- 企业的公共关系；
- 企业的保险情况；
- 企业的知识产权状况；
- 企业的法律诉讼状况；
- 企业的纳税情况。

## 案例 3.3　××微电子企业概述

1. 企业名称及选址

北京××高科技有限责任公司；位于北京中关村产业园区微电子园昌平园区。

2. 企业性质

有限责任公司。

3. 注册资本

1500 万元人民币。

4. 企业简介

在信息技术日益发展的今天，微电子技术水平的不断提高为信息产业的飞速发展奠定了坚实的基础。在集成电路产业发展迅猛的大好形势下，××大学微电子研究所所长×××教授领导××微电子企业致力于微电子行业中大规模、超大规模集成电路加工过程中的基础材料的制备、加工、检测，以及外延材料性能与结构优化等技术和产品的研究、开发、生产及推广。

企业技术实力雄厚，在帮助用户解决产品应用过程中的技术问题的同时，还尽最大可能协助用户攻克其自身在生产中遇到的技术难题，为用户创造了更大的效益，得到了用户的一致好评。企业现正积极与海外公司建立技术合作关系，跟踪国际微电子领域的最新动态，不断推出具有世界一流水平的新产品及换代产品并形成系列化。

企业有一支高质量和强有力的技术人员队伍做后盾，他们以不断追求创新和积极向上的团队精神屡创佳绩，力争将企业建设成为微电子技术与基础材料行业中的国际知名企业。

5. 企业目标

根据国际集成电路产业的未来发展趋势及国内外市场的需求情况，企业计划在国家产业政策和行业规划指导下，以科技创新为先导，以市场为导向，以产品质量为重点，以用户为中心，以效率、效益、水平为准则，以步入知识经济企业为目标，将产品与技术迅速扩展到液晶显示屏、电子玻璃、计算机玻壳及光学玻璃等领域，使企业逐步形成规模，并逐渐进军海外市场。我们的目标是在五年内达到年产值 1 亿元人民币以上，最终将企业建设成为微电子行业专用材料的国际知名生产企业。

6. 企业产品

随着科学技术的进步，微电子行业迅猛发展，21 世纪将是一个电子竞争的时代。作为微电子产品加工过程中重要消耗材料之一，清洗剂的需求量将越来越大。企业经营的高新技术产品中有五项获国家发明奖、五项获国家专利、九项获国内外发明展奖、十八项获省部级科技进步奖，并且超过了国内外同类技术与产品，已为国家创造效益上亿元，其中电子材料清洗剂属于国家级新产品，被列入国家重点推广计划。

××电子材料清洗剂的金属离子含量远远低于世界知名企业产品的金属离子含量，而且它属于环保型水基清洗剂，能够有效地清洗玻璃及 LCD 屏等固体表面上的金属离子、有机杂质、无机杂质和固体粒子，与同类产品相比具有清洗时间短、渗透力强、浓缩度高、使用方便、安全无毒、对人体无危害、对环境无污染、对大气臭氧层无破坏作用等优点，具有巨大的社会效益。

××电子材料清洗剂除能代替进口产品外，还可大量出口。该产品市场前景广阔，需求数量很大，是亟待推广的高科技产品。

7. 知识产权情况

本项目系列产品均为××大学微电子研究所所长×××教授发明并开发，属自主开发。

8. 技术成熟性和产品可靠性论述

企业技术成熟，产品可靠性强，在集成电路与基础材料工程技术、多种材料的更新换代、技术创新等方面取得多项重大发明成果，获国家专利五项，获国家发明奖五项。

## 3.3 管理团队与组织结构

**投资家箴言：**

宁要一流的人才加二流的创意，也不要一流创意加二流的人才。

在商业计划书中，这一部分是非常重要的。风险投资人在考察企业时，管理是非常重要的考察因素。企业管理直接决定了企业的经营风险。而高素质的管理团队和良好的组织结构则是管理好企业的重要保证。更现实一点说，没有一支优秀的管理团队，创业企业不可能获得风险投资，风险投资人在退出时也不可能把企业卖个好价钱。从一定意义上讲，好的管理团队就是创业企业的品牌。因此，风险投资人会特别注重对管理团队和组织结构的评估。这就要求在商业计划书中必须把这部分写好。本部分应该写的内容如下。

### 3.3.1 管理团队主要成员展示

在这部分，要介绍创业企业的领导者及其他对企业业务有关键性影响的人。通常，小公司不超过三个关键人物；大公司也不宜超过六个关键人物。请注意，风险投资人对关键人物十分关心，你应该从最高管理者开始，依次介绍。一般需要介绍的管理人员包括总裁、常务副总裁、人事部总监、营销副总裁、财务副总裁、生产部总监（非生产企业可以介绍其他关键管理人员）。

**注意：**

采用事业部组织结构的企业，要介绍主要事业部的总裁。

对上述管理人员主要从以下几个方面介绍。

1. 教育背景

介绍学历和相关的高级培训，强调与所担任职务的相关性，如果没有直接关系，则不做详细介绍。通过教育背景，可以看出一个管理团队的知识结构。自然，一个管理团队的知识结构越全面越好。一个人既懂经济，又通晓法律和管理最好。可是，在现实生活中，这有点不太现实，所以就有了团队的需要。

2. 工作背景和业绩

介绍过去曾经在哪些企业工作过、担任过什么职务、负责过什么项目、解决过什么问题、做过什么计划、获得过什么重大成绩。如果高级管理层中有曾经获得成功的人，则会增加投资人的信心。许多投资人在决定投资的最后时刻，看的不再是项目，而是人。

3. 领导能力

描述主要管理人员在企业管理方面的优势，包括生产管理、人员管理、财务管理、信息管理等方面的优势。

4. 个人品质

创业者吸引风险资本的，除好的创业想法、发展计划、商业报告、企业模式、发展远景、市场份额外，最重要的是创业者的个人品质。在风险投资家的眼睛里，最重要的因素是人，没有对创业者个人品质的信任，一切都是空话。因为人是一切要素的载体。创业项目包括极富说服力的商业计划是人创造出来的，企业模式是可以根据创业的需要加以改变的，而个人品质是难以在短的时间内改变的。

所谓个人品质就是人的内在价值，主要包括创业者的创新意识、敬业精神、诚信程度、合作交往能力、应变决断能力等。其中，创业者的真诚与信用程度是风险投资人特别看重的。往往在强手如林、群英荟萃的创业人才之中能够一下子吸引风险投资人注意力的就是拥有以诚信为主调的个人魅力的人才。

试想，一个创业者，他创业的初衷和目的都是从风险投资人那里“圈钱”，圈过来后的做法就是“烧钱”，而不是创业本身，那么这种“创业精神”谁会欣赏呢？如果你特别幸运，精明得能够把风险投资专家也蒙骗过去，那么你也只能得益于一时。因为在风险融资和投资市场上，最重要的是以诚信为基础的风险同担、收益共享的原则。骗人的人，在行骗的过程中已经为自己树立了骗子的形象。这种“骗子”在信用发达的体系中，会被永远地钉在耻辱柱上而不得再次进入风险投资市场。请创业者千万记住，在风险融资、投资市场上，信用是创业者的生命线。

关于个人品质的描述，可以采用下面这样“肯定声明”的形式：管理层成员、董事会成员或本公司的主要投资人均不曾受到犯罪指控；上述人员个人不曾破产，其所在的企业也不曾破产过；其个人资信报告能证明每位成员都有良好的信用评级，也不曾有过拖欠债务的纪录。总之，创业者必须向风险投资人证明企业管理团队的成员都非常“干净”。

#### 5. 弱点

在介绍主要管理人员的优点的同时，适当提一下他们的弱点也是十分必要的。常言道：“金无足赤，人无完人。”这样描述，反而更让人觉得可信。

#### 6. 整体特点

最后需要强调的是，要突出团队整体在个人知识结构、能力结构、动力结构、年龄结构上的互补性，要让投资人知道，这个团队整体上能够取长补短，个体上能够用人所长。另外，要突出团队有一个团结的领导集体。高级管理层之间是否能够相互支持对创业的成败是非常重要的。

一些处在种子期的小型高新技术企业有时候还需要介绍一下关键雇员，以简历的形式列出 3～5 名雇员的基本情况。整体介绍要能证明这些关键雇员的确是一些成功人士，否则就得不到投资。

创业者一定要清楚，你即使再优秀、能力再强、精力再充沛（无人否定），但没有团队配合仍将一事无成。所谓“将是兵的魂，兵是将的胆”，两者互为因果，缺一不可。创业者过于自信而导致满盘皆输的案例确实不少。

### 3.3.2　企业外脑

世界上没有一家企业可以脱离社会资源而存在，每家企业都是浩瀚社会资源中的一滴水，只有通过吸取社会营养才能发展壮大，这就需要建立企业的外脑系统。

市场经济导致社会分工越来越细密，创业企业不可能独立拥有企业需要的所有人才，所以聘请专业顾问，同一些科研机构和高等院校建立固定的联系是重要的。风险投资人也很看重这一点。商业计划书中应介绍以下顾问班子。

（1）法律顾问。好的法律顾问可以提供法律方面的专业咨询，避免企业做出违反法律规定的事情。另外，法律顾问可以帮助处理企业的法律纠纷，使领导集中精力从事经营管理。

（2）财务顾问。好的财务顾问不但可以帮助企业理财，而且由于他们精通法律，还可以帮助企业合理避税。

（3）管理顾问。好的管理顾问可以给企业引进先进的管理理念，帮助企业解决管理中的难题，制定企业发展策略，编写商业计划书。

（4）市场营销顾问。将全部产品或服务都销售出去，将全部销售款都按时收回，是实现企业价值最关键的一环，尤其是在买方市场条件下更是如此。好的市场营销顾问可以为企业提供市场调研、市场策划、广告设计、促销手段及销售队伍建设等方面的咨询和建议。

（5）产业专家。“隔行如隔山”，每个行业都有自己特殊的知识和技术。好的产业专家可以为企业提供特定具体领域的专业知识和案例，帮助企业更好地适应市场的发展变化。

例如，某咨询公司是这样描述自己的外部治理资源的。

**某　某** 著名经济学家，清华大学经济管理学院教授、博士生导师。

**某某某** 清华大学经济管理学院教授、博士生导师，中国创业研究中心主任。

**某某某** 清华大学副秘书长、教授、博士生导师，北京清华工业开发研究院院长。

**某　某** 全国MBA教育指导委员会秘书长，清华大学经济管理学院教授。

**某某某** 清华大学经济管理学院教授。

**战略伙伴**

本咨询公司的合伙人借助其在清华大学的学术背景和广泛的业务联系，得到了以清华大学专家教授为主的高级顾问组的大力支持，与清华大学中国创业研究中心、北京清华工业开发研究院、北京望京新兴产业区科技创业园、中国国际展览公司、中国国家图书馆、首创网络有限公司、加拿大China Match公司、澳大利亚AMI等机构和企业建立了战略合作伙伴关系。

**关系资源**

本咨询公司具有广泛的社会联系，与清华大学、北京大学、中国人民大学等著名高校和有关研究院/所的众多教授、专家保持着密切的联系；与众多的国家行政管理机关、企业的CEO及MBA毕业生保持着良好的关系…… 这些都是本公司开拓咨询业务、保证项目质量必不可少的丰富资源。

### 3.3.3　人力资源管理

1. 人力资源现状

可以采用表格的形式把不同部门的学历层次、专业结构、年龄结构予以列示，表格参考样式如表 3-3 所示。

表 3-3　人力资源表格参考样式

| 项目 | 总数 | 博士 | 硕士 | 学士 | 大专 | 经济学 | 管理学 | 经贸 | 法律 | 计算机 | 金融 | 营销 | 其他 | 平均年龄 | 平均薪酬 |
|---|---|---|---|---|---|---|---|---|---|---|---|---|---|---|---|
| 全体员工 | | | | | | | | | | | | | | | |
| 高级经理 | | | | | | | | | | | | | | | |
| 部门经理 | | | | | | | | | | | | | | | |
| 财务部员工 | | | | | | | | | | | | | | | |
| 市场部员工 | | | | | | | | | | | | | | | |

2. 激励约束机制

优秀人才对企业的发展壮大至关重要，但要人才充分发挥作用，需要建立有效的激励约束机制。所以，风险投资人非常看重企业的激励约束机制。

编写商业计划书时必须把以下机制写清楚。

（1）经济激励机制，包括工资发放办法、职工持股计划、股票期权实施办法、红利分配原则等。经济激励机制集中表现为产权激励。

（2）升迁发展的激励，包括以何种方式培训员工、有无出国考察机会、干部考核轮换制度等。

（3）企业文化的激励，指出企业将以什么样的企业文化增强企业凝聚力，加强对员工持久的激励。

（4）约束机制，包括内部约束——通过公司章程、合同等进行约束，如有风险投资人要求列出劳工协议，风险投资人考察劳工协议是为了确保他所看重的创业企业的管理成员不会被解雇并获得较高的报酬；外部约束——法律约束、道德约束、市场约束及社会团体和媒体的约束等。

在这一部分，一定要突出报酬与劳动的紧密结合、责任与权利的结合。

3. 人才吸收计划

介绍企业吸收人才的原则、条件和待遇情况。

### 3.3.4 组织结构设计与机构设置

组织结构是组织机构的横向分工关系及纵向隶属关系的总称。企业的组织结构有不同的形式，大致有如下几种：直线制、职能制、直线职能制、矩阵制、事业部制。不同的组织结构有不同的优缺点，适于不同的企业类型。风险投资人会针对企业的特点考察企业的组织结构是否合理。

采用哪种组织结构取决于企业所处的发展阶段、战略定位、业务模式、经营范围和规模等诸多因素，它也不是一成不变的。企业处于创业初期时，管理都是扁平化的，随着企业的发展随时调整，关键是要有效，符合运行需要。许多企业在涉及这部分内容时，往往会照搬教科书上的组织结构，看似完美无缺，但与现实完全不符，很容易引起投资人的反感。

组织结构设计有如下的三个关键方面。

（1）决策权限分配。

（2）员工激励机制。

（3）业绩评估体系。

这三个关键方面相互联系、相互依存。特定的决策权限分配需要有相应的员工激励机制和业绩评估体系加以配合，否则很难促使拥有决策权的人做出有利于企业的决策，也无法监督和评估决策的质量和后果。反之，如果企业采用了特定的员工激励机制，则有必要给予他们相应的决策权利，以便员工有权限按相应的激励机制采取行动，并且还要有相应的业绩评估体系来指明和约束行动的方向。只有决策权限分配、员工激励机制和业绩评估体系相互协调的组织结构，才是比较理想的组织结构，这应该是初创企业在设计组织结构时值得参考的重要原则。

组织结构设计中最根本的问题就是决策权限分配，简单地说，是要解决“什么事情谁说了算”的问题。只是简单地规定“谁听谁的”无法应对日益复杂的经营管理问题，也解决不了创业团队中的意见分歧，因此“什么事情谁说了算”有必要用书面的正式文件规定下来。

组织结构设计最直接的工作就是各部门的设置和职责的规定。初创企业的部门设置，可以按照职能来划分，如生产、营销、研发、财务、行政人事等；也可以按照业务类别来划分，如一家软件公司可以设立财务软件部、管理软件部等，然后在每个业务部门内分别配备生产、营销、研发、财务、行政人事等职能部门，或者设立统一的职能部门。

初创企业的部门设置最好能够简单明了，避免过多的管理层级，一般有三个管理层级就足够多了，并且要特别注意组织中信息沟通的渠道是否畅通、部门间的合作是否协调有效。

组织结构设计的目的之一就是使分工和协作有序、有效，使企业内的普通员工和企业的客户清楚企业的组织结构和各部门的职责范围，知道遇到事情该找哪个部门。创业企业要做到管理层少、组织结构简单、与市场联系直接且密切，便于创新和迅速应对情况的变化。

在介绍企业组织结构时一般采用图形的办法，这样更加清楚明了。例如，图 3-1 是某企业的组织结构图。

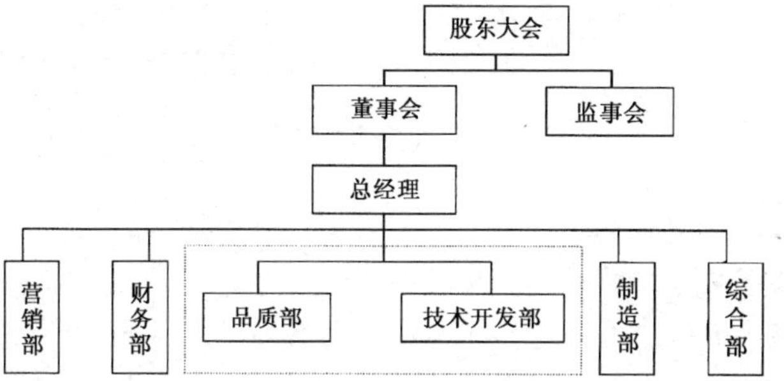


图 3-1　某企业的组织结构图

企业管理体系：企业依照“管理科学、权责明确、激励与约束相结合”的原则，构建和完善了企业“三权分立”相互监督的机制。企业的最高权力机构是股东大会，董事会是经营决策机构，监事会履行企业经营活动的监督权。企业在总经理的统一领导下，实行分级管理，以营销为核心，建立营销部、财务部、品质部、技术开发部、制造部、综合部，做到合理分工协作和责权利统一，及时、准确、精干、灵活地保证了企业经营活动的高效运转。

例如，制造部下辖五个生产车间（下料、钣金、金工、装配、静电喷粉），技术开发部下辖三个研究室（结构室、低温室、自控室），以及微机室、资料室等。

## 案例 3.4　帮你选择组织结构

企业组织结构一般有以下几种形式。

1. 直线制

处于发展初期的创业企业通常采用直线制组织结构，这是一种灵活性很强的集权制结构。企业的短期和中长期决策都由总经理做出，总经理往往也是出资人和老板，掌握着主要产品或服务的关键技术和市场渠道，控制着企业运营的方方面面。

这种结构组织形式简单，上下垂直领导，故称直线制组织结构。当公司发展到一定的规模时，这种组织结构就难以适应了。这时，总经理或老板会发现自己再也无力控制和监督企业发展所带来的越来越多的任务和企业行为。

特点：一切管理行为都由行政人员负责，不设专门的职能机构。直线制组织结构形式如图 3-2 所示。

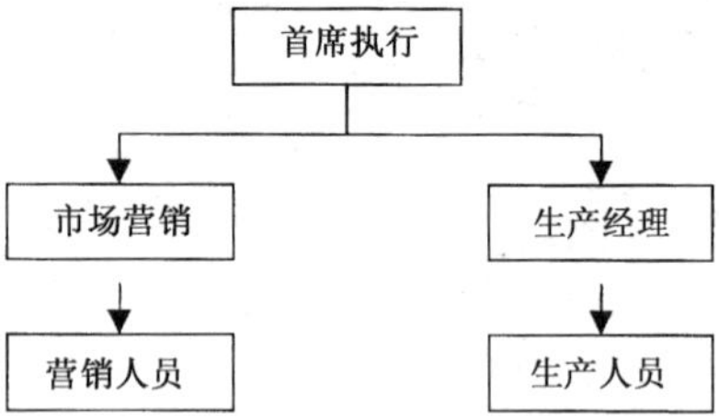


图 3-2　直线制组织结构形式

使用范围：小型企业。

优点：指挥统一、效率高、责任明确。

缺点：领导者能力有限，力不从心，易独断专行。

2. 职能制

职能制组织结构是较为刚性的集权制结构，通常适合从简单制结构企业演化而来的中小企业。这类企业的产品或服务范围有限，而且有明确的细分市场和定位。在这种组织结构下，企业设立专业化的职能部门，如财务部、营销部、人力资源部和运营部等。部门经理有短期决策的权力，并协助董事会针对操作层的中长期决策做出反馈。总经理或董事会与各部门经理之间保持直接联系，对企业的日常运营进行监督和控制。

职能制组织结构形式如图 3-3 所示。

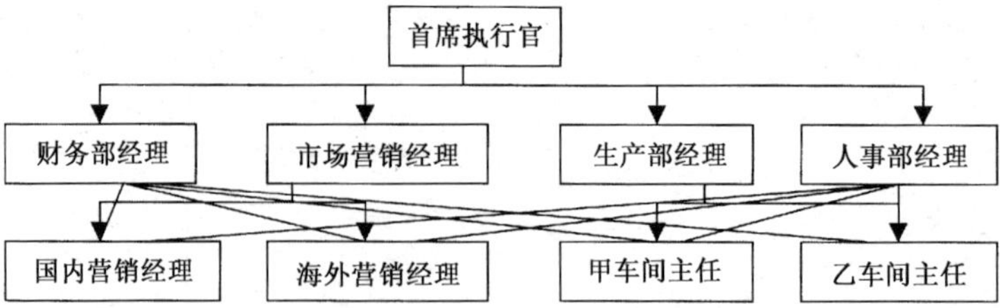


图 3-3　职能制组织结构形式

特点：配备有通晓业务的专门人员和职能机构辅助直接发号施令的组织。

优点：专业化分工，有利于发挥专家的作用。

缺点：多头领导，不利于统一指挥。

适用范围：没有得到推广。

3. 直线职能制

直线职能制组织结构形式如图 3-4 所示。

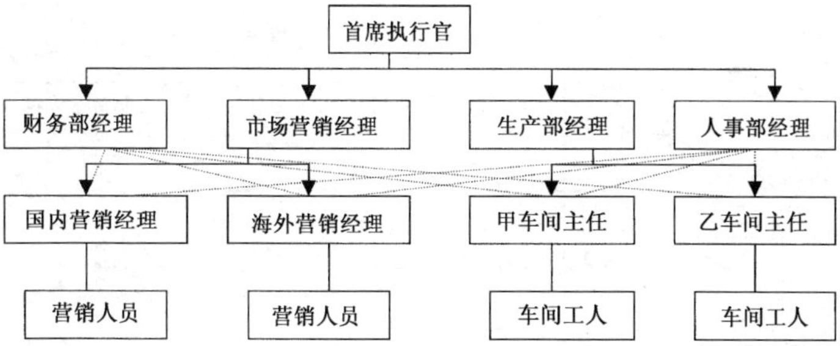


图 3-4　直线职能制组织结构形式

特点：职能部门与业务部门仅是指导与监督的关系，职能部门或职能人员只是参谋，无权下达命令。

优点：既有利于统一指挥，又有利于发挥职能部门的专业特长。

缺点：部门之间横向联系差，易发生冲突，信息传递路线长，易形成官僚主义，组织僵化。

适用范围：较广。

注：以上三种组织结构形式被称为传统组织结构形式，或经典组织结构形式。

4. 矩阵制

矩阵制是指把按职能划分的部门同按产品（工程项目、服务项目等）划分的小组结合成矩阵的一种组织结构。

企业发展到跨区域或跨国经营阶段，组织结构也应随之进行相应的调整，以适应产品多元化、市场分散及分权管理等复杂条件。典型的例子是，产品开发是一项需要市场营销、生产运营、财务等部门协作开展的工作，这样才能准确地把握客户对产品或服务的需求，以及成本和定价等一系列工作。在以垂直层级为特点的职能型组织结构下，这些工作都很难顺利进行。因此，如果企业发展到这一阶段，要适应新的发展和变化必须对现有的职能型组织结构进行重新设计。

矩阵制组织结构有利于分布在不同地域并且分权管理的子公司之间的协调发展。例如，一家设计顾问公司可能会在国内几个城市设立分支机构，它们的主要职能是处理所在地区客户的开发管理及相关业务；而按技术专业类型划分的设计部门可以脱离地区部门独立运行。由于项目内容的复杂性，企业经常组织跨地区和跨技术专业的项目组。项目一旦完成，项目组即解散。这就是这类企业分权管理、灵活运作的最大特点。

特点：同一名管理人员既同原职能部门保持组织与业务上的联系，又参与产品或者项目小组的工作。矩阵制组织结构形式如图 3-5 所示。

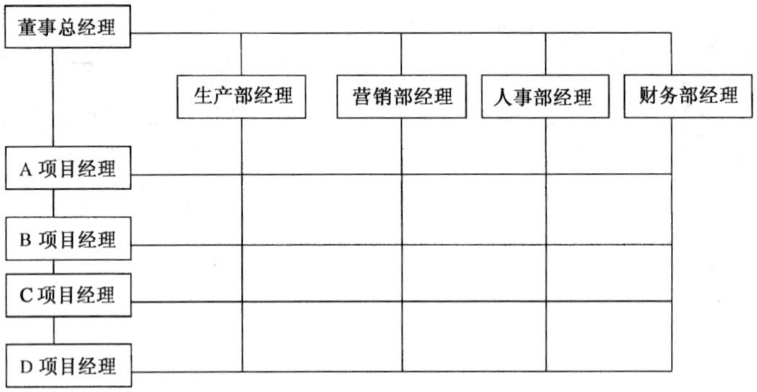


图 3-5　矩阵制组织结构形式

优点：纵横结合，发挥优势；适应环境要求，灵活多变。

缺点：领导上的双重性，往往会引发一些矛盾。

适用范围：适用于需要集中各方面的专业人员才能完成的项目或者任务。

5. 事业部制

事业部制组织结构形式如图 3-6 所示。

企业发展到产品和市场多元化阶段，建立相应的分权化组织结构，即事业部制组织结构是一个较好的选择。它是由几个以单一产品或服务为中心的事业部组成的组织结构，如一个汽车制造企业可能有轿车事业部、卡车事业部、旅行车事业部及大客车事业部等。此外，事业部还可以根据地域划分，如华东事业部、华南事业部和华北事业部等。

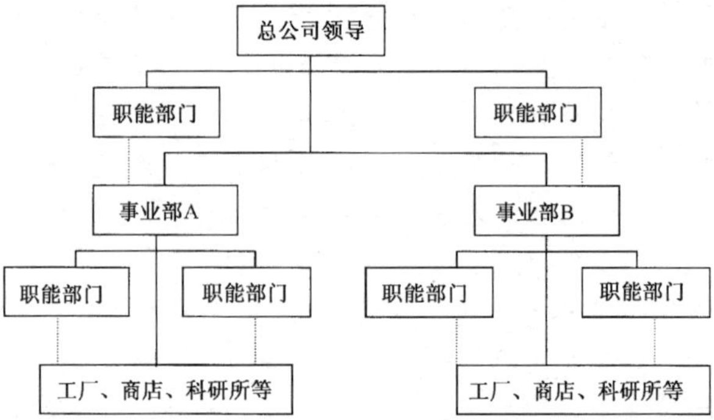


图 3-6　事业部制组织结构形式

采用事业部制组织结构的企业的特点是，分权化，提供广泛和多元化的产品或服务。事业部制组织结构不但能够平衡各个事业部之间的盈利能力，还可以利用企业集中的财务管理来调配资源，为一时业绩不佳的事业部提供补贴，以分担其财政压力。分权管理要求事业部领导具有短期和中期事务的决策权并负有事业部的全面管理责任，事业部领导和董事会之间保持良好的沟通和工作关系，以保持短期、中期和长期决策之间的内在联系，确保整个企业协调健康发展。

特点：①按照产品、地区、顾客划分事业部；②事业部相对独立；③事业部既是总公司控制下的利润中心，又是市场或产品的责任单位；④总公司的最高管理层有做出决策、财务控制、规定价格幅度和监督等大权，并利用利润等指标对事业部进行控制；⑤事业部经理根据首席执行官的指令进行工作，并统一领导事业部的各项工作。

优点：对单一产品系列独立经营，有较大的经营自主权，能根据市场需要及时做出决策，有利于调动积极性。

缺点：容易产生本位主义和短期行为；不利于事业部之间人员、技术和管理方法的交流；机构重叠，管理费用较高。

适用范围：规模巨大、产品较多、市场分布较广的企业。

### 3.3.5　工作分析、描述和说明

#### 1. 工作分析

在编写商业计划书前进行工作分析对创业者很有帮助。工作分析是创业者确定雇用程序、培训、绩效评估、薪金计划、工作描述和工作说明书的指南。在一家很小的企业中，这一过程比较简单；但当企业的规模变大了，这一过程就复杂了。

工作分析最好的着手点是那些企业生存所必须做的事。创业者应准备好一张表格，上面列有必要的事务和技能。表格列好以后，创业者应确定完成这些事务所必需的岗位为多少、什么样的人是最理想的。在组织计划早期的一些决策，如到哪儿打广告招募员工、如何培训他们、谁来培训他们、如何评估他们、如何给薪金等，对新企业来说是很重要的。

#### 2. 工作描述

工作描述应帮助创业者弄清员工的职责，指明员工所做工作的细节和所需的特别的条件与技能。工作描述应该是细节化的，还是泛泛即可？在这个问题上常常存在一些争论，特别是在初创企业中，有时一个人在必要情况下必须干

几个人的工作，这就难以将每一种工作都描述清楚。不管创业者选择哪种程度的工作描述，它必须包含要完成的工作、每项工作的重要性和所需时间等方面的信息。工作描述能够告知创业者，企业需要的是什么样的人。工作描述应用清楚、直接、简单的语言写出。

没有经验的创业者会发现撰写工作描述很困难。当没有直接经验时，最有效的办法是，先概括企业的需要和目标，然后回过头来确定为达到这些需要和目标所必需的具体工作等，这时工作描述就完成了。当企业成长后，为了适应企业的目标，可以对这些工作描述加以升级和修改。

3. 工作说明

工作说明主要也是用来指明工作细节的，但工作说明的内容更为具体。一般而言，工作说明必须概括出工作所需要的技术和能力，包括对员工工作经验和受教育水平的要求等。

另外，对于一些职位，创业者应做出大致需要多少次出差、投入多少精力的说明，有关报告的义务或制度也应加以说明。在新企业中，销售经理是否应向副总裁、最高执行官或其他某个指定的人汇报？每月或每季度汇报一次，还是每半年汇报一次？这类信息有助于预防组织中的冲突、误会和沟通不畅。从长期来看，在明确这些说明和要求上花些时间，能够帮助创业者在日常运作中节省更多的时间。

### 3.3.6 领导风格

企业的领导风格多种多样，或者以生产为中心，或者以人为中心，或者以 X 理论为依据强调监督，或者以 Y 理论为依据强调相信和激励。根据独裁和民主在管理中所占的比重，领导风格大致可分为以下类型：独裁型领导、民主型领导、参与型领导、放任型领导。

苹果公司的创始人乔布斯有着火爆的领导风格，乔布斯重返苹果公司后，一上任就迅速砍掉了没有特色的业务。很多苹果公司的职员不敢和他同乘电梯，唯恐电梯未坐完即被炒鱿鱼。乔布斯因此被视为独裁型领导的典型代表。

在商业计划书中，创业者一定要根据自己企业的特点描述自己的领导风格。一般来说，高新技术企业适合放任型领导。

以下是长城公司对自己领导风格的描述。

（1）尊重知识，尊重人才。

（2）追求公平与公正。

（3）创造一个让员工能产生最大贡献的企业文化环境。

（4）简约、规范的管理制度。

（5）畅通、便捷的沟通渠道。

（6）强调员工的自我管理意识。

作为一家技术企业，我们非常看重员工个人的能力和价值，并努力为所有的员工创造公平和公正的环境。追求公平和公正是我们一贯的目标。在长城公司，无论是总经理还是普通雇员，所有的人都是平等的，可以互相直呼大名，在我们的办公室里听不到“×经理”“×先生”的称谓。

我们相信人的能力是无限的，人是企业最活跃、最重要的因素，员工的潜质和进步就是企业发展的希望和动力。为了保证员工能最大限度地发挥他们的能力，我们努力为所有员工创造方便、舒适的工作环境和发展空间，并提倡全方位的沟通和协作，主张知无不言、言无不尽。

## 案例3.5 小资料：领导风格的种类

1. 独裁型领导

独裁型领导是指决策权基本集中在最高领导者的一种领导风格。

其基本特点：①多数决策由领导者做出；②下属的职责主要是执行决策；③领导者对下属的工作进行严密的监督；④以工作为中心，而不重视对人际关系的协调，属于高工作、低关系的领导方式。

优点：利于统一指挥。

缺点：不容易发挥下属的创造性和主动性。

适用范围：主要适用于规模较小的企业，或者下属素质较差的企业。

2. 民主型领导

民主型领导是指除少数重大问题由领导者做出决策外，一般的决策均由下属做出的一种领导风格。

其基本特点：①按照下属的职责范围授权决策；②鼓励下属参与有关决策的制定；③对下属的监督比较宽松；④是一种既重视人际关系协调，又注重生产效率的一种管理模式，属于高工作、高关系的领导方式。

优点：有利于发挥下属的主动性和创造性。

缺点：如果下属的素质较差，容易影响工作的开展。

适用范围：主要适用于企业规模较大、部门较多或者下属的素质较高的企业。

3. 参与型领导

参与型领导是民主型领导的一种特殊形式。

其基本特点：①大多数决策是在同下属协商一致的基础上达成的；②把人际关系的协调放到首位；③领导者乐于听取员工的意见，在做出决定以前同有关人员商议，尽量用说服的方法，使别人接受自己的主张。

优点：多数决策在协商一致的基础上达成，有利于决策的贯彻执行。

缺点：决策的达成需要花费较长时间，而且可能由于妥协不能满足管理上的需要；某些团体可能只为自己的利益发表意见，使做出有效决策出现困难。

适用范围：主要适用于员工凝聚力较强、素质较高的企业。

4. 放任型领导

放任型领导是指决策权基本授予下属，领导者主要负责指导、协调和激励职员的一种领导风格。

其基本特点：①下属有充分的自主权，许多问题一般由下属决定；②领导者通过指导、协调来调动下属的积极性和创造性；③对下属提供必要的支持和帮助，但基本上不对下属进行监督，以形成良好的人际关系为中心任务，是一种低工作、低关系的领导方式。

优点：相信下属的责任心和能力，为充分发挥下属的积极性和主动性创造了条件。

缺点：权力过于分散，难以完成企业目标。

适用范围：适用于高科技、下属或者部门创造性强的企业。

### 3.3.7 介绍管理人员应注意的问题

创业企业管理人员的素质与商业计划书的可信度有着直接的关系。如果企业有辉煌的成就和成功的历史，则足以说明企业的实力。一个企业要说服外部投资人对本企业投入资金，企业管理人员的素质是一个非常关键的因素。很多风险投资人和其他外部人员在看企业的商业计划书时，先注意的是企业管理人员的情况，他们知道人才是企业获得最终成就的关键，因此要知道管理人员是否有驾驭企业使之走向成功的能力。

在商业计划书中介绍管理人员应注意以下几个方面的问题。

1. 突出经营业绩

要判断一个人未来成功可能性的最简捷的方法是了解他过去的经历。对创业企业来说，最理想的情况是管理人员或创业者本人经营过类似的企业或在某些大企业中任职过，并曾取得良好的业绩。管理人员的教育背景并不是最重要的因素，除非企业是技术导向型企业。

过去的业绩是评价一个人的主要标准。如果他在过去做得很成功，那么他在未来成功的把握就会大一些。创业者可以具体挖掘一下管理人员的真实才能，包括所学专业、曾在企业里担任什么职务、做过哪些成功项目。

2. 显示专有知识和创造力

企业的成功越来越多地取决于管理人员的领导能力和独创能力。例如，一家计算机公司的管理者曾经在行业内组织了向每位用户捐赠 50 元消费额度的活动，这一举动不仅引起了新闻界的关注，还使新增用户达数百万人，使企业后来顺利地为这些客户提供升级服务成为可能。在商业计划书中，创业者应说明企业具有的专门知识及用这些知识来创造价值的能力。

3. 充分利用资源

创业者应描述权利岗位的每位成员及其责任。在很多情况下，那些从事管理工作但没有头衔的人员很容易被忽视。如果是要寻求外部投资，则应该把企业的整体队伍描述出来。

4. 介绍董事会的成员

如果董事会包括企业内部管理人员，并且这些人是有经验的管理者、行业专家或其他知名人士，则对这些成员的介绍会进一步增强创业企业的实力。

5. 保持简明扼要

对每一位关键人员用一个段落的篇幅进行描述就可以了。

可以通过回答以下问题进行编写。

（1）主要管理人员和专业人员的发展路径是怎样的？他们具有哪些技能？

（2）企业未来的组织机构是怎样的？

（3）谁将成为部门领导者？

（4）在哪些领域的管理应该加强？

（5）报酬机制是怎样的？

**指点迷津：**

风险投资的投资关键并不是技术或者项目，而是投资于人，投资于人的管理能力。

无法回避的问题如下。

- 具有特别经验的管理团队和关键人员的职业道路是什么？
- 他们具有怎样的管理技巧？
- 他们具有怎样的专业经验？
- 组织结构是怎样的？
- 谁将出任小组或个人的上级？

- 在一些特别地区是否应加强管理队伍建设？
- 奖惩制度是怎样的？哪个目标顾客群已经和你的企业建立了长期的关系？

## 案例3.6　美国管理科技公司（American Management Technology）对管理的描述

我们的管理哲学是建立在责任感和相互尊重的基础之上的。在AMT工作的员工都很满意，因为AMT提供了鼓励创造性和成就感的环境。我们的队伍共有22名员工、1名总裁和4名经理。

1. 组织结构

22名员工、1名总裁和4名经理。

我们主要的管理部门包括销售、市场、服务和行政。服务部门的工作包括技术服务、培训和开发。

2. 管理团队

Ralph Jones，总裁，46岁，1984年创建AMT，当时的主营业务是向小企业出售高性能个人计算机。他具有15年在大型计算机公司工作的经验，曾任项目经理。Ralph已经在小型企业发展中心选修了6年培训课程，有条不紊地将商业能力和训练充实到他的技术背景中。

Sabrina Benson，市场副总裁，36岁，之前在Continental计算机公司担任重要职位。我们经过了长时间的寻找、比较才决定雇用她。在Continental公司，她负责管理VAR市场部。目前，她负责把AMT改造为销售计算机的服务和支持型企业，而不是提供服务和支持的计算机销售商。她获得了MBA学位和历史学士学位。

Gary Andrews，服务和支持副总裁，48岁，在大型计算机公司做了18年编程和服务的相关工作，在AMT工作了7年。他获得了计算机科学硕士学位和电气工程学士学位。

Laura Dannis，销售副总裁，32岁，做过教师，1991年在AMT开始做兼职，1992年正式加盟AMT。她具有非常好的人际沟通能力，获得了基础教育学士学位。她已在本地的小型企业发展中心选修了销售管理课程。

John Peters，行政主管，43岁，从1987年开始在AMT做兼职，后成为公司的行政和财务骨干。

3. 管理团队的缺陷

现在，我们自信拥有一个可以实现商业计划各个要点的优秀队伍。Sabrina Benson的加盟对公司的内部职位调整和重新组织是十分重要的。目前，我们在市场数据库软件和升级服务上的技术能力最为薄弱，特别是交叉平台网络，我们还需要寻找一个培训经理。

4. 人力资源计划

制订人力资源计划的目的是实现人尽其才，必须与企业的发展需求相一致。今年我们的员工达到了 22 人，在第三年将达到 30 人。

5. 其他管理人员

Frank Dudley，我们的律师，是 AMT 的创建者之一。在 20 世纪 80 年代，他对公司进行了相当数量的投资。他还是 Ralph Jones 的好友，具有卓越的法律和商业咨询能力。

Paul Karots，公关咨询，我们的创建者和合伙人。像 Frank Dudley 一样，他在公司的早期就进行了投资，是我们值得信赖的朋友。他提供公关和广告咨询服务。

## 3.4 产品或服务

**必须让投资人相信：**

你的产品或服务具有创新性、独特性，价格合理，存在现有的和潜在的市场需求。

### 3.4.1 产品或服务描述

这也是商业计划书中的一个重要部分。即使创业企业有雄厚的实力、精干的管理团队，但是如果没有可销售的独特的产品或服务，都不算是真正开展了业务。因此，产品或服务描述是经营计划中必不可少的一项内容。

在进行投资项目评估时，投资人最关心的问题就是创业企业的产品或服务能否及在多大程度上解决现实生活中的问题，为客户提供何种有效的服务，如创业企业的产品（服务）能否帮助客户节约开支、增加收入。因为这两项如果满足，就意味着产品或服务有巨大的市场，风险投资能最大概率地收回。

风险投资人本质上是极为看重收益和回报的商人，而且他们多是经济或金融专业背景出身，对于技术方面的专业介绍不是特别在行，而是更加认同市场对于企业产品或服务的反映，因为技术已经包含在产品或服务之中了。所以，在产品或服务描述部分，创业者只需讲清楚公司的产品体系，向风险投资人展示公司产品线的完整和可持续发展即可，将更多的笔墨放在产品的盈利能力、目标市场、同类产品比较等内容上。

1. 描述的内容

以产品为例，产品描述应包括以下内容。

（1）产品的名称。

（2）性能及特性。

（3）产品所处的生命周期。

（4）产品的市场竞争力。

（5）产品的研究和开发过程。

（6）发展新产品的计划和成本分析。

（7）产品的市场前景预测。

（8）产品的品牌和专利。

在产品描述部分，创业者要对产品进行详细的说明。说明要准确，也要通俗易懂，使不是专业人员的投资人也能明白。一般来说，产品介绍要附上产品原型、照片或其他介绍（这些内容可以放到附录中）。

描述产品时，还要从顾客和风险投资人的角度回答以下问题。

（1）顾客希望企业的产品能解决什么问题？顾客能从企业的产品中获得什么好处？

（2）企业的产品与竞争对手的产品相比有哪些优缺点？顾客为什么会选择本企业的产品？

（3）为什么顾客会大批量地购买本企业的产品？

（4）本企业能提供哪些购买便利？

（5）企业采用何种方式去改进产品的质量、性能？企业对发展新产品有哪些计划？

（6）企业对自己的产品采取了何种保护措施？企业拥有哪些专利、许可证，或与已申请专利的厂家达成了哪些协议？

（7）为什么企业的产品定价可以使企业产生足够的利润？

产品描述的内容比较具体，因而写起来相对容易。虽然夸赞自己的产品是必需的，但应该注意，企业所做的每一项承诺都是“一笔债”，都要努力去兑现。要牢记，创业者和投资人所建立的是一种长期合作的伙伴关系，空口许诺，只能得意于一时。如果企业总不能兑现承诺，不能偿还债务，企业的信誉必然受到极大的损害。

### 2. 需要突出的地方：创新性、独特性、价格优势和市场导向性

1）创新性

你的产品或服务必须具有创新性，你应在某些细节上做出解释，因为这是你进入市场的钥匙。创业者应向投资人介绍它的优点、价值，把它与竞争对手的产品进行比较，和投资人讨论它的发展步骤，并列出初步开发它所需要的条件。例如，企业拥有的专利技术将引起一场微藻类原料产品在生产方式上的革

命，即将传统农业的生产方式转变为设施农业的生产方式，与竞争对手相比，将从根本上克服原料生产中难以克服的重金属含量高、产品产量和质量难以稳定等问题，生产将不再受季节性天气影响且持续稳定，生产成本将下降 35%左右，因而具有明显的、高门槛的市场竞争优势。

只有当一种新的产品或一项新的服务优于市场上已有的产品或服务时，它才可能受到顾客的青睐。如果市场上存在替代性产品或服务，创业者应该解释企业提供了哪些额外的价值，把自己摆在顾客的位置去评价产品或服务存在的优点和缺点，对竞争对手的产品或服务也做出同样的分析。

如果企业提供几种产品，把讨论集中在最重要的一种产品上，对其他产品则进行总体上的简单介绍。

创业者应该解释技术创新和产品在竞争中具有的优势，也应该强调所拥有的技术壁垒或提供有效的专利证明以示可以防止别人的盗用和模仿。如果仍有什么发展中未解决的问题，应在计划书中讨论解决它的办法。取得特殊产品的合法批准是一种风险，创业者应说明你现在已经取得了什么执照，包括正在申请之中的和将要申请的等。

2）独特性

企业的独特性可以表现在管理团队上，也可以表现在产品或服务上，还可以表现在融资上。总之，因为独特性的存在才使风险投资人放弃其他投资机会转而投资本企业。因此，在商业计划书摘要和商业计划书中可以专辟一节来对本企业的独特性进行描述。这一部分的描述也可以渗透到其他几个部分中，从不同角度阐述企业的独特性。

3）价格优势

在本部分，创业者主要应对本企业的产品或服务做出准确的描述，要使投资人读完后对本企业生产什么或打算生产什么不再存有疑虑。如果企业有多种产品或服务，那么最好分成几个独立的小段进行描述，具体包括每种产品或服务的价格、价格形成基础、毛利及利润总额等。

定价必须充分考虑所有影响因素以使最终形成价格在逻辑上是合理的，并且是市场可以接受的。

在这部分风险投资人通常会问两个问题。

（1）该定价反映的是不是竞争条件下的价格走势？

（2）定价如此之高是不是因为你能抵御来自降价方面的压力？

因此，创业者对此要有所准备。

4）市场导向性

再好的技术和产品离开了这一原则，都不可能成为成功的商品。你要创业、要赚钱，都只能通过市场实现，市场既是企业各项工作的起点也是终点。这是千真万确，万古不移的基本原则。很多人很聪明，也有很不错的发明与技术，但却容易走进技术或产品导向的误区。中国每年的技术专利申报有几万项，但转化率仅有 10%～15%，为什么？因为绝大多数发明和技术都与市场不搭界，看不出市场前景和潜力，或者描述的市场在现实中并不存在，自然不能引起投资人的投资兴趣，不能转化成生产力和利润。

创业者必须从一开始就研究、分析市场，从市场需求出发进行技术和产品开发。一种产品，只有卖得出去，也就是进入市场，才算实现了自己的价值。如果一项技术不面向市场、不面向消费者，而是被视为独得之秘，在知识和技术更新加速度进行的今天，很快就会过时，被淘汰或被其他人的类似产品取代。所以，任何创意，不管是产品的、技术的，还是商业模式的，从一开始就要立足于市场，并尽快推向市场，这就是市场导向性原则。

### 3.4.2 描述产品或服务时应注意的事项

在编写商业计划书这一部分的内容时应注意以下几点。

#### 1. 将自己置身于客户的位置

在编写过程一定要把自己放在客户的角度来描述产品或服务。只有产品或服务满足客户的利益要求，企业的产品或服务才能获得成功。过分强调技术反而会适得其反。

#### 2. 集中最重要的产品或服务

如果企业同时经营多种产品或服务，应该在本部分集中描述一种。创业资源的有限性使企业不可能同时经营多种产品或服务，风险投资业有一个不成文的规则：绝不能投资于两个以上的风险项目。

#### 3. 避免过多的技术细节

商业计划书的目标读者是投资人，因此没有必要也不能过于详细地进行技术论证，加入过多的技术细节势必影响理解。在投资人对项目感兴趣以后，他会召集专业人员对项目技术的可行性进行分析。因此，在这一阶段要尽量避免使用复杂的技术术语和引证。

#### 4. 引用已经试点成功的例子

如果产品或服务已经过第三方的专业测试，就应当公布结果，这比技术上的论证更为有效，更能激发投资人的投资热情。

### 3.4.3 产品或服务的规划及开发

这部分主要介绍产品或服务的未来规划及开发状况，包括过去已经投入开发的和未来打算开发的产品或服务，但同时必须指出所有这些研究开发投入所要实现的目标。对风险投资人而言，如果由于某种程度上的判断失误，从而投资了一位纯粹的研究人员而不是一位开发产品的企业家，那就是一场噩梦。也就是说他们需要的是一位能将研究结果转为市场产品，最终赚取利润的企业家。

企业的产品或服务规划是受企业资源限制的。企业该提供哪些产品或服务？不该提供哪些产品或服务？产品或服务卖给谁？卖点是什么？怎么卖？如何配套自己的产品？如何优化产品或服务结构？这是创业企业进一步发展的核心，与企业战略的实现关系甚大。

产品或服务的规划内容包括产品或服务的类别及结构规划、产品或服务系列化规划、各种产品或服务定位、产品线或服务线长度和宽度规划、产品或服务生命周期规划等。合理的产品或服务规划可以对产品或服务的更新速度和节奏进行把控，实现企业的成本投入和利润产出最优化，尽可能地提高企业的市场竞争力。

产品或服务规划的思路：首先分析顾客的需求类型；然后根据不同类型的需求，在产品的质量性能、外观造型和服务内容上明确体现；最后再设定一个有一定层次空间的价格体系。同一系列的产品或服务在性能上具有满足顾客需求的相同特点，而在材质、工艺及非主要功能上有所区别并形成几种不同档次的价格。

产品或服务规划是由市场、销售、开发等部门组成的规划团队做出的，主要是确立企业应该主打的细分市场、从事的项目组合，以及什么时候从事什么项目等，通过整合各个部门的意见，对企业的产品战略、产品平台、产品路标做出准确定位，在正确的时间将正确的产品或服务推向市场，从而确保企业的市场地位及长期的发展战略得以实现。

产品或服务规划过程的三个主要阶段。

（1）市场细分及选择：在这个阶段主要通过市场调研和分析，研究如何细分市场，如何选择细分市场，最后确定细分市场。

（2）定义产品或服务概念：收集某个细分市场需求的主要内容，包括客户需求、竞争需求及企业内部需求，并确定企业在该细分市场的产品或服务定位，然后寻找和定义产品或服务概念。

（3）确定产品或服务规划：从技术层面分析产品属于哪个产品族及其开发路径，并根据企业的战略/策略确定产品或服务开发的优先顺序和组合策略，然后依据企业资源状况，制定产品或服务开发的时间计划。

产品或服务规划并不是单次的工作，而是不断循环、持续的工作，随着外部和内部情况的变化而不断修正。

阐述的重点内容如下。

（1）企业的技术研发力量和未来的技术发展趋势。

（2）企业研究开发新产品的成本预算及时间进度。

（3）企业的技术研发队伍是否具有足够的实力把握市场上产品技术发展的脉搏？是否能够迎合顾客的需要开发新产品、开拓新市场？是否能够保证企业未来竞争发展对技术研发的需要？

创业者应该在仔细评估自己实力的基础上，给出详细的说明。因为技术研发是企业未来发展的重要推动力。

### 案例 3.7　某生物水质净化剂介绍

生物水质净化剂是厦门××生物技术有限公司研究人员在厦门水产学院研究成果的基础上开发出的绿色生物制品，具有相当高的科技含量。它主要用于集约化水产养殖中，对水体中代谢产物进行生物净化，改善水质状况，并从根本上解决传统的化学方法和使用抗生素类药物造成的水体污染、水产动物耐药性的产生等问题。

生物水质净化剂应用实验结果表明，不但水体净化效果好，而且对促进鱼虾生长和预防传染病有特殊功效，对维持自然界生态平衡和微生态平衡具有积极意义。该项目经有关专家论证，认为其成果填补了国内此类研究的空白，其技术已达世界先进水平，具有广阔的开发应用前景。该产品现已获国家专利，并且已经纳入中华人民共和国农业部（中华人民共和国农业农村部）948 计划项目。

（一）产品研发背景

水产养殖业在我国已经形成产业规模，并在国民经济中占有重要的地位。但由于长期集约化养殖，池塘老化，水体微生态环境日趋恶化，养殖水体的污染愈发难以控制。由于大量使用化学方法和抗生素类药物，水体生态平衡遭到严重破坏，造成了水产养殖业的滑坡和巨大的经济损失。因此，采取生物手段和高科技手段治理水体污染，促进养殖业健康发展，保证水体生态环境的良性循环，已是刻不容缓的任务。

为此，厦门××生物技术有限公司同厦门水产学院共同研制了用于水质净化的微生态制剂（微生物净水剂）。该产品的问世和应用，对于水体生态环境污染的治理和促进水产养殖业的发展具有重大的战略意义。本项目依托于厦门水产学院的科研成果，同时厦门××生物技术有限公司是集科研、开发与生产经营于一体的高技术企业，因此在技术成果的转化方面较为可靠。

（二）生物水质净化剂的特点

（1）通过施入有益菌群，抑制致病菌的生长，有效地预防鱼、虾、贝类等疾病的发生，提高了鱼、虾、贝的成活率。

（2）有益菌在繁殖过程中，分泌出大量的活性物质，能有效地促进浮游植物的繁殖，增加水体中的溶解氧，其生成絮凝物是滤食性鱼类的最佳食物。

（3）能有效地降解水产动物的代谢产物，降低水体中氨氮和硫化氢的浓度，促进鱼虾健康生长。

（4）能提高鱼的越冬能力，降低越冬期间鱼的死亡率。

（三）产品性能

生物水质净化剂是从海泥、土壤中分离出正常的优势菌群，并接种于适当的培养基而收获纯菌，然后通过特殊工艺发酵，再加入吸附剂、活化剂、赋形剂和微量元素等，经干燥后制成活菌制剂，即生物水质净化剂。

生物水质净化剂施入水体后，在活性催化剂的作用下，几种有益菌在较短的时间内形成优势菌群，在抑制有害菌群的同时，还能分解水体中的有害物质，如氨氮、硫化氢等，提高溶解氧含量，从而达到净化水质的目的，并且可以使有益菌在繁殖过程中形成絮凝物为滤食性鱼类提供优质饵料，从而提高水产品的养殖水平，提高品质和产量，并防止鱼、虾、贝传染病害的发生。

（四）技术方面

（1）技术先进性。在本产品的生产过程中，菌种的分离与筛选采用了现代高新技术手段，鱼类生态制剂采用 JY10 节杆菌、JY31 酪乳杆菌和 JG 光合菌，虾贝类生态制剂采用 JX5 干酪乳菌和 JH 光合菌，生物水质净化剂采用 JS7 光合菌，JS8、JS9 芽孢杆菌和 JS11 硝化细菌。该净化剂有效期大于 6 个月，2 个活菌系数不低于 90%，其效力指标为 10 亿/g，同时，革兰氏阴性菌≤1000 个/g，致病菌为零，符合国家规定的饮用水卫生标准（生物水质净化剂的卫生指标为杂菌≤10 000 个/g）。2008 年，初试鉴定结论为“该制剂填补了水产动物微生物生态学研究领域的空白”，并正式列入 948 计划项目。

（2）技术独占性。生物水质净化剂及其制备方法已经于 2009 年 4 月 20 日获得国家专利认证，其知识产权受到法律的保护，厦门××生物技术有限公司将在至少 20 年的时间里拥有对该项产品技术的独家拥有和独家生产经营的权利。同时，厦门××生物技术有限公司是集科研、开发与生产经营于一体的高技术企业，企业除自身的技术力量外，还聘请了以全国知名微生态专家×××教授为代表的十几位生物专家，组成了专家顾问组，还有××大学物理系、中国××院、厦门××学院生物工程系等院校和科研院所为后盾，保证了企业在技术上的先进性和领先性，这也是其他单位无法比拟的。

（3）技术可行性。本项目产品采用了公认的具有国际先进水平的生产技术，已经经过有关专家和研究人员的试验和可行性论证。从试验的结果来看，产品不但有净化水体的功能，而且能促进水产动物增产，从根本上解决了因使用化学药物和抗生素制剂给人体健康所带来的严重危害并造成水体质量恶性循环的问题。试验结果证明，该项目是成熟且可行的，并已经正式通过农业部专家的鉴定。

另外，本产品的研制生产适应了人们环保意识的不断提高和水产养殖业对水质净化剂强烈需求的现状，具有成本低、效果好等优点，可以提高水产品 10%的产量，降低 20%的发病率，提高虾苗 20%的成活率，能够有效治理水体有机质污染，使水体生态向着良性循环的方向发展，在提高水产养殖业的经济效益和减少亏损方面有着重大的战略意义。

因此，该产品是一种质量可靠、效果明显、生产使用简单易行而且成本低廉的生态制剂，属于生物高科技项目。如果投入产业化生产，成本低、产出高，原料充足，生产工艺不受气候条件和自然环境的限制，市场范围广阔。

## 3.5 行业、市场与竞争分析

创立什么样的企业，很大程度上不取决于创业者自身的意愿，而是由企业所处的内外部环境决定的。

### 3.5.1 行业分析

1. 行业分析的重要性

行业分析是风险投资人关注的又一重要内容。例如，在未来几年哪些行业将有可能获得较快的发展，而在这些行业中又将是拥有什么技术或产品的企业获益最大。这是风险投资人不停思考和力图发现的目标。因此，在编写商业计划书时，创业者要做一番调查研究，搜集信息后对所在行业的发展前景进行客观的分析，然后在商业计划书中突出分析结果。本部分的目的是让风险投资人清楚地知道企业所处行业目前及未来一段时期的发展情况及企业在行业中所处的位置，应当详尽分析有利因素、不利因素和面临的市场机遇。

2. 应该介绍的内容和应该注意的问题

1）企业所在行业概述

在商业计划书中，创业者应该就企业所处行业的全貌及企业产品在行业中的需求变化情况进行描述。企业所处的行业及企业在行业中的地位是相当重要的信息，风险投资人可以从中判断出企业的未来发展及企业与自己投资理念、投资偏好的吻合度。一般来讲，风险投资人对新兴的行业感兴趣，但由于一个新兴的成长市场会吸引许多竞争者，所以一个企业处在新兴行业也不能保证它一定能成功。同样的道理，一个处在衰退行业的企业也未必注定失败。因此，创业者应该如实描述行业状况及创业企业在行业中所处的地位，让投资人能基于此做出客观判断。

2）对行业发展方向的预测

在对行业的现状介绍以后，应该介绍行业今后的发展状况。商业计划书除让投资人对创业企业所处的行业情况有明确了解之外，还应让投资人对行业的发展方向有明确的了解，从而较为全面地掌握企业所处的发展环境。当然，要做到对行业发展的预测是比较困难的，但是这个问题还是应该写的。一个简单的办法是引用公认的权威人士或机构的预测（如参考行业协会发表的行业发展研究报告）。

3）对驱动因素的分析

在商业计划书中，创业者还应该从更广泛的角度，也就是从国内、国际大趋势的背景下考虑影响行业发展的因素及作用大小。一般来讲，应该考虑以下几个方面的因素：经济、政策、文化、社会价值观、生活方式的变化趋势及技术进步、工艺提高等因素。这样不但让投资人了解了创业企业所处的行业现状、企业在行业中的地位及行业的发展趋势，而且还说明了原因，增强了商业计划书的说服力和可信度。

### 3.5.2　其他影响企业发展的因素

除行业影响企业的发展以外，还有很多自然的或人为的因素影响企业的发展。在商业计划书中需要说明以下几个方面。

#### 1. 季节的影响

有些行业受季节变化影响很大。这些行业的企业在某些季节的销售额大于其他季节。在编写企业的财务情况部分时，特别是企业的现金流动部分时，创业者一定要考虑季节因素对企业销售情况的影响，尤其是对销售额和现金支出的影响。同时，还一定要考虑购买材料的支出与销售产品回款之间的时间差。不同的行业受季节的影响不同，如玩具。我国玩具销售在一年之内有几个高峰，如儿童节、元旦和春节；欧美地区的销售旺季则是圣诞节之前的一个月。在准备这部分内容时最好详细地按照影响企业的各种季节因素列出表格进行分析。

#### 2. 国家政策法规对企业的影响

所有企业都或多或少地受到某些行政法规、执照、证明等的影响，有些企业特别受到政府行政法规的影响。政府机构包括从中央到地方的各个层次的机构，在了解国家政策法规对企业的影响时，需要把各个层次的机构之间的相互关系都尽可能地考虑到。在中国的环境下，国家政策法规对企业的影响尤其重要。任何一个环节或任何一种关系都可能给企业的经营带来重大影响。除政府的影响之外，许多利益团体也会直接或间接地影响企业的经营。同一法规对不同企业的影响可能截然不同，如环境保护的相关法律对我国的制药、化工、印染等企业有不利影响，但却给生产环保类商品的企业带来了商机。

3. 科技的发展速度

科技可以影响产品制造方法和工艺、信息管理、财务管理、库存管理、与顾客的交流和其他许多方面，科技进步所带来的消费习惯、消费方式的改变，对企业现有技术或产品的命运而言有时是致命的。在科技变化日新月异的情况下，人们很难预料到未来 5 年或 10 年可以影响自己企业的所有的科技。在商业计划书中，创业者一定要写明科技对企业的影响，以及说明企业采取什么策略去应对科技的变化，如何利用科技为提高企业经济效益服务。

除上面三条外，供应和销售渠道也是决定企业成败的因素。在编写商业计划书时，要介绍企业的供应和销售渠道及它们之间的关联程度。

### 3.5.3 市场细分和定位

市场是潜在购买者对一种产品或服务的整体需要。购买者成千上万，分布广泛，购买习惯和要求又千差万别。因此，任何企业或任何产品，都不可能满足所有购买者互有差距的整体需要。企业要想在市场竞争中求得生存和发展，都必须为自己的企业确定一定的市场范围和目标，即必须明确自己的服务对象及其需要。现代营销学将这种企业特定的服务对象称为目标市场。确定目标市场的前提是在市场调查的基础上把市场由大到小地进行细分，这是企业市场营销战略的重要内容和基本出发点。

1. 市场细分的依据

市场细分是 1956 年由美国市场营销学家温德尔·史密斯提出来的一个概念。它是现代企业营销观念的一大进步，是在新的市场态势下应运而生的。市场细分是指根据消费者的不同需求，把整个市场划分为不同消费者群的市场分割过程。每一个消费者群可以说是一个细分市场，也称为子市场或亚市场。每一个细分市场在消费特点上具有一定的相似性，有利于企业集中精力和财力开展营销活动。

市场细分的依据主要如下。

（1）人口因素：根据年龄、性别、爱好、民族、受教育程度、婚姻状况、孩子或其他需供养者的数目、收入水平等来划分。

（2）地理因素：根据居住区域（一种典型的方法是根据邮政编码来划分）、城市、地区等来划分。

（3）心理因素：根据态度、兴趣和观点来划分。

（4）与产品使用相关的因素：根据产品如何被使用来划分，如数量。啤酒的市场营销人员在吸引大量饮用者和适量饮用者时，应分别采用不同的战略和策略。

（5）时间：电影院的工作人员知道在工作日的下午来看电影的人，同那些周末晚上来看电影的人是不一样的，他们必须对此采取不同的宣传方式。

（6）产品的应用或特殊使用目的也是一种关键而明显的细分依据。

（7）市场营销人员往往同时选择几种尺度来进行市场细分，选择其中的一个或几个子市场作为目标市场。在这个过程中，要根据企业的目标、产品、优势与劣势、竞争者的战略等因素来进行选择。

市场细分的依据源于可靠的市场数据，很多创业者进行市场分析时缺乏数据来源，依赖于从网站上下载的免费市场报告，而这一类数据往往已过时或缺乏权威性，需要认真加以甄别。重要的是与企业的产品或服务直接相关的市场数据，即企业的微观市场容量估算、未来增长的预测等，最好是来源于中立第三方的调查或研究报告，避免自行估计。

#### 2. 市场细分的原则和程序

企业进行市场细分，必须讲究细分的实用性和有效性。没有任何意义的市场细分只会使企业劳民伤财，得不偿失。有效的市场细分，应该遵循以下基本原则。

（1）差异性。在该产品的整体市场中确实存在着购买消费上的差异性，可作为市场细分的依据。

（2）可衡量性。细分市场必须是可以识别和衡量的，即细分出来的市场不仅有明显的范围，而且也能估计该市场的规模及购买力大小。为此，市场细分的标准应是明确的，可以进行识别和衡量。

（3）可进入性。企业能有效进入该市场和为之服务的程度，即市场的细分和选择必须适应企业本身的份额，否则就没有意义。

（4）效益性。细分市场的容量是否能保证企业获得足够的经济效益，如果容量太小，就得不偿失，没有单独开拓的实际价值。

市场细分作为一个过程，一般要经过下列程序来完成。

（1）选择与确定营销目标。将要进行细分的市场与企业任务、目标相联系，选择一种产品或市场范围以供研究。

（2）选择市场细分的标准。可以是一种标准，也可以是两种及两种以上标准的结合。

（3）筛选。通过调查分析，确定各个细分市场的特点，剔除那些特点不突出的一般性消费需求因素，同时归拢合并一些特点类似的消费需求因素，重点分析目标消费者群的特点。

（4）分析、估量各个细分市场的规模和性质。通过初步细分，已经清楚了各个细分市场的范围；这时，就要仔细审查、估计细分市场的大小、竞争状况和变化趋势等。

（5）为细分市场命名。命名可以用形象化的方法来表示，要能代表目标消费者群的特点。

（6）选择目标市场，设计市场营销组合策略。

#### 3. 目标市场选择

在市场细分的基础上，企业一定要在商业计划书中明确指出自己的目标市场。目标市场也叫作目标消费者群，是企业决定要进入的市场，也是企业的服务对象。企业目标市场的选择，是企业制定市场营销战略的首要内容。

关于目标市场，一定要让风险投资人知道以下内容。

第一，目标市场有足够大的发展空间和盈利空间，让风险投资人感到目标市场能够支撑起他所追求的高成长性企业的发展。当然，目标市场越大，最终必然吸引大量的投资人进入，未来的竞争将会非常激烈，这不是市场的错，可以通过知识产权保护、提高市场准入门槛等方式加以解决。

第二，市场有良好的发展前景，目标市场在未来将会长盛不衰。一些创业者之所以满怀激情地走出实验室进入他们陌生的创业之路，源于他们对所开发技术的欣赏和对将来市场的憧憬。但是，市场前景绝不能建立在一厢情愿的基础上，只有市场接受的产品或技术，才会拥有真正广阔的前景。例如，当年人人尽知的广告词，“喝了娃哈哈，吃饭就是香”和“孝敬爸妈脑白金”从一个侧面清晰地体现了产品定位及细分市场。

### 3.5.4 竞争分析

#### 1. 了解并描述你的竞争对手

只要有市场，就一定有竞争。每家企业都有竞争对手，老牌企业通过多年经营，一般对市场上现有的主要竞争对手都有一定程度的了解。但是，新成立的企业往往缺少经验，对竞争对手缺乏了解。在编写商业计划书时，创业者往往低估市场现有的竞争对手，缺少对竞争对手的了解。有些创业者自认为天下无敌，甚至认为因为拥有某一技术而没有竞争对手，最后“出师未捷身先死”。有经验的投资人看到这种商业计划书之后一定置之不理。他们认为这样的企业或者没有真正地进行市场调查，或者不了解怎样进行企业经营，或者他们的产品或服务根本就没有市场。

创业者应充分掌握潜在竞争对手的优势和劣势，对最主要竞争对手的相应销售、收入、市场份额、目标顾客群、分销渠道和别的相关特征等进行合理估计。创业者应该把这些同企业的情况进行比较，并说明本企业所具有的竞争优势在多大程度上可以应对这些竞争。

创业者应主要对全部竞争产品及竞争对手做出描述与分析，尤其要分析这些竞争对手所占有的市场份额、年销售量与销售金额及他们的财务实力。此外，还需对本企业产品与竞争产品相比所具有的优势做出分析，包括优势可能是产品功能、性能的改善、增加，也可能是成本的降低等。

风险投资人会利用自己的信息渠道进行行业竞争分析，从行业领先者的角度对创业企业的产品或服务进行考量，因此到位的竞争对手分析会给投资人展现一个睿智、务实、有远见的创业者形象，大大有利于谈判的进行。

关于对竞争对手的描述举例如下。

资产总额为 3 亿美元的 ABC 公司有一个部门生产销售 M 型小器具，该部门 2018 年的销售额约为 1000 万美元，占有 10%左右的市场份额。但 ABC 公司其他业务部门的经营目前都很不景气，由于近年来公司尚未引入新产品，该部门的资本有逐渐消耗的迹象。

此外，ABC 公司的产品品种单一，并且其生产设备不具备本企业设备所具有的许多特点。例如，本企业设备用的是三维模具，而 ABC 公司用的是二维模具；加上本企业设备采用微机控制而 ABC 公司则是手工控制，但我们的产品成本只比该公司高出 10%……

有些企业可能没有竞争对手（大部分风险投资人相信每一种产品都面临某种类型的竞争），在这里需要说明不存在竞争对手的原因（如拥有专利权）。如果在未来会产生竞争对手，则必须指明存在哪些可能的竞争者，其进入市场估计会在什么时候。

#### 2. 竞争能力调查

竞争能力调查主要包括以下几个方面。

（1）将产品的质量、价格与市场上竞争力较强的产品进行比较。

（2）产品的性能在市场竞争中所具备的优势。

（3）国际市场上该产品的进出口价格及未来发展的动态及原因。

（4）生产同类产品企业的生产水平和经营特点，如这些企业的生产规模、产量、设备、技术力量、产品成倍销售利润、价格策略、推销方式，以及产品的技术服务等方面的特点。

可以用表 3-4 分析企业的三个最主要的竞争对手。

表 3-4　企业竞争对手分析

| 项　　目 | 竞争对手 1 | 竞争对手 2 | 竞争对手 3 |
|---|---|---|---|
| 地址 | | | |
| 经营时间 | | | |
| 市场占有率 | | | |
| 定位及战略 | | | |
| 产品或服务 | | | |

3. 如何阻碍竞争对手

阻碍竞争对手进入市场的门槛是投资人感兴趣的内容之一。阻碍竞争对手进入市场的门槛越高，越有利于企业在市场竞争中保持优势，使投资人盈利。在编写这部分内容时，创业者要突出指出有哪些因素能够阻碍竞争对手的产品进入市场。那些依靠新技术、新工艺或新市场保持市场位置的企业尤其需要分析阻碍竞争对手的产品进入市场的因素。通常阻碍竞争对手的产品进入市场的主要因素如下。

（1）专利。专利能保证新产品或技术不遭受其他企业的侵犯。

（2）资金。资金是严重阻碍小企业进入市场的因素。

（3）技术含量高、生产难度大、工艺复杂、条件要求严格的产品，使竞争对手很难进入市场。

（4）销售渠道及网络强大，使新的企业很难涉足这个市场。

总之，提高竞争对手进入市场的门槛是非常重要的。市场在不断变化，上述种种因素也将随着时代而变化。因此，要认真分析这些因素的变化，对要挤入这一市场的企业，要迫使它付出大量金钱或者时间及销售技巧的代价。企业不仅要通过专利来保护自己，还应通过营造市场壁垒等多种措施保护自己。

4. 预测未来的竞争

除认真分析现在的市场竞争以外，还要对未来市场变化趋势进行有科学根据的预测。预测未来市场的格局和竞争对手的变化。市场发展犹如列车前进，总是不断地有人下车、有人上车。一些企业由于跟不上时代的变化或管理不善被淘汰出局，一些新的企业又不断加入竞争行列。在商业计划书中，创业者要考虑未来可能的竞争对手，目前的竞争对手可能的发展变化等。在未来的三年、五年或十年，企业的主要竞争对手将会是谁？如果企业开发出全新的产品或服务，大概多久之后会出现同类产品或服务？那时企业的新的竞争对手可能是谁？在新的竞争出现时企业将如何面对？预测未来五年的市场竞争情况必须根据现在的市场情况、整个产业的变化趋势和国家的政策做出合乎逻辑的推论，切忌凭空想象，信口开河。

对投资人来说，他们对新的小企业的产品或服务最为担心。对于现有的大企业他们一般都比较了解，很容易从多种渠道获得有关大企业的信息。而且这些大企业家大业大，有大量的固定资产，万一这些企业失败，还有固定资产可以抵债。投资人对新的小企业持格外谨慎的态度，因为缺少了解或缺少过去的信息，小企业家小业小，在破产时没有多少财产可以抵债。所以，那些需要资金的创业者，需要加倍努力编写商业计划书。

**一定不要忘记：**

1. 给你的读者描述关于企业将要进入的行业的全貌，讲述影响该行业发展的关键性因素。从它的现状讲起，并由此得出你所希望的它未来的发展趋势，解释为什么会出现这种趋势（如技术进步、需求的变化或别的因素），以及这对你的企业意味着什么。

2. 市场细分不是越细越好，细分的目标市场要足够大，以使企业能够盈利。

### 案例 3.8　保健品行业竞争环境分析

1. 竞争者及品牌

2004 年，中国保健品市场的重点企业有安利中国、青岛健特生物投资股份有限公司、深圳海王生物公司、深圳太太药业、上海交大昂立股份有限公司、上海高博特生物保健品有限公司等。

我国已批准生产的保健品有几千种，但真正畅销全国的产品也就几十种。从保健品市场总体情况看，名牌保健品市场占有率在稳步上升。国内市场中不到 20%的品牌占据了 50%以上的市场份额。这说明知名品牌在市场中的地位已经确立，是保健品市场成熟的标志。

上海保健品市场品名多达几百种，有数十种保健品脱颖而出，其销售额和销售量的市场份额分别达到了 35%和 32%，占到了整个市场的 30%左右。

保健品企业的竞争策略主要体现为以下几个特点。

集中于产品功能的竞争：大部分企业关注新产品、新功能的开发与生产，特别是对新产品、新技术的仿制和拷贝能力很强，追风现象严重。

建立品牌下的多产品系列策略：大部分企业在建立市场与产品品牌后，逐步完善产品，以争取更大的市场份额及更多的消费人群。

价格仍然是保健品竞争的重要策略之一：在该行业中，价格与价值仍然存在严重的背离现象，而生产企业的平均利润空间在逐步减小。

渠道竞争成为保健品销售的关键，谁赢得渠道，谁就赢得市场、赢得先机。各企业除不断巩固和强化传统的渠道以外，纷纷开拓新的销售渠道形式。传统的销售优势被大超市/卖场所替代，更多的企业热衷于直销、网上销售等新的渠道，以规避传统的代理和大超市/卖场较高的成本。

广告宣传仍以功能宣传为主，在宣传的卖点上通过某一、两个功能，同时利用大部分消费者专业知识匮乏的特点，夸大其功能和疗效。

2. 市场消费特征

保健品市场是消费品市场，购买行为主要是消费者个人购买行为。

80%以上的购买者是为自己使用或赠送给长辈与亲朋好友，而利用公款购买作为商务礼品的比例逐步减少。

家庭使用的保健品偏向于对症，同时强调实惠、效果好；送礼的保健品偏向于功能广泛，适应人群广，同时强调包装、档次。

保健品的主要购买者年龄在 35 岁以下，需求水平随职业、收入水平的不同而不同。而保健品的消费者主要为 40 岁以上的中老年人群。

一般来说女性对于保健品的需求要高于男性。

一线城市在消费能力及消费意识等指标上都要高于二线城市。

3. 消费者购买行为分析

消费者购买产品首先关注产品的服用安全性与效果，其次是品牌；电视、报纸依然是消费者获得保健品信息的主要来源，而朋友介绍则越来越重要；消费者经常从超市、大药房购买，相信这里卖的产品更安全、更有质量保证，同时直销也扮演了越来越重要的角色；由于市场日益细分，购买的季节性习惯越来越淡化；在购买数量上，零星购买是主要特征。

（1）购买保健品的影响因素。

问卷调查表明，消费者最为关注保健品的安全性和效果，同时品牌、品质和价格也是影响消费者购买的因素之一，如图 3-7 所示。

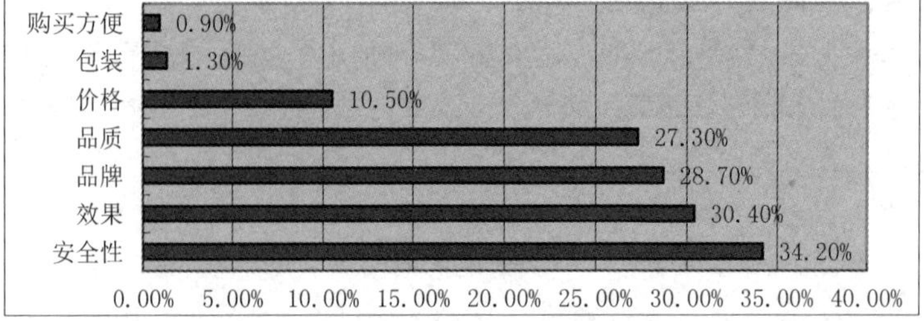


图 3-7　购买保健品的影响因素

（2）信息获取渠道。

根据市场调查，电视仍是人们获取保健品信息的主要渠道，此外，报纸、朋友介绍也是消费者获取保健品信息的重要渠道，如图 3-8 所示。

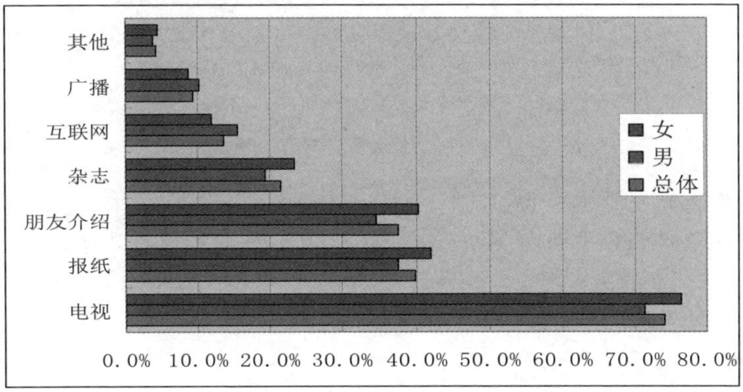


图 3-8　信息获取渠道

保健品信息的获取渠道在性别上也存在差异，女性在电视、报纸、朋友介绍、杂志等渠道的选择率要比男性高。此外，各个渠道在年龄上的差异如表 3-5 所示。

表 3-5　各渠道年龄差异

| | | 报纸 | 电视 | 杂志 | 广播 | 互联网 | 朋友介绍 | 其他 |
|---|---|---|---|---|---|---|---|---|
| 30 岁及以下 | 频数 | 61 | 131 | 46 | 18 | 36 | 61 | 6 |
| | 频率 | 35.9% | 77.1% | 27.1% | 10.6% | 21.2% | 35.9% | 3.5% |
| 30～40（含）岁 | 频数 | 64 | 132 | 45 | 15 | 27 | 65 | 7 |
| | 频率 | 36.2% | 74.6% | 25.4% | 8.5% | 15.3% | 36.7% | 4.0% |
| 40～50（含）岁 | 频数 | 45 | 85 | 21 | 10 | 7 | 45 | 6 |
| | 频率 | 39.8% | 75.2% | 18.6% | 8.8% | 6.2% | 39.8% | 5.3% |
| 50 岁以上 | 频数 | 48 | 56 | 5 | 8 | 4 | 34 | 4 |
| | 频率 | 55.8% | 65.1% | 5.8% | 9.3% | 4.7% | 39.5% | 4.7% |

相比之下，50 岁以上的消费者较少从广播、杂志、互联网上获取保健品信息，他们比较喜欢的渠道为报纸和电视。40 岁及以下的消费者获取保健品信息的渠道主要有电视、报纸、杂志和互联网。由此可见各渠道在年龄上的差异非常明显。

（3）经常购买的渠道。

消费者的购买渠道如图 3-9 所示，消费者最倾向于到商场/超市购买保健品。

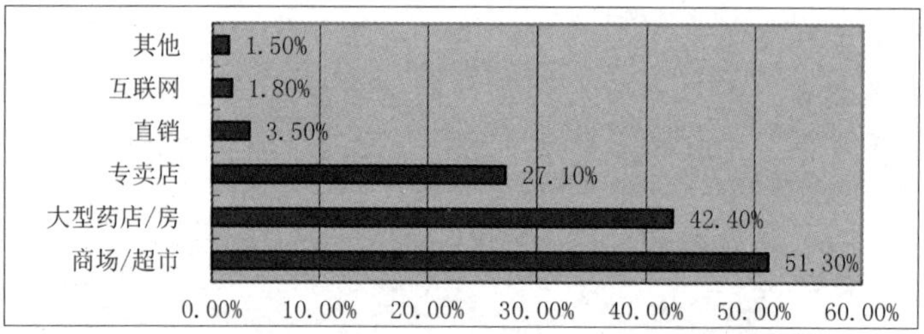


图3-9 消费者的购买渠道

（4）购买的季节性习惯。

保健品销售的季节性特征如图3-10所示。冬季为销售旺季，10月份到第二年2月份的销售形式最好，但季节性开始淡化。

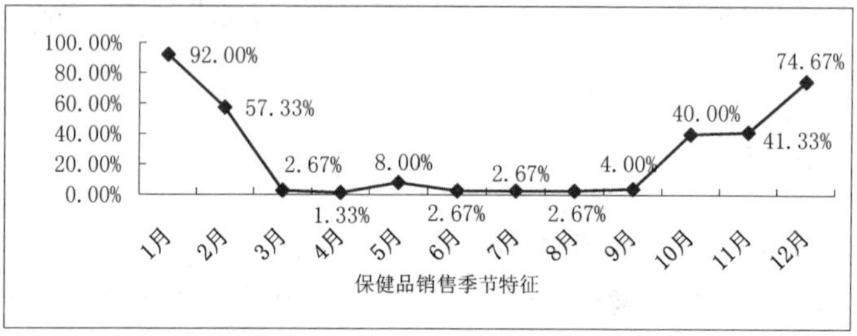


资料来源：明略市场策划（上海）有限公司。

图3-10 保健品销售的季节性特征

（5）购买数量。

大多数的消费者都倾向于每次购买一两盒保健品，并且一个疗程在一个月左右。

4. 保健品行业市场特点与趋势预测

（1）保健品行业市场特点分析。

保健品总体市场需求持续攀升，增长强劲。根据我国保健品市场的波浪式曲线发展特点，整体呈现上升趋势，特别是随着新政策陆续出台、行业的规范及重新洗牌，从2003开始市场呈现快速上升状态，同时国外保健食品在我国市场上的销量也高速增长。

市场竞争日趋激烈，政府和行业机构的监管力度也逐渐加大。保健品的巨大市场潜力吸引了大批的企业进入，加上国外保健品巨头不断加大力度开发国内市场，市场竞争更为激烈。而随着新政策的出台，尽管政府对保健品的管理效率提高，但从产品的技术审批难度提高，生产要求采用GMP认证，加大对广告宣传的控制等政策来看明显加强了对保健品的市场监管。

占据保健品较大销售量/额的依然是抗疲劳、调节血脂、免疫调节等几类主要功能产品。

保健品的价位偏高。保健品市场是消费品市场，购买行为主要是消费者个人购买行为，因此作为日常消费的保健品与居民消费水平相关。而保健品的高利润、高需求弹性为进一步降低价格提供了客观基础。

消费者对保健品的消费行为发生了很大变化。家庭使用成为消费者购买的主要目的，而送礼则成为次要目的。因此，效果好而又实惠的保健品受到了更多人的欢迎。保健品的购买人群与消费人群的区别在缩小，朋友介绍与口碑宣传在消费者的信息获取渠道中越来越重要，消费的季节性越来越模糊等。

消费者的选择渠道日益多样化。以超市和连锁药店为主、直销为辅的流通渠道成为保健品的主要销售通道。

消费者更青睐差异化营销。以倡导个性化服务为特征的营销模式成为保健品市场的热门话题，个性化需求与服务、亲情化售后服务成为亮点。

（2）保健品行业发展的趋势预测。

"边缘食品"、天然生物、中药是优先发展品种：对市场的细分突出适宜性和针对性，要充分利用市场间隙，开发"边缘食品"；天然生物保健品及高科技含量的中药保健食品市场潜力巨大。

中国保健品行业投资方向推荐的功能产品：抗疲劳、调节血脂保健品，维生素矿物质类保健品，具有改善睡眠、调理女性更年期等功能的保健品在未来几年内具有巨大的发展潜力。

"套餐"成为欧美流行保健食品的新形式，也在我国风行。

最终具有市场竞争力的企业是有着准确的品牌定位和着重于形象构建、保健知识和品牌宣传的企业。

## 3.6 营销策略组合

**理解营销计划：**

营销计划是一个以年度为基准的计划，它着眼于与营销组合变量（产品、价格、分销和促销）有关的决策。

在分析完市场营销环境之后，下一步就是在分析的基础上制定营销策略。千万不要忽略营销策略在商业计划书中的重要性，它常常是企业融资失败的主要原因。

在商业计划书的营销部分，应该主要从四个方面入手详述企业的营销策略——产品（Product）、价格（Price）、渠道（Place）和促销（Promotion），即"4P"战略。

### 3.6.1 产品定位策略

位于“4P”之首的策略是产品策略（产品也是产品或服务的简称）。许多现代企业遇到的首要问题就是产品问题，因为它不仅仅指为用户服务。现代企业要对产品重新做出定义，使其涵盖企业提供的各种服务。

1. 确定产品的整体概念

人们通常理解的产品是具有某种特定物质形状和用途的物体，如毛巾、衣服、冰箱等。这是生产观念的传统看法，是对产品的一种狭义理解。从市场观念来看，产品的概念应包括更广泛的内容。广义的产品是指向市场提供的、能满足人们某种需要和利益的物质产品和非物质形态的服务。物质产品包括产品的实体及其品质、特色、式样、品牌和包装等，能满足人们对使用价值的需要。非物质形态的服务包括售后服务和保证、销售声誉、产品形象等，能满足人们心理上的需要，给顾客带来利益和心理上的满足感。

现代的产品概念：产品＝实体+服务。这就是产品的整体概念。

产品的整体概念包括三个层次：核心产品、有形产品和附加产品。核心产品也称实质产品，是指企业提供给顾客的基本效用或利益，是顾客需求的核心内容，包括产品的品质、功能、效用等，如人们购买化妆品是为了护肤美容。有形产品是指产品的实体，由质量、款式、特点、商标及包装 5 个要素构成。附加产品是指顾客购买产品时所得到的其他利益的总和，它能给顾客带来更多的利益和更大的满足，如安装、维修、咨询、贷款、仓储等服务。

2. 产品的品牌策略和包装策略

1）品牌策略

品牌是一个名称、术语、符号、标记，或是这些因素的组合，用以识别企业的产品或服务，并区别于其他竞争者。商标则是品牌的一部分，在工商行政管理部门注册后受法律保护。商标拥有者具有专用权，可以有偿转让。

品牌策略是产品策略的组成部分，是指企业依据产品状况和市场情况，合理、有效地运用品牌的策略。品牌策略通常有以下几种。

（1）统一品牌策略是指企业经营的所有系列的产品使用同一品牌的策略。使用统一品牌，有利于建立企业识别系统。这种策略可以使推广新产品的成本降低，节省大量广告费用。如果企业声誉甚佳，新产品销售必将强劲。统一品牌策略是推出新产品最简便的方法。采用这种策略的企业必须对所有产品的质量严格控制，以维护品牌声誉。

（2）个别品牌策略是指企业不同系列的产品，分别采用不同的品牌。这种策略的优点是可把个别产品的成败同企业的声誉分开，不至于因个别产品信誉不佳而影响其他产品，不会对企业的整体形象造成不良后果。但实行这种策略，企业的广告费用开支很大。

（3）扩展品牌策略是指企业利用市场上已有一定声誉的品牌，推出改进型产品或新产品。采用这种策略，既能节省推销费用，又能迅速打开市场。这种策略的实施有一个前提，即扩展的品牌在市场上已有较高的声誉，扩展的产品也必须是与之相适应的优良产品。否则，会影响产品的销售或损害已有品牌的声誉。

品牌策略在企业发展过程中具有十分重要的作用和地位，品牌概念甚至可以影响消费习惯、引导消费潮流。一旦消费者对品牌建立起具体概念，要改变都会是困难的，需要付出代价。品牌设计一般有以下几点要求。

（1）能显示有关产品的优点，包括用途、特性与品质。

（2）力求文字简明，易于拼读、发音、辨认与记忆，这样可以借助广告宣传，使品牌在短时间内为广大消费者接受和牢记。

（3）有特色，与其他品牌有显著的差异。

（4）品牌设计要满足消费者的心理要求，适应消费者的喜爱和偏好，避免消费者产生心理上的反感和其他错觉。在设计产品品牌时，应尊重各国的规定和风俗习惯，注意国际贸易的习惯。

（5）要遵守《中华人民共和国商标法》，申请注册登记，以便得到法律保障。

2）包装策略

包装是指产品的容器与其他包装物，如包装袋、包装箱等。包装是整体产品中形式产品的组成部分，越来越受到人们的重视。包装策略是指对产品包装的形式、结构、方法、使用材料等所采取的各种策略。常用的包装策略有以下几种。

（1）类似包装策略，也称统一包装策略或产品线包装策略。企业将所经营的各种产品，在包装上采用相同的图案、色彩等。

（2）综合包装策略，也称配套包装策略。企业把各种相关联的产品放在同一包装物中，如化妆盒、针线包、医药包等。

（3）再使用包装策略，也称多用途包装策略。消费者在使用完产品以后，原包装物可做其他用途。

（4）等级包装策略。等级不同的产品进行不同的包装。

（5）附赠品包装策略。在产品包装内附赠物品以促使消费者购买。

（6）创新包装策略。随着产品的更新和市场的变化，企业相应改变包装设计。在消费者眼中，不同的包装就意味着不同的产品。

### 3.6.2 价格定位策略

对企业而言，为产品定价永远是重要、困难且具有风险的工作。价格通常影响着一个产品被市场接受的程度，影响着产品及其销售者的形象，影响着竞争对手的经营战略与行动，影响着企业的销售收入和利润。创业企业因其技术的不确定性和市场的不确定性，一方面，使定价工作中不可把握的因素增多，从而使难度大增；另一方面，使定价在企业营销活动中，对上述诸因素的影响程度更为明显。因此，研究定价策略对创业企业而言，相当重要。

产品价格构成是指构成产品价格的各要素在价格中的相互关系。从经济学的观点来看，产品的价格由生产成本、流通费用、税金、利润四个要素综合构成。具体而言，价格主要与需求、供给、成本、竞争状态有着密切的关系。

1. 定价目标

对创业企业而言，确定定价目标是首先考虑的问题。看起来，定价目标似乎是为了获取最大利润，但在实际工作中企业很难搜集与利润最大化有关的成本、需求量和竞争对手活动等方面的完整信息，且这些方面的影响因素复杂多变。因此，单纯以利润最大化为目标，往往难以实现，有时甚至事与愿违。许多企业认识到这一点，考虑到其他非价格因素对企业长期利润的影响，纷纷确定与其产品特点、企业间竞争状况相适应的多重目标或其他目标。总之，价格形成要坚持动态的应变观点，在价格形成过程中，最关键的依据是市场，许多企业将市场类似产品的价格确定为自身产品价格的参照目标，最基本的目标是企业的收益与发展。实践中这些目标反映在以下几个方面。

（1）满意的投资报酬率目标。有些企业认为，以定价为手段来获取最大利润可能有损于企业的声誉，对企业长期发展不利，因此要选择自认为合理且满意的投资报酬率为目标，也可以用净销售收入利润率来代替投资报酬率。

（2）快速回收目标。有些企业认为经营创业企业本身就是一种高投入、高风险的事业。盈利率高与风险大是相伴相随的。只要有成功的可能，就应以最快的速度尽可能抬高利润水平，加快投资回收，定价即以这一目标为基础而展开。

（3）市场渗透目标。这是一种尽快扩大产品影响、提高市场占有率的目标，与快速回收目标的出发点正好相反，它从企业长期利益方面考虑。当产品需要立即转入并大规模占领市场时，企业往往以此为目标。

（4）以应对竞争为目标。现代市场的竞争愈演愈烈，企业为了及时把握时机，需要采取有效的价格对策。

从本质上讲，价格由市场决定，掌握在消费者手中，即使拥有绝对的垄断地位，消费者依然可以因为消费能力、是否值得消费而决定是否购买产品。而且，价格一经确定，再做调整都将是件困难的事（无论涨还是跌）。因此，定价是一件既兴奋又痛苦的事情，应慎之又慎。

2. 定价步骤

创业企业在制定价格时，一般有以下步骤：确定生产成本及销售环节的成本；选择定价目标；估算该商品的市场需求量（也可先考虑此点）；测算该产品的需求价格弹性；分析竞争对手的反应；选择与上述诸项分析内容相适应的价格策略；制定具体的价格；考虑与企业其他营销策略的配合等。

对于不同的企业、不同产品及处于不同生命周期的产品，特别是高技术产品，按其技术含量的不同，应采取与之相适应的定价策略和方法。可供选择的策略和方法有很多，可归纳为按需求导向、按技术导向、按成本导向和按竞争导向。按需求导向的主要方法有区分需求弹性定价、市场价格倒推定价、撇脂定价、渗透定价、心理因素定价、生命周期定价等；按技术导向的主要方法有理解价值定价、产品线组合定价等。

### 3.6.3 分销渠道策略

分销渠道也称为销售渠道、分配渠道或营销渠道，是市场营销理论特有的概念。它是指产品的所有权从生产者向顾客转移过程中所经过的途径或通道。

1. 影响分销渠道的因素

（1）产品特点。产品种类繁多，特点各异，应按其特点选择相应的渠道。对体积大、分量重、价值高、易腐烂变质的产品和技术性强又需要售后服务的产品，应尽量减少中转环节或采用直接销售形式；对日用百货及生产资料中通用的、标准的产品，则可以经过中间商进行分销。

（2）市场因素。影响分销渠道的市场因素有市场范围的大小、用户购买数量的多少、消费者的购买习惯、市场销售的季节性和竞争对手采用的销售渠道等。市场范围小且集中、消费者数量少的产品，宜采用直接销售形式；相反，就可采用间接销售形式。如果消费者每次购买的数量较多，宜直接向生产企业购买或只经过一个中间商；相反，就应采用多级的分销渠道。一般日用消费品的销售网点多而分散，宜采用广泛的分销渠道。带有季节性的商品销售时间集中，应充分发挥中间商的作用，以便不失时机地组织好销售工作。一般来说，采用与竞争对手相同的销售渠道，比较易于占领市场。除非确有必要改变和把握较大，否则不宜另选渠道。

（3）企业本身的条件。企业声誉的高低、资金和销售力量的强弱等也会影响分销渠道的选择，如生产企业的声誉高、资金雄厚、销售力量强、销售管理的经验多，可采用短渠道策略。

2. 分销的基本策略

（1）广泛分销策略。通常用于日用消费品和工业品中标准化、通用化程度较高的产品的分销。因为这类产品的消费者偏重于产品能否迅速又方便地满足需求而不太重视品牌商标，其生产者则希望自己的产品能尽量扩大销路，使广大消费者能及时、方便地买到所需的产品。所以，这类产品的生产者往往采用广泛分销策略。这种策略的特点是，采用间接销售方式，同时选择较多的批发商和零售商来推销产品。

（2）有选择的分销策略。这种策略也是采用间接销售方式，但是生产者只在一定的市场中选择少数中间商。这种策略适用于销售消费品中的选购品、特殊品和工业品中的零件，因为这些产品的消费者和使用者往往注重品牌。

（3）独家专营分销策略。这种策略也是采用间接销售方式，但生产者在一定时期内，在一定地区只选择一家批发商或零售商来推销本企业的产品。通常双方订有书面协议，中间商不得代销其他产品。

（4）直接销售策略与间接销售策略。直接销售具有许多优点。①销售及时。由于直接销售时生产者和消费者之间的交易活动不经过流通领域中的中间环节，这样就可以简化流通过程，缩短流通时间。②节约费用。由于流通时间的缩短和中间环节的减少，相应地节约了流通资金占用量，减少了流通过程中人力、物力和财力的消耗和流通过程中产品的损耗，从而节约了销售费用。③了解市场。直接销售使产需双方直接接触，从而可以加强双方的了解和协作，生产者可以直接掌握市场需要，掌握消费者对产品质量等各方面的意见，有利于企业生产适销对路的产品。④提供服务。直接销售能使消费者得到企业更直接的服务，保证产品合理和可靠地被使用，有利于企业扩大产品的销路。⑤控制价格，增加利润。直接销售使生产者对产品价格有较大的自主权，并且当价格高于批发价时，使企业能增加销售利润。

随着商品经济的发展，间接销售具有客观必然性。对生产者而言，间接销售的主要优点如下。①简化了交易过程，减少了生产者的销售工作量，同时又方便了消费者。②有利于生产企业集中力量搞好生产。③间接销售使生产企业既能减少销售费用，又能更快地取得销售收入，从而减少了流动资金的占用量。④调节产需关系，有中间商参与的间接销售，能发挥各种经销单位集中、平衡和扩散产品的功能，有效地调节产需关系，解决产需之间数量和品种要求方面的矛盾。

（5）长渠道与短渠道策略。间接销售不一定只经过一个层次的中间环节，也不一定只经过一种类型的中间环节。分销策略的制定，不仅要在直接销售和间接销售两种策略中进行选择，还要在间接销售的多种途径中做出抉择。一般说来，在销售量一定时，如果每个中间商的销售能力大，则中间商配置层次就少；反之则多。技术性较强的产品，由于销售技术服务要求较高，不宜采用长渠道和配置太多的中间商，必要时在一个区域只设置一个特约中间商；而对消费者选择性不强，要求方便购买的产品，则可以在市场区域配置较多的中间商。另外，考虑企业本身的销售能力和财力，如果企业销售能力强，运输和存储条件好，财力负担和销售收益又合理时，则可减少中间环节，直接销售给零售商或消费者。

随着物联网技术的大面积应用，传统销售模式正在发生着根本性变革，产品信息、价格等愈发公开透明，生产者与消费者见面愈发简洁快速，以往多采用中间商建立销售渠道的方式正日渐萎缩，创业者要充分利用好这一变化。

### 3.6.4 促销组合策略

1. 促销的基本理论

促销的全称为销售促进，也称营业推广或销售推广，英文为 Sales Promotion（SP）。按照美国市场营销学会（AMA）的定义，销售促进是指“人员推销、广告和公共关系以外的，用以增进消费者购买和交易效益的那些促销活动，如陈列、展览会、展示会等不规则的非周期性发生的销售努力”。世界著名营销专家菲利普・科特勒 1988 年对销售促进所下的定义：“销售促进是刺激消费者或中间商迅速或大量购买某一特定产品的促销手段，包含了各种短期的促销工具”。销售促进具有以下几个基本特征：时效性、刺激性、多样性、直接性。

2. 选择促销工具

选择促销工具是指企业为了达到促销目标而选择最恰当的促销工具。促销工具选择得当，可收到事半功倍的效果；相反，若工具选择不当，则可能与促销目标南辕北辙。所以，选择促销工具时应注意以下三个因素，即促销目标因素、产品因素和企业自身因素。促销目标因素是指选择的工具必须能最有利于达到所制定的促销目标。产品因素是指选择促销工具时要考虑产品的类型和所处的生命周期，在不同的生命周期使用不同的促销工具。企业自身因素是指充分考虑企业自身的优劣势和可利用资源，选择的促销工具要符合企业自身的外在形象。

通常的促销工具大致分为对消费者、对中间商和对企业内部三大类。对消费者的促销工具：消费者教育、消费者组织化、发布会、展示会、赠送样品、邮寄广告、宣传册、赠品广告、奖品奖金；对中间商的促销工具：折扣政策、销售竞赛、企业内部刊物、从业员工教育、广告技术合作、派遣店员、POP 广告等；对企业内部的促销工具：企业内部公共关系、营销人员销售竞赛、营销业务员教育培训、销售用具制作、促销手册等。

3. 组合促销

组合促销是指企业为达到特定目的而弹性运用若干促销工具、促销方法，包括人员推销、广告、公关宣传和适时促销等。组合促销的目的在于将企业的产品或服务告知消费者、说服消费者，并促使消费者购买。

组合促销内的各个工具分别有着不同的影响力，如公关宣传在消费者产生认知和兴趣阶段有强烈的影响力，可使消费者形成对企业或产品的好感；人员推销由于面对面的交流，在评价、试用、催促、采用阶段，有重大影响力。

运用组合促销时还要考虑产品的属性与特殊性，如对一个以销售工业用品为主的企业而言，也许全部依赖人员推销；相反地，消费品生产厂商，可能以广告为主。对一家厂商有效的促销方法，对另一家可能毫无用处。将类似产品销往同一市场的厂商，运用不同的促销组合，也可成功地达成其目标。这就要求营销部门在运用组合促销时，充分考虑不同产品、不同环境、不同客户或消费者，灵活调配，合理组合。

企业要说明如何行之有效地运用组合促销开拓市场，不要描述华而不实的宏大市场开发计划，而要清晰描述可行的、马上可以实施的组合促销。

### 3.6.5 渗透当代的市场营销组合理念

在商业计划书中除描述企业常规的市场营销策略外，还要渗透当代的市场营销组合理念，突出企业的市场导向，吸引风险投资人。

1. 劳特朋教授的 4C 理论

进入 20 世纪 90 年代，社会发生了巨大的变化，信息技术革命所带来的对企业生产经营及社会文化方面的冲击，使产品的生命周期缩短，技术创新不断，生产工艺更加现代化，单位产品的生产成本大幅下降，人们的消费理念和消费行为日益感性化和个性化。在这种环境下，1990 年，美国学者劳特朋教授提出了与传统营销 4P 理论相对应的 4C 理论。消费者（Consumer）的需求与欲望，不要再卖你能制造的产品，而要卖消费者确定想要买的产品；消费者愿意付出的成本（Cost），暂时忘掉定价策略，了解消费者要满足其需求和欲望所愿意付出的成本；购买商品的便利（Convenience），忘掉渠道策略，应当思考如何给消费者方便以购得产品；沟通（Communication），忘掉促销，20 世纪 90 年代以后的新词汇应该是沟通。4C 理论的提出引起了营销界及工商界的极大反响，从而也成为整个营销理论的核心。

2. 舒尔茨的 4R 营销组合理论

21 世纪以来，我们所处的市场环境依然处于不断的变化之中，于是又有了营销组合理论的第四个阶段。20 世纪 90 年代，美国学者舒尔茨提出了 4R 营销组合理论，即市场营销应包含以下 4 个要素：关联、反应、关系和回报。第一个要素是关联（Relevant），是指在竞争环境中，厂商必须时刻关注消费者的需求及其变化，提高消费者的满意度和忠诚度，降低消费者转换的成本，同时必须注意与上游厂商形成一个卓越的价值让渡系统或战略网，提高整个战略网的竞争力；第二个要素是反应（Reaction），是指厂商应在消费者的需求发生变化时，甚至是变化前做出适当的反应，以便与消费者的需求变化相适应；第三个要素是关系（Relation），即关系营销，厂商应当与消费者建立长期、稳定且密切的关系，降低消费者流失率，建立消费者数据库，开展数据库营销，从而降低营销费用；第四个要素是回报（Return），指企业营销的真正动机在于为企业带来短期的利润回报和长期的价值回报，这是营销的根本出发点和目标。

**关于市场营销策略：**

任何一个风险投资人都十分关心你的新产品或服务的未来的市场营销策略，因为市场营销极富挑战性，市场营销策略的设计可以充分展示你的创业能力。

风险投资人希望了解企业的产品从生产现场到达最终用户手中的全过程。因此，在商业计划书中，你的市场营销策略应该说明以下问题：

- 营销机构和营销队伍；
- 营销渠道的选择和营销网络的构建；
- 广告策略和促销策略；
- 价格策略；
- 市场渗透与开拓计划；
- 市场营销中意外情况的应急对策等。

### 案例 3.9　××公司商业计划书“市场营销”部分

1. 市场计划

我们的工作主要是提供系统方案，销售对象是全国各级广电局和网络公司。针对这种市场模式，比较成功的销售方式是直接销售方式。对某些硬件产品，也可以同时建立分销渠道。

我们将综合考虑以直接销售、OEM 销售、建立分销渠道等方式来促进销售。目前，我们还没有考虑建立面向国际市场的销售网络。

为将营销开支控制在最低和最佳的状态，我们将按业务发展的实际需求逐步地建立自己的直接销售网络；从一开始，就积极促进 OEM 销售；同时，根据市场契机随时建立同分销商的合作关系。

广告宣传是非常重要的。我们将采用广告宣传方式来宣传我们的产品。

2. 直接销售

直接销售方式将是我们的主要销售方式，因为我们面对的客户是行业用户，主要是各级广电局，以及部分专网用户，用户群体并不大，直接销售方式是最有效的方式。

我们的销售人员将在各省同我们的客户建立直接、频繁的联系，部分销售人员是在当地招聘的,以利用他们对当地情况熟悉的优势,并可降低工资成本。

这样一个面向全国的直接销售网络，将是我们战胜国外厂商的一个重要手段，是实现公司总体战略的重要一环。国外厂商在国内的销售网点通常不会很多，一般只在北京、上海、广州、深圳等几个大城市建立有限的几个销售点，它们这样的几个销售网点是无法同我们庞大的销售网络抗衡的。

3. OEM 销售

在两年以内，我们将把 OEM 销售作为一种重要的销售方式。

传统通信厂商的销售渠道也是面向行业用户的，它们的销售渠道适合于系统销售产品。但是，在这几家厂商的产品中，基本没有我们的同类产品。而在某些省份和地区，我们的客户把 DVB 产品和 SDH 传输产品结合起来招标，或者尽管没有结合起来招标，但是客户倾向于使用同一个厂家的产品，这意味着 DVB 产品和 SDH 产品的结合将有利于产品的销售。这几个厂商为了弥补自己产品的空白，将乐于联合第三方企业提供的 DVB 产品共同争取市场，因此我们将积极商谈以 OEM 销售方式向这些厂商提供产品的可能性。

4. 分销商

这里所说的分销商不是传统意义上的分销商，而是依据国情，制定的一种灵活的销售手段。有些省份或者地区，有一些小代理商或者贸易商，同当地广电局的领导有着密切的联系，甚至于这些代理商本身就是这些领导的亲属或者代言人。我们可以在这些省份或者这些地区，或者针对某个特定的订单，同这些代理商建立合作,让他们代理我们的产品,利用他们的关系占领当地的市场。

作为一个小企业，我们有决策快、方式灵活的优势。只要能找到这样的代理商，我们完全可以在短期内同其建立合作关系。而对于传统的通信厂商而言，由于决策链很长、销售额有限，其很难采用这样的方式。

5. 市场的特点

广电市场有如下特点。

各级广电部门普遍缺乏资金，试图从民间通过多种渠道引进资金。然而正是由于资金来自多种渠道，决策不统一，在购买设备的时候，省局管不了市局、县局，各市、县自己就有决策能力，因此市场处于无秩序状态，这有利于中小企业的发展。

由于广电部门刚刚实施企业化改组，在运营上没有足够的人才和经验，在决策的时候必然带有较多的人为因素。因此，市场处于公关型市场阶段，市场公关能发挥较大的作用。

6. 定价原则

我们的定价原则是，在产品的生产成本在销售价格中所占的比重低于 35% 的情况下，保持产品的价格始终低于主要竞争对手产品的价格。我们最终的定价原则是根据市场价格形势和毛利目标定价。

依据上述原则，从 DVB 产品的市场价格来看，预计至少在两年内可以保持价格优势。该定价原则的主要依据是我们的产品成本相对低廉，利润相对丰厚，我们有空间实施低成本扩张策略。

我们将按照季度来审查价格，以保证基本利润不受损失。

7. 市场推广

积极有力的市场推广是走向胜利的关键之一，我们将采用如下的方法来加大促销力度。

（1）贸易展销会。

中华人民共和国广播电视总局每年组织两次广电产品展销会，春季在北京，秋季在杭州。前来参观的观众主要是全国各地的广电部门的领导或者工作人员，因此这两次展销会是两次极为宝贵的展销自己产品的机会。我们将参加这两次展销会，并在会上展示自己的产品。

（2）广告宣传。

资金到位后，我们将设计出宣传手册，发行对象主要是目标顾客。每当推出新产品，或者推出产品的新版本，就要印刷宣传手册。对于主要的用户，这些宣传手册将由销售人员直接送过去；对于其他用户，将通过邮寄的办法送过去。我们还将在广电、电信等行业的主要新闻媒体上刊登广告，如《广播电视信息》《世界宽带网络》等。

（3）现场展示会。

经过一段时间的试运行后，在产品运行稳定、用户满意的情况下，我们将组织几次现场展示会，邀请相关省份的领导前来参观，以宣传产品、扩大影响。

（4）组织培训。

我们将组织广电部门的技术人员到公司来学习培训，学习公司产品的原理、使用、操作等技术，以扩大影响，并在他们心中留下积极的印象。

公司将在行业内的相关知名网站上，如中国广播电视信息网等，发表新闻和特别报道。公司还将建立公司自己的网站，以宣传自己的产品。

## 3.7 生产与经营

无论多么完美的设想，最终都要落到具体的实施上。

这一部分也是风险投资人非常关注的内容。“经营”是一个描述如何购买原材料、组织生产、组织待售产品及服务的术语。它的内容广泛，包括原材料的来源、劳动力的雇用、设备的获得和成品的运输。投资人经常仔细阅读商业计划书中的生产与经营部分，他们大多是这方面的专家，有着浓厚的兴趣，且喜欢讨论这些问题。事实上，这部分内容很容易写得过于详细，像技术论文，使人弄不清生产与经营的要点。在生产型、销售型和服务型企业的商业计划书中，这部分的内容各不相同。如果是生产型企业，则必须向风险投资人介绍企业的基础设施，已经拥有和将要购置的生产设施和设备，并且列出切实可行的生产计划和生产过程管理办法。如果是销售型和服务型企业，则必须在这一部分描述自己的雇员、位置优势和信息优势等。

### 3.7.1 生产型企业

拟订生产经营部分的基本原则是，只谈论主要方面——原材料、劳动力、设备和生产过程（提供主要细节）、生产与经营的关键和能带来竞争优势的部分。如果能做到这一点，回答投资人关于生产与经营部分的问题时，就不会喧宾夺主了。

1. 设施介绍

（1）基础设施部分主要是对水、气、电、热、通信、道路、环保等配套设施的情况做概略介绍。

（2）生产设施部分主要描述企业所拥有的房地产或租用的办公室和工厂，指出工厂的面积大小和单位面积价格，以及相关固定资产和生产设备等。风险投资人需要通过本部分来判断现有生产设施能否满足创业企业发展的需要。

如果工厂在一年后就需要搬迁，那么企业要持续快速发展就有一定困难。值得提醒的是，有些风险投资人不喜欢投资那些在很短的时间内就要搬迁的企业，他们认为这种搬迁会损害企业效益的增长，除非你有充分的理由。

（3）设备。规模生产某种产品自然需要设备。生产型企业需要某种设备，如轿车、卡车、计算机、电话系统、复合金属、加工木材、塑料成型，以及将原材料加工成产品所需要的各类机器设备。

许多设备很昂贵，而且一旦购入很难移动或售出，投资人自然会对这部分内容很关注。商业计划书应以独立的章节描述恒温箱、钻压机、叉车、印刷机及其他所需设备。

商业计划书的这部分不能太长，但一定要完整。列出预计需要购买的每一种较大的设备，包括特征、操作及成本；对于需要购置的昂贵设备，一定要说明必要性，银行和投资人不愿看到购入设备再出售时的价格远远低于买入时的价格。一般来讲，处置已购设备时，标准设备还具有一定的价值，而非标设备基本上就只能当废品处理了。

这部分内容主要包括以下几个方面。

（1）本企业已有或打算购买的主要设备。

（2）固定资产总额及可变现价值。

（3）使用现有设备能达到的产值和产量。

（4）设备采购周期。

风险投资人要通过此部分了解企业设备采购的难度。如果难度较大而企业目前又是满负荷生产，那么要提高生产能力就得有相当长的一段时间来采购新增设备。风险投资人还需要了解企业设备的复杂程度和设备运转有无技能方面的特殊要求。如果对技能的要求较高，那么他会问："招聘这些特殊雇员的难度大不大？"此外，如果设备具有专用性，那么出售起来就比较困难，因此其抵押价值就较低。所有这些在风险投资人看来都很重要。

#### 2. 生产过程组织

生产过程是指从原材料开始，经过一系列的加工，直至产品生产出来的全部过程。生产过程的组织管理是否科学有效，直接关系到所生产的产品是否能满足消费者的要求。虽然产品开发、市场营销和销售渠道起着重要作用，但真正将本企业与其他同类企业区别开的是生产过程。生产过程越先进，成功的可能性越大。也就是说，生产过程是企业的指路明灯。因此，生产过程也是风险投资人所关注的。

在本部分要回答下面主要问题。

（1）产品生产过程及生产工艺复杂与否？成熟与否？

（2）是否需要员工具有特殊生产技能？

（3）生产过程中哪几个环节最为关键？

（4）生产所需的零部件种类繁多还是只有少数几种？

（5）哪一种或哪几种零部件最为关键？

（6）产品实际附加值有多高？

（7）你正在计划什么样的生产过程？

（8）你的生产量将有多大？

（9）你需要什么样的生产工具？

（10）在计划中有怎样的质量检测手段？

该部分主要是对产品生产过程及影响生产的主要因素进行介绍，重点是生产成本的分析与介绍。此外，风险投资人需要创业者对产品销售成本的构成做出分析。

在描述生产过程时，要突出一些先进的生产组织理念和方法，如准时化生产、看板管理（看板是记载有前道工序应生产的零件号、零件名称、数量、运送时间、地点、运送容器等内容的卡片或其他形式的信息载体，看板管理的特点可以概括为实行后道工序向前道工序的“取货制”）等。

该部分应对存在的生产不确定性因素进行描述。例如，一种模型从未在生产线上建立过，因此是否能够建立这种模型就是一种不确定性因素。

#### 3. 劳动力和原材料

企业把劳动力和原材料结合起来生产产品。有关这两项重要投入的任何问题都将给企业（制造商）和投资人带来麻烦。

在商业计划书中，创业者应表明有足够且可靠的物资可以研发生产自己的产品，估算对原材料的需求量，简述供应商的背景，及一旦发生问题有何后备资源。例如，国内企业有时因春运或用工荒找不到足够人手，甚至陷入瘫痪。

首先，估计所需要的人员数量和类型。刚成立的企业可考察竞争对手的人员情况，也可借助其他企业的现成经验。已成立一段时间的企业可根据现存业务估计人员需求。其次，说明如何合理地雇用所需的人员。创业者要了解当地劳动力市场、失业率及工资水平，某些信息还可以从商会处获得。

#### 4. 库存控制

1）库存管理

许多企业忽视库存对利润的影响。如果购买超过实际需要的原材料，或有产成品大量积压在仓库内，都表明有大量的资金压在原材料和产品上，所有这些原材料和产品放在仓库里，不仅占用空间，还占用大量的资金，会直接降低企业的利润。

但是，如果库存不够，则有时无法实现销售。企业都害怕一旦收到大量订单却没有足够的库存，这时不仅会丢失一次交易，还可能丢失一名顾客。这就是保持低库存的危险性。解决上述问题的办法是建立一套库存控制系统，加强从销售到生产，再到采购等环节的信息流动。这种信息流动可以减少主观猜测成分，可以知道每日的销售情况，使库存保持合理的水平。由于计算机和通信技术的广泛应用，许多企业已经或正在实施零库存计划。

供应商也可以为企业库存管理提供帮助。企业可以和他们合作，尽量缩短交货期，减少最低订货量的要求。一般大企业常常和供应商有密切的关系，供应商提供给其各方面的优惠政策。小企业也可以和供应商协商，建立一种战略合作伙伴关系，以在价格、交货期、最低订货量等方面具有更大的灵活性。

2）库存管理的方法

库存管理的方法之一是及时质量管理系统。这个系统的重点是把库存保持在一个仅可以满足交货的水平。这样的库存全部取决于良好的信息交流系统和与供应商的良好关系。在进行信息交流时需要信息管理系统。通常，通过信息管理系统可以实现信息交流和管理，包括向供应商订货、查询库存量、查看销售记录等。每家企业的生产和管理情况各不相同，所以适用于企业的好的信息管理系统要由计算机软件方面的专家和企业共同合作才可以制造出来。

在商业计划书中还需要讨论如何评价和记录库存。通常有两种方法：后进先出法和先进先出法。采用哪一种方法与税收有关，可以先与财务专家商量。

### 3.7.2　销售型企业

销售型企业是指自己不生产产品，只销售其他企业产品的企业，包括商场、连锁店、经销公司等，其销售范围包括专业产品、耐用消费品和快速消费品等，是生产型企业和消费者之间的渠道。作为销售型企业的创业企业多数提供专业产品的销售与维修服务。

与生产型企业的运营比较起来，销售型企业的运营模式显得相对简单，一般为采购、运输、把产品卖给顾客或是提供必需的技术服务，一般无须运用高精尖的技术或开展复杂的内部运营。但这并不是说，销售型企业的运营管理就轻而易举。

#### 1. 员工管理

对于许多销售型企业来说，员工的主观能动性是其创造产值的动力，尤其是销售人员的表现直接决定了企业的命运，因而员工管理就成为销售型企业运营的核心问题。

销售型企业的员工管理必须抓住运营过程中的几个关键点——销售过程表现（查岗考勤）、销售流程执行（报表审计）、销售费用控制（费用核查）等，以沟通协作为主线，逐步了解和改变员工核心人物或群体的思想，引导员工进行变革。

一些销售型企业在员工管理上存在简单化和粗暴化的问题，企业负责人一味追求建立自己的权威，随心所欲地进行奖惩，而忽视了管理的规范化。这样不仅得不到其自身想要的效果，反而会进一步激化企业管理层和员工核心人物或群体的矛盾。最终结果就是企业运营过程演变为员工和老板之间的权力斗争，其中一方倒下后重新建立新的秩序。当然，这是创业企业最不愿意出现的结果，会严重阻碍企业的进一步发展。

销售型企业运营管理的关键是创业者必须选对销售部门的负责人，这个人是企业运营过程中管理层和员工之间的沟通桥梁和润滑剂，一方面促进企业规范运营，另一方面缓和员工和企业管理层之间的矛盾。同时，这个关键人物必须懂得销售型企业运营管理的精髓，而不能头痛医头，甚至打着为企业发展服务的幌子，为自己谋取利益与地位。

创业企业需要通过行为控制来进行员工和团队管理，为此在商业计划书中必须对员工管理予以高度重视。如果可能的话，可谈及重要职员，如设计人员、营销专家、采购员等的雇用合同。

### 2. 采购技巧

以合理的价格及时获得畅销产品的可靠货源是每一位经销商的重要技能。如果你有顾客要买的产品，而其他经销商没有，那么你的销量肯定会不错。相反如果你没有顾客所需的产品，那么就很难留住顾客，进而难以发展壮大。因此，在销售型企业的商业计划书中可把重点放在如何获得有竞争力产品的供应上，可叙述主要采购员的业绩，也可详述与相应产品制造商之间的长期供货协议。

### 3. 信息技术

先进科学的信息技术是企业改进管理的重要条件。如何利用它减少浪费、降低成本、提高效率、提高质量，如何利用技术创新手段来提升企业竞争力是企业内部管理方面最关注的问题。目前，在所有企业的运营中，信息技术显得越来越重要。销售型企业必须运用计算机联网来提高经营效率和反应速度，并以此来管理和利用顾客信息，许多服务型企业，如旅行社、财会部门和网站的运行更是与信息技术紧密相连。

风险投资人与时俱进，非常注重企业运营中的尖端技术应用，因为对他们而言，应用合适的尖端技术就意味着利润。如果企业已经使用或准备使用某项前景较好的技术来为顾客提供服务，就应当在商业计划书中列出。

### 3.7.3　服务型企业

服务型企业是指提供产品的保养、维修、咨询、保健或其他服务的企业。与生产型企业相比，服务型企业的最大特点就是人力资本在企业资本中的占比高，而机器设备占比则低一些。人力资本已经成为服务型企业的“第一资源”。

服务型企业的经营理念是一切以顾客的需求为中心，其工作重心是以产品为载体，为顾客提供完整的服务。在其利润总额中，提供服务所创造的利润占据重要比例。

与生产型企业相比，服务型企业更加重视满足顾客的直接要求，提高顾客的满意度和忠诚度。企业对外提供一项服务的成本主要是劳动力成本，员工的销售技巧和服务态度在很大程度上决定着工作效率和市场接受程度。另外，一项很好的创意、策划、发明、技术等往往是服务型企业走向成功的关键。正是从这个意义上讲，人力资源是服务型企业中最具活力和创造性的资产。

服务型企业在一定程度上讲就是“人”的企业，与生产型企业不同，服务型企业出售的是无形的服务，这些服务往往容易受到国家政策、法律、社会习俗和风尚等因素的影响，具有很高的易变性和可复制性。

国外的服务型企业经过多年发展，在提供服务方面已逐渐趋向成熟。它们拥有雄厚的资金、一定的客户群，建立了服务网络，在社会上树立了良好的企业形象。并且，这些企业积累了丰富的从业经验，提供服务的内容、方式已基本规范化，如 IBM 全球约 39.9 万员工中，一半以上是全球服务部的，服务网络遍布 160 多个国家和地区。

在国内生产型企业中，联想电脑曾率先提出向服务型企业转型，在境内外市场组建适合行业特点的高效率服务网络以满足顾客的需求，并努力对经销商为顾客所提供服务的质量进行有效的控制。

只要国内的服务型企业更新观念，不断提高自身管理水平，找准企业的市场定位，根据企业的生产经营特点，充分发挥自己的优势，也能够为顾客提供尽可能完美的服务。

### 3.7.4　内部协作及公共关系

随着企业规模的不断扩大，组织结构的日益复杂，企业内部的协作、沟通变得越来越有必要。企业中大部分工作是以项目的形式进行的，如产品开发、技术改造、组织变革、市场营销等，那么如何解决项目运行中经常出现的范围不清、进度拖期、费用超支等具体问题呢？

在企业实践中，人们普遍认为通过加强企业内部协作可以实现资源共享、协调战略、发挥整体优势。各大企业纷纷召开各种会议、成立跨部门团队、重构组织、设立激励制度，通过鼓励各业务部门共享资源和经验来完善内部协作。

在企业的内部协作中，每个部门或者每个人都可能既是供应商，又是客户。对于将工作成果交付给你的部门和个人而言，你是客户；而对于你将要把工作成果交付的下一个部门和个人而言，你是供应商。从这个角度出发，很多事情就显得尤为自然。

（1）不要自己认为自己的产品（工作成果）是出色的，它的优劣应该是由你的客户（下一个部门或个人）来进行评判的。

（2）你要做什么工作，或者说你能够提供哪些服务，应该由你的客户来决定，就如同你应该根据客户的需求提供产品一样。在一项需要协作进行的工作中，如果你的工作成果不能被下一个部门或个人应用，就毫无意义。

（3）你有权利向你的供应商（上一个部门或个人）提出你对于将要获得的产品（工作成果）的要求，也有义务向你的供应商反馈信息。

（4）服务意识是必须的，就如同产品营销一样，要时刻记得你需要为别人服务，也随时接受别人的服务，同时思考你能提供哪些服务，期望得到哪些服务，并随时和你的供应商和客户进行沟通。

只有树立了以上理念，才能建立起高质量、高效的企业内部协作机制。

作为社会的一部分，企业对外的公共关系处理日渐重要，主要包括政府关系、客户关系、合作伙伴关系（供应商、加工商、金融服务商等）、社会民众关系等。作为创业企业，要充分认识到公共关系的重要性，善于运用这一手段来塑造企业形象。

很多跨国企业都把公共关系建设的重点放在参与公益事业上来，如宝洁公司在全球范围内建立了一套成熟的赈灾模式，每当有重大灾害发生时，公司很快会捐赠出一笔现金，之后和当地政府和相关灾后救援机构合作，研究在更长远的时间内能够怎样更好地帮助灾区。

**最后提示：**

在这一部分，创业者应尽可能把新产品的生产制造及经营过程展示给风险投资人，主要的内容如下：

- 新产品的生产经营计划；
- 企业现有的生产技术能力；
- 品质控制和质量改进能力；
- 现有的生产设备或者将要购置的生产设备；
- 改进或者购置生产设备的成本；
- 现有的生产工艺流程。

## 案例 3.10　运作流程和功能设置部分

根据某纸业有限公司商业计划书部分改编。

1. 内部生产流程

内部生产流程如表 3-6 所示：

表 3-6　内部生产流程

<table>
<tr><td rowspan="3">支持行动</td><td colspan="5">技术发展（研发、流程改造、质量控制）</td></tr>
<tr><td colspan="5">物流管理（采购、仓储、运输）</td></tr>
<tr><td colspan="5">产品服务（维修、能源、热、水）</td></tr>
<tr><td>运作流程</td><td>配料</td><td>打浆</td><td>纸张成型</td><td>干燥</td><td>裁切、复卷</td></tr>
</table>

2. 功能设置和职责

为了达到生产目标，我们需要设置三个部门，即生产、研发和物流管理部门。每个部门的职责有具体的说明。另外，工人是否熟练决定能否生产出高质量的水果套袋，因此必须从一开始就对工人进行严格培训。

3. 运作方式

租用某一家造纸厂的生产流水线来代替投资建造一家新的造纸厂。

（1）理由。

为适应最初的生产需求，我们使用的是宽度为 1575 毫米的汽缸式机器（4 个汽缸）。我们选择租用一条生产线主要是基于以下理由。

分享规模经济：在最初的 5 年中，我们的生产量远远小于 8600 吨的经济产量，因此我们更偏向于向某家造纸厂租用一条生产线来分享其公共设施，换句话说，分享其规模经济。

节省投资：租用生产线的费用通常等于机器的折旧费。在案例中，每年的折旧费是 10 万元。而购买一条新的生产线的费用是 100 万元，还要加上每年至少 40 万元的能源供应、治污和蒸汽费用，因此租用一条生产线可以节省 93% 的费用，还降低了沉没成本。

节省维修费用：既然租用一条生产线，那我们就可以分享其他一些辅助设备，如蒸汽锅、能源输送管道等，而无须分担昂贵的维修费用。

有利于今后事业的扩展：我们长期的目标是成为水果套袋纸业的市场领导者，每年的生产量将超过 1 万吨。到那时，可以购买所有的固定设备而无须担忧原有设备的沉没成本。

（2）可行性。

在造纸厂租用一条生产线是一件普通的事。中国的造纸厂供大于求，许多造纸厂处境艰难；同时，还面临当地政府要求不得过分裁员的压力。因此，有许多造纸厂愿意甚至鼓励出借部分生产线，只要租借方承诺愿意雇用一部分原厂的工人。

在租用期间，我们会按实际使用量支付水费、电费和蒸汽费用。

4. 选址

满足我们需求的造纸厂位于长江流域的江苏省。

（1）选址原则。

①交通便利。

②项目负责人与当地政府有良好的关系，从而可以得到必要的支持。

③有良好的造纸工业背景，容易找到合适的造纸厂和熟练的工人。

④工人观念开放，能很快适应现代商业模式。

⑤劳动力成本低。

（2）选址比较。

我们大多数的原材料都是进口的，因此合适的地址应靠近中国的主要港口，如上海、天津和青岛。比较结果如表 3-7 所示。

表 3-7　比较结果

| 原　　则 | 江苏中南部 | 山东东南部 | 河北中南部 |
| --- | --- | --- | --- |
| 与供应商的距离 | √靠近上海 | 靠近青岛 | 靠近天津 |
| 与重要客户的距离 | 适当 | √近 | 适当 |
| 与当地政府的关系 | √良好 | 不熟 | 不熟 |
| 造纸工业基础 | √最好 | 好 | 普通 |
| 观念开放程度 | √最开放 | 一般 | 不开放 |
| 劳动力成本 | 低 | 更低 | √最低 |

从上述分析可以得出结论：江苏省中南部是最理想的位置。

5. 劳动力的需求

鉴于造纸机械一天 24 小时运转，我们需要全天候工作。通常造纸厂的工人会分 4 班，轮流倒班，每班工人工作 8 个小时。每天有早中晚三班工人工作，另一班工人休息。每隔一天换一班。

年产量等于或低于 4000 吨时所需劳动力如表 3-8 所示。

表 3-8　劳动力需求

| | 项　　目 | 独 立 纸 厂 | 租 用 机 器 |
| --- | --- | --- | --- |
| 需四个班组来运行 | 配料 | 1 | 1 |
| | 打浆 | 4 | 4 |
| | 成型 | 5 | 5 |
| | 一个班组 | 10 | 10 |
| 小计 | | 40 | 40 |

续表

| | 项　目 | 独立纸厂 | 租用机器 |
|---|---|---|---|
| 需一个班组来运行 | 裁切 | 2 | 2 |
| | 维修 | 12 | 6 |
| | 能源 | 50 | 0 |
| | 水治理 | 10 | 0 |
| 小计 | | 74 | 8 |
| 服务所需劳动力 | 仓储和运输 | 4 | 4 |
| | 质检 | 2 | 2 |
| | 采购 | 1 | 1 |
| | 研发 | 1 | 1 |
| 小计 | | 8 | 8 |
| 总计 | | 122 | 48 |

6. 研发

水果套袋是一种革新性产品，不断提高产量和研发新产品至关重要。我们的研发策略包括两个方面。

（1）职责。

① 调整生产流程以适应造纸机械。

② 根据用户的最终反馈提高产品质量。

③ 发展新产品，延长产品线——除苹果和梨以外，其他一些水果也开始使用水果套袋。我们可以研发桃子、葡萄和凤梨的套袋。水果套袋的销售发生困难，可以准备生产其他产品。

（2）策略。

① 建立研发实验室，履行上述职责，特别着重于研制新的配方和新的产品。

② 与其他一些研究院合作，研制新的化学附加原料或建立行业标准。部分合作者如下所示：河南林业大学、河北农业大学、辽宁水果研究院、江苏省产品测试中心。

（3）其他关键因素。

从长远利益出发，拥有技术诀窍是关键。因此，所有的化学原料的采购和组合均由主要经理负责，并在实验室内完成所有的配制工作。市场营销部应及时把市场需求反馈给研发部门。研发工作应被列入高层领导会议的议事日程。在实验室内完成小规模的测试后，副经理应协调生产部门和研发部门进行进一步的测试。公司应鼓励革新以保持行业内的领先地位，并制定相应的制度来保证这一点。

7. 物流管理

（1）原材料及配件的供应和采购。

采购是为了保证所有所需的原材料及机器维修备件都保持合理的库存水平。我们选用进口纤维（纸浆和废纸），因为它比国产纤维更牢固。

纸浆供应：纸浆在中国是需求量很大的商品，1997 年进口量达到 150 万吨。我们所需的牛皮纸纸浆 1997 年进口量也达到 12 万吨。市场上有成百上千个纸浆经销商，因此可以很容易地采购到所需的纸浆。

废纸供应：自 1995 年起，废纸的进口量超过了纸浆，1997 年时超过纸浆进口量 160 万吨。其进口渠道和纸浆的类似。纸浆和废纸供应供大于求，价格已连续 4 年保持稳定。作为最大的出口商和中国最大的供应商，美国的废纸价格已经多年保持稳定。

本地纸浆和废纸：如果进口纸浆和废纸价格急剧上升，我们会使用当地纸浆和废纸，唯一差别就是本地产品纤维的强度不如进口产品。我们可以通过使用更多的（大约 10%）化学添加剂来克服这个问题。

我们将从上海购买纸浆和废纸，因为上海是这些原材料最大的分销中心。标准的库存量为两个月的生产量，运输工具可以是货车或货船。

（2）库存控制。

① 保证两个月所需原材料的库存。

② 成品库存在旺季时保证 50 吨，在淡季时低于 25 吨。

（3）运输。

基本运输方式：常规产品价格是不包括厂外运输的。但如果客户需要，我们也可以安排运输服务，只是费用要由客户来承担。

时间安排：我们的成品库存量一般可以满足订购量。对于紧急订单，我们可以在一周内安排生产和运输。运输工具有火车、货车和货船。根据客户的所在地和所需运输量来决定。

（4）其他物流服务。

其他物流服务，包括电力、蒸汽和水的安全供应，我们会直接向造纸厂购买。消费量和费用如表 3-9 所示。

表 3-9 消费量和费用

| 项　目 | 消 费 量 | 单位价格/元 | 费用/元 |
|---|---|---|---|
| 电力/度 | 850 | 0.52 | 442 |
| 蒸汽/吨 | 2 | 85 | 170 |
| 水/吨 | 100 | 0.4 | 40 |
| 总费用 | | | 652 |

8. 质量控制

成品的质量将决定这个项目能否成功，因此质量控制是十分必要的。所有的质量控制工作由质检部负责。同时，质检部还要负责指导监督一线工人进行生产。质量控制工作从原材料的检查开始。

9. 产量计划

第一年的总产量为 1300 吨。

## 3.8 风险因素分析

任何事情都有风险，关键不是要消灭风险，而是要把风险降到最低。

在市场经济下，每一个投资人都关心其投资的风险与收益。风险投资之所以不同于一般意义上的投资，主要在于投资客体可能获取高额收益的同时，也承担着巨大的风险。一些统计资料表明，风险投资业务的失败率高达 70%～80%。许多投资人热衷于风险投资，因为在他们看来，风险投资的风险是可以通过科学的管理思想、管理方法和管理手段加以控制的，在承担了投资的高风险后，他们将获得高额回报。为此，风险投资人会对商业计划书中有关风险的分析非常重视。他们想尽可能地弄清楚创业企业可能面临的风险和风险大小，以及创业企业将采取何种措施降低或者防范风险、增加收益等。

### 3.8.1 描述风险种类

风险是在风险投资过程中客观存在的，它不只是存在于生产运营的某一特定环节，而是存在于运营的全过程。

1. 技术风险

1）技术开发

高新技术的成功开发与转化，会给投资人满意的回报。然而，种种不确定性因素使开发受阻或看似成功的开发成果背后还隐藏着某个不成熟的技术（如制造工艺无法实现），会导致风险投资的失败。

2）转化应用

高新技术转化为现实生产力的过程是一个复杂的社会过程，也是一个庞大的系统工程。它除涉及投资资金的支持外，还涉及科技成果自身是否配套及国家政策、市场体制、环境保护等方面的问题。由于生产工艺不完善，配套技术欠缺或原材料供应跟不上，难以形成现实的生产线；由于企业的生产能力受到限制，难以成规模、上档次地进行批量生产；由于选用的高新技术可能对生态环境造成不利影响或与国家的现行政策相抵触等，都会使投入的风险投资处于风口浪尖。

3）技术寿命

高新技术发展日新月异，选择的技术何时被更高、更新的技术代替，很难准确确定。当更新的技术提前产生时，原有技术即被淘汰，投资风险大大增加。

2. 市场风险

市场风险是指由新产品、新技术与市场需求不适应及产品生产设计能力与市场容量不匹配而引起的风险。市场风险是导致新技术、新产品商业化、产业化过程中断甚至失败的核心风险之一。国际上一些著名大企业，如美国的 IBM、苹果电脑公司等，都因市场风险而蒙受过重大损失。市场风险主要体现在以下几个方面。

1）市场接受程度

创业企业的产品一般是新颖的。产品推出后，客户对其性能缺乏了解和认识，往往持观望态度，直接影响了市场对新产品的接受程度和市场容量。

2）市场接受时间

社会的进步、生活的改善、人们知识水平的提高，使新产品被市场接受所需要的时间越来越短。然而，从产品的推出到诱导出需求存在时滞，有的产品时滞还比较长，过长的时滞将影响企业资金的正常周转，降低资金的利用率，甚至导致企业的生产经营难以持续。

3）市场容量大小

理想状态是新产品的设计生产能力与市场容量协调一致。对市场容量的调查方法虽然很多，但企图较准确地摸清市场对新产品的容纳程度还是不易办到的。如果生产能力过小，或者生产能力超过了市场的实际需求都会增加投资风险。

4）市场竞争力

市场经济本质上是一种竞争型经济，竞争是提高市场活动效率的关键所在。家电、手机及 IT 产品行业的激烈拼杀告诉我们：高新技术产品同样面临着激烈的市场竞争，能否经受住市场的洗礼，对刚刚起步，尚未建立起强大销售网络的高新技术企业来说，实在是严峻的考验。

3. 财务风险

财务风险集中体现在两个方面。

一是企业发展到一定阶段，随着经营规模的扩大，对资金的需求会迅速膨胀，能否及时获得后续资金的支持将直接关系到企业的扩张与成长。资金需求是企业发展永恒的主题。

二是导致创业企业在一两年内倒闭的直接原因往往是财务管理不善，摊子铺得太大，面面俱到，应收账款回款不及时且坏账太多，频频出现流动资金短缺的问题。

财务收入是企业的命根子，创业企业尤其要注重对财务风险的控制。不能简单地把财务管理视作“记账”，应由具备专业技能的人员来负责，并且有相应的激励机制和评估体系。

#### 4. 管理风险

管理风险是指创业企业因管理不善而导致的风险，具体包括以下几个方面。

1）意识风险

企业在生产经营过程中，若过于追求短期效益，目光局限于产品项目创新，忽视管理创新、制度创新、工艺创新、售后服务创新及企业文化平台在更高层次上的构建等，也会大大增加风险。

2）决策风险

现代企业管理的重心在经营，经营的重点在决策。风险投资的客体主要是高新技术企业，而高新技术发展迅速，产品更新换代快（一般为 2～3 年，有的时间更短），影响因素又多，不言而喻，失误的决策必然导致企业失败。

3）组织人事风险

人是生产要素中最主要，最活跃的因素，人才是创业企业中最宝贵的财富，其数量、质量、结构在很大程度上决定着企业的成败兴衰。由于企业组织的调整、创新滞后，高素质人才流失，企业的技术开发、内控管理、市场营销受到很大影响的事例时有发生。因此，组织人事风险应引起足够的重视。在此，创业企业还应说明企业对核心人物的依赖程度。核心人物离开会给企业带来什么影响？谁会接管此人的位置？

#### 5. 行业风险

政策因素、自然因素、行业因素及世界经济状况因素等，都会给风险投资带来或大或小的风险，这类风险的特点是投资人不易预测，难以控制。

**注意：**

千万不要为了获得风险投资而隐瞒或者缩小风险，这将会失去风险投资人对你的信任。实事求是、诚实坦诚的品质才是风险投资人最赞赏的。

### 3.8.2　提出降低风险的相应措施

风险是客观存在的，但也并不可怕，只要在商业计划书每一条风险后面都加上相应的对策，让风险投资人相信创业企业的管理者有能力、有办法规避或控制风险即可。

1. 针对技术风险的一般对策

说明本技术在国际上的领先地位，进一步加大科技投入，以保证技术和产品的先进性，持续保持技术的领先地位。同时，加快科技转化为产品的速度，迅速占领市场。密切关注国内外最新科技动态，及时调整研发方向和战略。

2. 针对市场风险的一般对策

（1）在加强产品销售的同时，建立一套完善的市场信息反馈体系，制定合理的产品销售价格，提高企业的盈利能力。

（2）加快产品的开发速度，提高市场应变能力，适时调整产品结构，增加适销对路产品的产量。

（3）实行名牌战略，以优质的产品稳定客户、稳定价格，消除市场波动对本产品价格的影响。

（4）进一步提高产品质量，降低产品成本，提高产品的综合竞争能力，提高产品适应市场变化的能力。

（5）进一步拓宽思路，紧跟市场发展方向。

3. 针对财务风险的一般对策

做好企业融资规划，未雨绸缪，适时启动后续轮次的融资；在获得投资的同时就要规划好投资退出的路径，以吸引更多投资人的关注和兴趣；建立长、短期结合的财务预警系统，设立财务分析指标体系，编制现金收支预算，确保现金流安全。

4. 针对管理风险的一般对策

降低管理风险的一般对策是加强组织机构的建设，建立适应性强的组织机构和有效的激励制约机制。减少企业对个别主要领导的过分依赖，加强对管理者的培训，培养其创新意识。

5. 针对行业风险的一般对策

（1）充分发挥企业在生产技术、产品质量、管理水平、科研水平方面的优势，加快新产品的研制、开发和生产，扩大生产规模。

（2）坚持质优价廉和优质服务方针。

（3）发挥系列产品的集约优势，提高产品的竞争力，提高产品市场占有率。

6. 针对经营风险的一般对策

（1）充分利用各广告媒体，加大对企业和产品的宣传力度。

（2）强化销售队伍，加强售后服务，保持与客户的良好合作关系。

（3）快速推进其他系列产品的开发，从而降低对单一产品的依赖。

（4）利用一切优势使本产品成为国内知名产品，力争将产品打入国际市场。

（5）积极营造良好的工作环境和科研环境，改善福利待遇，吸引更多科技人员和高素质人才来企业工作。

**最后提示：**

企业家要描述的是风险投资人投资本企业将要面临的风险，所有的风险都要一一列出，这部分包括的内容如下。

1. 经营时间短

如果企业刚刚成立，或者才组建不久，经营时间短将是双方要讨论的主要风险。

2. 资源不足

如果企业没有按计划实施业务活动，那么可能会缺乏足够的资源来维持长久经营，这是一个要提及的潜在风险。

3. 管理经验不足

如果管理人员很年轻或是这个行业的新手，创业者也要在商业计划书中阐述一下此问题。

4. 市场不确定性因素

与销售有关的市场不确定性因素要在商业计划书中进行描述。

5. 生产不确定性因素

对存在的生产不确定性因素也要进行描述。例如，一种模型从未在生产线上建立过，因此能否建立这种模型就是一种不确定性因素。

6. 清偿能力

对于企业是否有足够的清偿能力，创业者在商业计划书中要做一下分析。因为风险投资人想要知道，如果企业遇上麻烦而不得不清盘，那么他的投资能收回多少。

7. 对企业核心人物的依赖

创业者要以书面形式，或直接向风险投资人解释某企业核心人物离开会给企业带来的影响。

## 案例 3.11　绿色有机食品公司风险与对策分析

（一）财务方面的风险

1. 在资金的引进方面

我们要向投资人说明我们新颖创意的及广阔的市场前景。今天的绿色蔬菜、水果、家禽类市场竞争较为激烈，不少企业都注意到了食品市场向绿色健康的趋势发展，于是都打着“安全健康”的口号，这使农副产品市场鱼龙混杂，令消费者和投资人眼花缭乱，但中国大部分城市包括北京在内的绿色农产品市场并未真正地成熟，消费者心目中也并未形成具体的绿色营养的观念，因此必须向投资人说明，使他们明白，绿色营养的品牌所具有的巨大的内在投资价值，从而使其对我们进行大胆的投资。

2. 在资金的回收方面

因为农副产品市场具有薄利多销的市场特征，在投资初期需投入大量的资金，而利润的产生需要一定的时间，这将导致企业在经营初期财务上的压力比较大，必须具备相应的后援资金作为支撑。同时，这也就决定了我们对投资人的回报需要的时间较长，而一旦我们的品牌在市场上成功经营，“绿色营养”的文化理念深入人心之后，企业就将渡过较为艰难的市场初期，从而实现大规模盈利。

正如前两项所述，我们品牌的经营决定了初期财务的关键性，而这将对我们的再融资能力形成一定的挑战。一旦企业在经营初期遇到了意想不到的困难导致财务状况恶化，那么我们的再次融资必将受到相应的影响，从而成为我们扩大经营规模战略的软肋，对企业的发展壮大产生不利的影响。

（二）技术方面的风险

1. 在产品检测方面

农产品是一个高度敏感的市场，我们要想在这个市场中打出自己“绿色营养”的独特品牌，要严格把关进口产品，严防不安全产品甚至毒害产品进入市场造成安全事故。但农产品的收购又是大批量的，不可能做到一一检测，这对我们的抽样检测提出了技术上的高要求，要求检测部门应当能够达到高质量的检测水平。

在农产品的自主检测方面，企业要达到较高的专业水平。企业将引进相关方面的人才，以保证进入我们经营范围的农产品能够达到相应的标准，实现我们品牌的承诺。企业的自主检验标准要与国家的标准保持一致甚至要高出国家标准，这对企业的技术人员提出了一定的要求，要求技术人员不仅要有过硬的检测能力，而且要善于思考、善于创新，以形成我们独特、成熟的检测标准。

2. 在超市的日常经营管理方面

（1）农产品超市经营品种多、销量大、产品周期循环较快，且又要顺应消费者口味的变化，这提高了企业产品经营管理的难度。企业管理层要具备相应的信息管理水平，一方面及时对超市的货源供应做出迅速调整；另一方面采用信息技术，将超市出售的每一种产品及时地反应于销售管理部门的信息系统之中，及时地总结归纳出超市库存量的变化及热门产品的种类，以做到供货及时而又不会产生过高的存货成本。

（2）由于农产品保鲜的要求，超市应当具备相应的储存技术。一方面，要做到所列产品保持相当的新鲜度；另一方面，要及时地处理即将过期的产品，以减少企业的损失。

（3）在企业所提供的新颖的营养咨询等服务方面，要求对员工的培训要达到相应的技术水准。要防止员工对于营养搭配的有关知识一知半解，对消费者的营养建议不切实际，从而使企业的这一特别服务失去其应有效益，影响企业的发展壮大。这就对企业员工提出了较高的营养学方面的知识标准，需要企业经常对员工进行培训。

（三）市场方面的风险

1. 在消费者方面

我们想要做成品牌，就必须向消费者做大量的市场宣传，使消费者接受“绿色营养”的饮食理念。这要求我们在市场开拓的初期，要进行大量的投入，并选择适合的理念宣传方式，产生相当的营销效果，使我们的企业文化能够深刻地影响并引导消费者，从而成功地进入市场。而这里我们的前期宣传能否产生相应的效果，在一定程度上影响着企业的长远发展，是企业成长期的关键风险之一。

2. 在企业的市场环境方面

（1）来自供应商的风险。由于农产品市场具有产品循环周期快的特点，这就要求供应商能够做到及时供货，而一旦供应商方面出现了问题，如遇到了自然灾害，或者其他的生产经营风险，将直接影响到供货，使我们的产品不能做到及时更新，从而失去大批顾客，威胁企业生存。

（2）人们饮食习惯突然改变的风险。一般情况而言，人们的饮食习惯是较为稳定的，而一旦发生意想不到的问题和灾害，人们的饮食习惯将出现重大调整。这就要求企业能够及时地调整，以抵御市场风险。

（四）管理方面的风险

1. 来自企业内部的管理风险

（1）企业在初创期，必将有一段艰难的时期需要企业全体员工齐心协力共同渡过。这一时期由于种种意想不到的挑战的出现，容易使员工失去高昂的斗志，导致人才流失。这就对企业管理者的工作提出了挑战，要求他们能够有效地鼓励员工，并建立相应的激励机制，使每一名员工都能够斗志昂扬地投入企业的成长事业。

（2）企业在发展壮大的过程中，也将面临机构更加庞大复杂的管理风险，如果管理不善，出现员工关系不和谐、行政成本过高等都将导致企业行政负担加重，甚至会造成有用之才的流失，对企业的发展甚至生存造成威胁。鉴于中国很多企业由于经营管理的问题而昙花一现，我们必须高度重视企业管理中出现的种种问题，建设优异的企业文化，使全体员工同心协力，对企业的成就进行永无止境的追求。

2. 来自企业外部的管理风险

（1）供应商关系管理的风险。市场变化莫测，农产品销售市场对于供应商的及时供货依赖性较强，而我们要想打造“绿色营养”的品牌，对于供应商供货则提出了更高的要求。从这个层面上来讲，我们与供应商的关系显得尤为重要。如果供应商对于我们的高标准、严要求不能诚信守诺，由于一些突发问题或分歧而终止对我们的供货，必将影响到企业的正常运营。因此，我们必须妥善管理与供应商之间的关系，稳定并保证货源。

（2）消费者关系管理的风险。消费者是企业的上帝，企业的一切经济收益都来源于消费者，因此消费者关系管理成为企业的重中之重。很多企业由于在消费者关系管理上没有做到位，而受到了消费者的质疑，继而产生了连带效应，使企业失去大量消费者的信任，从而陷入困境。

而在日常的经营活动之中，企业与消费者总是不可避免地要发生一些争执或矛盾，如果没能有效地处理这些问题，那么对于凭借品牌声誉而生存的我们而言，将产生严重后果。所以，当消费者对我们提出疑问或与我们发生争执时，企业的管理层要灵活妥善地处理。我们要着意于培养自己的管理团队，使其能够优异地应对消费者关系管理，以免因为一些消费者的不满导致我们与整个消费者群体之间出现信任危机。

（五）竞争方面的风险

（1）被同行竞相模仿从而失去竞争优势的风险。我们提出的经营理念是先进的，如果成功将产生巨大的市场效益。成功的企业总是不免为人所模仿，那么我们就要采取相应的措施防止竞争优势的丧失。从这个意义上来讲，我们要努力建设自己的企业文化，把先进的理念打造成为企业独特的、难以被人所模仿的文化优势。也只有这样，我们品牌的经营才能成功，才能不会因被模仿而失去竞争优势。

（2）对竞争对手非法竞争手段的防范。我国市场制度还不完善，企业之间的竞争往往容易走上恶性竞争的道路。不少企业在相互竞争时，采取一些非法手段，如造谣、打击等。而经营农产品又是一个高度敏感的行业，因此面对这类可能存在的恶性竞争风险,我们先要保证食品安全,防止出现食品安全事件。同时，要做好宣传工作，并以实际的质量、服务维护我们的品牌声誉。

（3）其他面向高端市场的农产品的经营者的威胁。不少企业在人们对食品安全的要求日益高涨的时候就早已经开始专门经营有机食品、绿色食品，这些产品因其昂贵的价格主要面向中高端的消费者。我们提出“绿色营养”的经营理念，虽具有市场前瞻性，但创业初期主要面对的也是中高端的消费者，而不少的有机蔬果企业已经占领了这个市场,我们要想生存,就要采取差异化战略，将自己与众不同的文化形成独特的竞争力，从而避免因与这些老企业进行直面交锋而失去自己的市场定位。

（六）资金撤出的风险

1. 对投资人而言

农产品市场具有资金投入量大而循环周期快的特点，但面临的问题就是如果市场突变，投资人能回收多少成本、将会有多少损失。一般而言，由于农产品是生活必需品，社会需求量大，那么只要企业的产品质量合格、服务到位、经营正常，那么即使不盈利，也不会有太多的亏损。这里有两种假设，一是在我们品牌经营未成功打出之前撤资，二是在我们品牌经营成功之后撤资。

在第一种情况下，正如前文所述，我们的品牌虽未成功打出，但我们此时作为消费者心目中一般意义上的农产品超市，仍能满足消费者群体最基本的食品需求，这决定了我们不会因为企业文化理念未深入人心而面临大额亏损。此时即使投资人要撤资,即使因经营时间不长而未大量获利,也不会有太多亏损。

在第二种情况下，当我们的品牌成功打出，在消费者心目中占有重要的不可替代的位置时,企业品牌的身价倍增,投资人想要撤出资金,则会有可观收益。一方面，来自企业长久经营对投资人（股东）的利润回报；另一方面，来自品牌价值所带来的增值。因此，投资人在这个时候合资引退必将获得大量的收益。

从以上两个方面来综合考虑，即使投资人在创业期全资撤出，农产品的市场特性也决定了其不会有太大的亏损；而在企业发展壮大期退出将会有更多的收益。

2. 对我们而言

如果投资人要撤出资金，那么我们就必须凭借良好的融资能力而迅速恢复元气，否则会因企业资金链的突然中断而前功尽弃。而良好的融资能力又与企业的经营效益息息相关，因此我们在创业初期就要在行业里有所作为。

更重要的是，我们要把“绿色营养”的文化理念深深植入消费者心中，并始终贯穿于企业的日常经营之中。只有为消费者所青睐，才能产生巨大的市场价值，才能够有效地吸收再投资，化解投资人突然撤资所带来的风险。

（七）政策上的风险

在国家政策的引导下，相关部门对于农产品市场的监管与扶持力度越来越大，在可遇见的未来，只要国家的政策不发生大的变化，我们的经营将不会面临大的风险。而可能的政策风险存在于以下几个方面。

（1）突发性事件的产生，使部门或地区临时出台相关政策法规，对农产品某些方面的经营进行约束。例如，禽流感的暴发导致国家限制家禽类产品的经营，从而对企业既定的经营决策产生不利影响。这就要求企业在经营中要时刻注重对外部信息的收集和利用，并做好与政府机关及相关团体的公关工作，以做出科学的决策，防止给企业造成不可挽回的损失。

（2）国家对相关标准的调整。我国对于无公害食品、有机食品、绿色食品等的定位与国际标准存在一定的差异，这要求我们在制定自己的产品检验标准时要综合考虑，制定更科学健康的指标体系。同时，国家相关标准近年来屡屡调整，日益与国际标准接轨，我们对此要及时做出预测与反应，以使自己的产品检验标准始终走在市场的前沿，争取和保持未来行业领导者的地位。

## 3.9 财务分析

清晰的、精确的、有逻辑的和有根据的财务分析是赢得投资的重要因素。

财务分析部分是需要花费相当多时间和精力来编写的部分。风险投资人将会期望从财务分析部分来判断企业未来经营的财务损益状况，进而判断投资能否获得预期的理想回报。融资需求及相关表述主要是向风险投资人说明融资方式和相关问题。

### 3.9.1 融资说明

创业者需要在融资说明中阐述融资需求并回答相关问题。首先，根据企业所处的发展阶段、发展计划和对资金的需求，说明融资金额、资金用途及预期达到的目标，这是非常重要的。风险投资人出多少钱，就需要创业者承诺拿到钱后要实现什么目标，而承诺的目标应尽可能与风险投资人习惯的投资阶段相一致。例如，当此时企业尚处于 B 轮融资阶段时，企业承诺的经营目标就至少应该满足风险投资人要求在进行 C 轮融资时的企业具备的条件（双方可以通过商谈确定具体目标）。风险投资人不会一次性就把企业发展所需的全部资金都投给企业，这是出于风险控制的考虑，同时也是出于对前期投资获得增值的考虑。创业者从无形资产价值确认的角度考虑也应该接受这种方式。实际案例中经常出现一种情况，就是创业者一厢情愿地按照企业在资本市场上市时的预想价值，将无形资产价值预估得很高，同时要求风险投资人投入大量资金以解决企业上市前的全部资金需求(暂且不考虑全部资金的合理性)，其结果一定是不欢而散，这也是许多创业企业融资难无法回避的问题。创业者拥有的无形资产价值只能在产品或服务进入市场的过程中逐步得到确认，而不是仅仅靠几项专利、几项专有技术就可以确认的。其次，根据融资金额、企业自身股本金和财务状况，以及有利于企业治理和发展的股权结构等，说明相应的融资方式、资本结构、融资抵押、担保、融资条件等。创业者与风险投资人也可以提前约定下一轮融资的需求，包括条件、时间、金额、形式等。风险投资人对此种约定应该是感兴趣的。

1. 提议的融资方式

创业者可以在普通股、优先股、可转换债券等几种融资工具中，向风险投资人提议一种。注意要对有关发售这些融资工具的众多细节问题予以说明，以免风险投资人产生过多的疑问。

(1) 如果出售的是普通股，通常要求说明以下问题。

① 是否分配红利?

② 红利是否可以累积?

③ 经过一段时期后，创业者是否回购股份以便风险投资人撤回投资?

④ 估计的发售价格是多少?

⑤ 该种股权是否有限制?

⑥ 普通股持有人具有什么样的投票权和注册登记权(安排上市从而变为公众公司)?

(2) 如果发售的是优先股，则需要说明以下问题。

① 支付何种股利?

② 股利是否可以累积?

③ 对优先股有何回购安排?

④ 优先股是否可以转换为普通股?

⑤ 优先股股东是否具有投票权?

⑥ 对优先股股权有何限制?

⑦ 优先股股东是否在董事会具有控制权?

⑧ 如果是可转换优先股，那么转换价格是多少?

⑨ 优先股具有哪些优先权?

(3) 如果发售的是可转换债券，也需要对相关问题做出说明，包括以下问题。

① 债券期限是 5 年，还是 10 年?

② 债券利率以多高为宜?

③ 是固定利率还是变动利率?

④ 该债券可以转换为普通股还是优先股？

如果上述条款还可以协商，那么也应该在这里予以说明。

2. 资本结构

对本企业的普通股、优先股及长期负债做出说明，以便风险投资人对企业融资前后的资本结构有全面的了解。

3. 融资抵押

如果是普通股融资当然不存在抵押问题；如果是债务融资，则需要就抵押情况做出说明。

4. 担保

说明对风险投资人的投资提供个人或公司担保的情况。如果是个人担保，通常需要提供担保人的个人财务状况资料。

5. 融资条件

例如，本企业是否允许风险投资人代表进入董事会？资金到位后企业要达到什么样的目标？哪些阶段性目标必须达到？等等。

6. 报告

介绍本企业打算通过何种方式向风险投资人报告经营管理情况，如提供损益表、资产负债表和年度审计后的财务报表等。

7. 资金运用

说明本企业将如何运用资金，最好不要使用“营运资金”这样模糊的字眼，尽可能分项详细论述，如固定资产购置、流动资金使用计划、市场开拓等。在通过前面的资料了解了企业资金的缺口及来源后，风险投资人最想知道的就是企业是否有能力用好这笔资金。一份详细、合理的资金运用计划能很好地减少风险投资人的顾虑，当然他们也会在今后的管理中进行检查。

8. 所有权

介绍现有股东持股数量及风险投资人在投资后的持股数量，指出获得该项所有权所支付的金额、每位股东的股权比例等。另外，对企业创始股东已经或将会获得股份（而不是现金）的情况详细加以说明。如果考虑给予土地、建筑物、机器设备或是创业股份，那么对这些资产目前的市值也需加以说明。

9. 面值摊薄

说明本企业的资产、净资产及盈利账面值将被摊薄到何种程度。

10. 费用支付

说明融资过程中是否需要支付咨询顾问费、律师费用及如何支付等问题。

11. 风险投资人对企业经营管理的介入

风险投资人一般要求在企业董事会中占有 1～2 个席位，如果本企业希望风险投资人对经营管理介入得更深一些，那么可以在此加以说明。例如，可以要求风险投资人在企业融资方面给予帮助，甚至要求提供某一特定类型的融资，为此企业可以承诺对此支付一定的费用；也可以为风险投资人安排私募支付费用，如将私募金额的 2%给予风险投资人等。总之，应该在此将企业希望由风险投资人提供的增值服务的内容和要求加以明确。

### 3.9.2 财务预测

由于缺乏经验，创业者在资金的使用方面往往有待加强。为了更好地决定短期和长期资金的需求，需要进行尽可能详细、准确的财务预测。提供尽可能清晰、有逻辑并且有根据的财务预测是获得投资的重要因素。如果你本人没有财务预测的能力，可以聘请财务专家来完成。

财务预测的信息主要包括销售估计、管理成本、产品成本、销售成本、资金支付、边际贡献、债务利率、收入税率、应收账款、应付账款、存货周转、减价计划和资产利用率等。

1. 损益预测表

损益表反映了企业在一定时期内的盈利和亏损情况；损益预测表则让所有者或管理者提前了解每月或每年的企业盈利情况。这些预测一般以每月的销售收入、成本和费用作为依据，涉及的主要指标如下。

1）销售收入

比较现实地估计一下，若按你所期望的价格每月能卖出多少产品或服务？期望的收益是多少？定价是否合理？是否会打折或减价？

2）销售成本和销售费用

精确计算销售成本并不是不能忽略某些小的事项。计算所有销售的产品或服务以便计算与之相匹配的销售成本；销售费用是为销售产品所产生的各项费用，包括广告宣传、展览费用，也包括为销售而设置的专门机构的各项经营性开支和专职销售人员的工资福利费等；如果涉及存货，还要计算运输费用和直接的劳动费用。

3）毛利润

销售收入减去销售成本、销售费用、销售税金及附加即为毛利润（销售利润）。

4）毛利率

毛利润除以销售收入即为毛利率。

5）管理费用和财务费用

管理费用是指为组织和管理生产经营活动而产生的各项费用，如管理人员的工资及福利费、业务招待费、租赁费、折旧费、无形资产摊销、咨询费、审计费、房产税、土地使用税、印花税等。

财务费用是指企业为筹集资金而产生的各项费用，包括贷款利息支出、金融机构手续费及其他财务费用。

6）净利润（或净亏损）

税前利润：毛利润减去期间费用和各种营业外收支净额。

税款：主要是企业所得税。

税后利润：税前利润减去企业所得税。

损益预测表参考格式如表3-10所示。

表3-10　损益预测表参考格式

| 预　测 | 时　间 | | | | |
|---|---|---|---|---|---|
| | 第1年 | 第2年 | 第3年 | 第4年 | 第5年 |
| 销售收入 | | | | | |
| 销售成本 | | | | | |
| 销售费用 | | | | | |
| 销售税金及附加 | | | | | |
| 销售利润 | | | | | |
| 管理费用 | | | | | |
| 财务费用 | | | | | |
| 营业外其他收支 | | | | | |
| 利润总额 | | | | | |
| 企业所得税 | | | | | |
| 净利润 | | | | | |

注：根据企业经营的情况，费用和开支可以按业务进行分类，如变动费用和固定费用等。例如，变动费用包括工资和福利费的开支、委托加工或外包服务费（转包合同花费）、修理和维护费（定期大规模的装修）；固定费用包括房地产租金、折旧费（固定资产分期折旧）、保险费（财产损失或产品损失，包括给工人的赔偿）、营业执照和许可证费用、杂费（不具体的费用，没有独立账目的小花费），再将各种相关的费用和开支记入销售成本、销售费用、管理费用和财务费用中。

在第 1 年，这种表格可用来估测每月的收入和开支。在以后的 4 年，每年记录一次就可以了。

2. 资产负债预测表

1）资产

列出企业拥有或控制的有价值的经济资源，这些资源可以在未来的经营中为企业带来经济效益。总资产包括流动资产和长期资产。长期资产又包括长期投资、固定资产、无形资产、递延资产等，资产的折旧和注销（无形资产，如专利、版权等逐年减少）应当扣除。

流动资产主要包括以下内容。

货币资金：现金和在一年（或一个运转周期）之内能兑换成现金的其他资源，如银行存款等。

短期投资：也称为暂时投资或可销售有价证券，包括一年内可将股息或红利兑换为现金的股票，列出股票、债券、存单等的市场价值。

应收票据：企业销售产品或提供服务而得到的商业汇票，包括商业承兑汇票和银行承兑汇票。

应收账款：顾客购买产品或享受服务应付的报酬。

预付账款：提前购买或租用的产品或服务，如办公用品、保险和交易场地。

待摊费用：企业已经支出但应当在今后一年内分摊的各项费用。

存货：现有的原材料，如正在加工的和已完成的产品、转售的产品等。

长期投资：也称长期资产，即在一年以上的时间里可产生利息或红利的资产，如股票、债券及指定特殊用途的存款。

固定资产主要包括以下内容。

厂房和设备，以及一切不用于转售的、企业所有或用于生产的资源。固定资产也可以出租。固定资产的价值和被租用财产的责任必须在资产负债表中列出。

土地：列出原始购买价格（不包括市场价值补贴）。

建筑、改进或改建设备（包括租赁物的改进）、办公家具、汽车或交通工具等。

2）负债

流动负债主要包括以下内容。

短期借款：期限在一年以内的各种借款。

应付票据：对外发生债务时所开出、承兑的商业汇票。

应付账款：在企业运行中购买产品或服务应向其提供者支付的费用。

预收账款：企业预先收取的货款或定金。

应付利息：短期和长期借用资金的利息。

应交税金：在会计过程中由企业会计估计的金额。

应付工资和福利费：应付给员工的工资和各种福利费。

长期负债主要包括以下内容。

长期借款：一年以上的各种借款。

长期应付款：除长期借款和应付债券以外的其他各种长期借款。

3）净资产

净资产也被称作所有者权益，是企业主对企业资产的所有权。在独资企业或合伙企业中，股东原有投资加上企业留存收益即为股东权益。对于企业来说，净资产等于成立时的实收资本加上资本公积金、盈余公积金和未分配利润。

4）总负债和净资产

负债加上所有者权益等于资产。

5）资产负债预测表

资产负债预测表参考格式如表 3-11 所示。

表 3-11　资产负债预测表参考格式

| 项　目 | 时　间 | | | | |
|---|---|---|---|---|---|
| | 第 1 年 | 第 2 年 | 第 3 年 | 第 4 年 | 第 5 年 |
| **流动资产** | | | | | |
| 货币资金 | | | | | |
| 短期投资 | | | | | |
| 应收票据 | | | | | |
| 应收账款（减坏账准备） | | | | | |
| 预付账款 | | | | | |
| 其他应收款 | | | | | |
| 存货 | | | | | |
| 待摊费用 | | | | | |
| 其他流动资产 | | | | | |
| 流动资产总计 | | | | | |
| 长期投资 | | | | | |
| **固定资产** | | | | | |
| 固定资产 | | | | | |
| 在建工程 | | | | | |
| **无形及递延资产** | | | | | |
| 无形资产 | | | | | |
| 递延资产 | | | | | |
| **资产合计** | | | | | |

续表

| 项　目 | 时　间 | | | | |
|---|---|---|---|---|---|
| | 第 1 年 | 第 2 年 | 第 3 年 | 第 4 年 | 第 5 年 |
| **流动负债** | | | | | |
| 短期借款 | | | | | |
| 应付票据 | | | | | |
| 应付账款 | | | | | |
| 预收账款 | | | | | |
| 其他应付款 | | | | | |
| 应付工资 | | | | | |
| 应付福利费 | | | | | |
| 未交税金 | | | | | |
| 未付利润 | | | | | |
| 预提费用 | | | | | |
| 流动负债总计 | | | | | |
| **长期负债** | | | | | |
| 长期借款 | | | | | |
| 长期应付款 | | | | | |
| 其他长期负债 | | | | | |
| 长期负债总计 | | | | | |
| **所有者权益** | | | | | |
| 实收资本 | | | | | |
| 资本公积金 | | | | | |
| 盈余公积金 | | | | | |
| 未分配利润 | | | | | |
| 所有者权益合计 | | | | | |
| **负债及所有者权益合计** | | | | | |

3. 现金流量预测表

1）现金流量表的基本作用

现金流量表是基本财务报表之一，反映的是企业在过去一段时间内现金收入和现金支出的增减变动情形。现金流量表反映了企业的盈利质量、企业的市场价值和竞争力。一般来说，企业财务状况越好，现金净流量越多，所需融资金额越少。

现金流量表的作用如下。

（1）反映企业的现金流量，评价企业未来产生现金净流量的能力。

（2）评价企业偿还债务、支付投资利润的能力，谨慎判断企业财务状况。分析净收益与现金流量间的差异，解释差异产生的原因。

（3）通过对现金投资与融资、非现金投资与融资的分析，全面反映企业财务状况。

编制现金流量表的目的在于通过提供某一会计期间内的现金收入和支出信息，反映企业现金周转的时间、金额及原因等情况，将创业企业的事业发展直观化与数量化。现金流量表的编制方法较为复杂，但编制完成后可作为企业与风险投资人之间的沟通工具，风险投资人可通过现金流量表及附表直观了解创业企业的重要经营细节。

《中华人民共和国企业破产法》明确规定，企业因经营管理不善造成严重亏损，不能清偿到期债务的，可依法宣告破产，即达到破产界限。若企业现金流量出现问题，不能以财产、信用或能力等任何方式清偿到期债务，或在可预见的相当长期间内持续不能偿还，即使该企业尚有盈利，也预示企业已濒临破产的边缘，难以摆脱破产的命运。这也反映了企业的生存能力，资金链一旦断裂，应收账款再多都没用，基本上就面临破产，因此企业管理者对现金流量要有足够的重视，未雨绸缪，避免现金流量出现问题导致出现危机。

2）编制现金流量预测表前的准备工作

商业计划书中编制的是现金流量预测表。表中各财务数据是建立在对企业未来一定时期内发展预测的基础之上的，必须与之前期描述的企业发展相一致，提出的各财务预测数据必须是科学的，经得起推敲的。

（1）找到合适人员负责沟通协调并编制。现金流量预测表的编制，需先找到合适人员负责，所谓合适人员通常是指对新企业及所处之产业有充分的认识，对生产、销售、财务、技术、环保、工程或其他方面有专长的人员。该人员必须能够善于沟通协调并汇集各方面的意见，取得市场产业资讯以确认影响企业营运的关键因素，建立各项基本假设，并据以编制现金流量预测表。

（2）确认影响现金流量预测表的关键因素。关键因素是指影响企业未来运营的相关重大事项，是用来建立合理假设以作为编制现金流量预测表的基础。例如，人工成本若为企业的运营关键因素之一，则应说明人力需求、工资等以建立基本假设。

（3）建立编制现金流量预测表所需的各项假设。现金流量预测表的可靠与否取决于基本假设的合理性。现金流量预测表中，每项科目数字之产生皆需以基本假设为前提。例如，营业收入的基本假设可能为目前市场量，新企业所生产的某产品 2019 年的市场规模为 2 亿元人民币，2020 年增长 20%，为 2.4 亿元人民币，市场占有率为 5%，则 2020 年的营业收入为 1200 万元人民币。

3）编制现金流量预测表及其附表

（1）准备好现金流量预测表格式。下面的现金流量预测表所列出的科目以较复杂的制造业为例，其他行业的方案可能省略某些科目。此外，有些特殊的方案有特殊的收入或特殊的支出，则需加入某些科目。

（2）产品观念的形成与市场调查。界定产品的名称和种类、市场容量及营销策略，这可能是编制现金流量预测表最难的一部分。

（3）预测销售收入。预测未来 5 年可能的销售收入，并将销售收入汇总额填入现金流量预测表。

（4）预测厂房投资金额。土地面积多大，是租还是买？厂房面积多大，是租还是买？厂房的空调设备及隔音设备的投资金额是多少？编制厂房投资金额明细表，并将汇总金额填入现金流量预测表。

（5）预测生产、实验或质检、设备投资金额。包括产品生产及质量管理图，设备名称、规格、所需数量、金额，据以编制生产、实验或质检、设备投资金额明细表，并将汇总金额填入现金流量预测表。

（6）预测办公设备投资金额。包括办公室面积（是租还是买）、装潢、冷气、桌椅、电话、传真机、电脑及公务车等，据以编制办公室设备投资金额明细表，将汇总金额填入现金流量预测表。

（7）预测未来 5 年管理部门与销售部门的人员和薪资。包括组织结构、各部门人数、人员资格、薪资水准，据以编制薪资明细表，将汇总金额填入现金流量预测表。

（8）预测未来 5 年因为销售收入引起的直接人工成本。包括直接人员资格、薪资水准、人数，据以编制直接人工成本明细表，并将汇总金额填入现金流量预测表。

（9）预测未来 5 年因为销售收入引起的直接原材料成本。包括直接物料成本，据以编制成本明细表，并将汇总金额填入现金流量预测表。

（10）预测未来 5 年因为销售收入引起的变动销售费用。包括佣金等，据以编制附表，并将汇总金额填入现金流量预测表。

（11）预测各项管理与销售的成本。包括水电费、邮电费、办公费用、其他业务费用，据以编制明细表，将汇总金额填入现金流量预测表。

（12）其他，如技术转让费等。

4）现金流量预测表参考格式

现金流量预测表参考格式如表 3-12 所示。

表 3-12　现金流量预测表参考格式 1

| 科目 | 时间 | | | | | | |
|---|---|---|---|---|---|---|---|
| | 第 1 年<br>第 1 月 | 第 1 年<br>第 2 月 | 第 1 年<br>第 3 月～<br>第 12 月 | 第 2 年 | 第 3 年 | 第 4 年 | 第 5 年 |
| 1．现有现金（起始月） | | | | | | | |
| 2．现金流入 | | | | | | | |
| 销售收入现金 | | | | | | | |
| 货款或其他现金收入 | | | | | | | |
| 3．总现金收入 | | | | | | | |
| 4．总可用现金 | | | | | | | |
| 5．现金付出 | | | | | | | |
| 采购 | | | | | | | |
| 总工资（扣除提留） | | | | | | | |
| 税费支出 | | | | | | | |
| 外部酬劳费用支出 | | | | | | | |
| 办公用品支出 | | | | | | | |
| 修理和维护费用支出 | | | | | | | |
| 会计和法律费用支出 | | | | | | | |
| 广告费用支出 | | | | | | | |
| 汽车、递送和差旅费支出 | | | | | | | |
| 租金支出 | | | | | | | |
| 电话费支出 | | | | | | | |
| 公共事业费用支出 | | | | | | | |
| 保险费支出 | | | | | | | |
| 税收支出 | | | | | | | |
| 利息支出 | | | | | | | |
| 其他支出 | | | | | | | |
| 零星支出 | | | | | | | |
| 6．总现金支出 | | | | | | | |
| 7．现金头寸 | | | | | | | |
| 重要经营数据<br>（非现金流信息） | | | | | | | |
| A 销售总额 | | | | | | | |
| B 应收账款 | | | | | | | |
| C 坏账 | | | | | | | |
| D 存货 | | | | | | | |
| E 应付账款 | | | | | | | |
| F 折旧 | | | | | | | |

企业也可以根据对未来经营情况的预测，将产品销售收入、回收固定资产余值、回收流动资金作为现金流入，而将固定资产投入、流动资金投入、经营成本、销售税金、企业所得税作为现金流出，预测企业净现金流量，现金流量预测表参考格式如表 3-13 所示。

表 3-13　现金流量预测表参考格式 2

| 项　目 | 时　间 | | | | |
|---|---|---|---|---|---|
| | 第 1 年 | 第 2 年 | 第 3 年 | 第 4 年 | 第 5 年 |
| **现金流入** | | | | | |
| 产品销售收入 | | | | | |
| 回收固定资产余值 | | | | | |
| 回收流动资金 | | | | | |
| **现金流出** | | | | | |
| 固定资产投入 | | | | | |
| 流动资金投入 | | | | | |
| 经营成本 | | | | | |
| 销售税金 | | | | | |
| 企业所得税 | | | | | |
| 净现金流量 | | | | | |
| 累计净现金流量 | | | | | |

### 3.9.3　财务比率分析

除以上主要财务报表之外，还有一些财务比率也是创业者应该了解和注意的。通过这些比率，投资人也可以了解企业的经营状况。常见的财务比率有以下数种。

（1）资产负债率，即负债总额/资产总额。资产负债率可用来衡量企业的负债水平，资产负债率过高是危险的，资不抵债就会破产，保持合理的资产负债率对企业的财务健康很重要。

（2）流动比率，即流动资产/流动负债。它可用来判断企业对短期债务的清偿能力。一般而言，流动比率在 1.5 到 2 之间是比较合理的。如果从资产负债率上看资产高于负债，并不意味着企业有现金偿付能力，只有流动比率能准确反映企业的现金偿付能力。如果流动比率低，企业应注意自己的财政状况，及时调整，以备不时之需。

（3）资本报酬率，即净利润/总投资额。它反映的是企业盈利的能力和状况，比率越高，企业的盈利能力越强。

（4）销售净利率，即净利润/销售收入。这也是一个常用的比率，反映了企业销售收入的收益水平，并可由此判断企业的盈利能力。

通过上述（3）和（4）两个比率，创业者和管理层可了解企业的经营状况和盈利状况，风险投资人则可借此判断自己的投资是否投对了，是否应该介入下一轮投资或介入企业经营管理。这两个比率的高低对风险投资人来说是十分重要的。

（5）销售毛利率，即毛利/销售收入，这是企业获利能力的一个评估指标。销售毛利率低可能意味着产品开始失去市场，或有新的竞争对手介入，企业应及时做出对策。

（6）应收账款周转天数。管理层可依据此项指标更好地监督和规划流动资金的使用，以防因不能如期收回应收账款而导致企业出现财务危机。

上述六项为常用的财务比率。

（7）行业经营比率。不同行业有不同的经营比率，企业管理者亦可借此了解经营状况。例如，拥有500个分店的连锁店老板，限于时间和精力，不可能亲自逐家监察每家分店的经营状况，但他可要求每家分店经理向他汇报每平方米的店面销售额，即将分店每周销售额除以店面面积，则每家分店经营状况的好坏可一目了然。酒店集团可通过旗下各家酒店的空房率了解经营状况的好坏。

（8）净资产收益率，即净利润/平均股东权益。这个比率也是评估企业盈利能力的一个重要指标。如果一家企业的销售毛利率在同行业中偏低，而其净资产收益率却高于同行业，则意味着这家企业的费用控制管理很成功，其生产力高于同行业平均水平。

（9）每股收益，即净利润/加权平均发行在外的普通股股数。如果企业股权结构单一，全是普通股，则每股收益通过这个公式即可得出。如果结构复杂，还有优先股、可转换债券等，股数就得进行加权计算后再除以净收益。每股收益是财务报告的基本指标，也是风险投资人最关注的指标，所以美国会计管理机构规定财务报表必须公布每股收益，甚至规定必须把它印在上市公司损益表的封面上。

（10）市盈率，即普通股每股市价/普通股每股收益，也叫收益乘数。它实际上是上市公司的人气指数，为大众看好的公司的市盈率往往大大高于同行业其他公司的市盈率。它反映的是投资人的一种心理预期，这种预期往往大大超过公司真正的获利能力，但人气旺意味着买盘多，股票肯定升值，因此市盈率是判断股票能否升值的指标。

（11）股利实得比率，即普通股每股股利/每股市场价格。对于追求现金回报的投资人来说，股利实得比率比市盈率更重要。股利实得比率低意味着企业将收益大部分投入了扩大再生产，一般新的或成长中的企业都具有这个特点。所以，较保守的投资人倾向于买蓝筹股，因为它们的股利实得比率较高。

（12）股利支付比率，即每股普通股利/普通股每股收益。这个比率同前面讲的股利实得比率是同一事物的两种反映。凡股利实得比率高的公司，其股利支付比率也高，反之亦然。后面这三种比率主要用于上市公司，不是我们讨论的重点，所以就此打住。前面所做的分析，创业者应尽可能地了解、掌握。

### 3.9.4　盈亏平衡分析

盈亏平衡分析是指通过盈亏平衡点（BEP）分析项目成本与收益的平衡关系。各种不确定性因素（投资、成本、销售量、产品价格、项目寿命等）的变化会影响投资方案的经济效果，当这些不确定性因素的变化达到某一临界值时，就会影响方案的取舍。盈亏平衡分析的目的就是找出这个临界值，即盈亏平衡点，判断投资方案对不确定性因素变化的承受能力，为决策提供依据。

盈亏平衡点越低，说明项目盈利的可能性越大，亏损的可能性越小，项目有较强的抗风险能力。盈亏平衡分析分析的是生产量（销售量）、成本与利润的关系，所以又称量本利分析。很多企业在创业初期失败，是因为创业资本被过多地用于购买固定资产。除非有些设备明显是初期所必需的，否则其购买应尽可能推迟。固定成本越高，达到盈亏平衡并开始获利所需的时间就越长。亏损太大、时间过长，不利于创业企业的成长。创业企业需要尽快获利，否则它将面临亏损甚至破产。盈亏平衡分析不仅适用于企业前期的项目规划，还适用于企业的日常运营。

线性盈亏平衡分析的步骤和方法如下。

#### 1. 线性盈亏平衡分析的假设分析

（1）生产量（$Q$）等于销售量。

（2）固定成本（$F$）不变，单位可变成本（$V$）与生产量成正比。

（3）销售价格（$P$）不变。

（4）只按单一产品计算，若项目生产多种产品则换算成单一产品。

#### 2. 盈亏平衡分析的图解法和代数解析法

由前面的假设条件可知：

销售收入 $S = P \times Q$

生产总成本 $C = F + V \times Q$

1）图解法

图解法如图 3-11 所示。

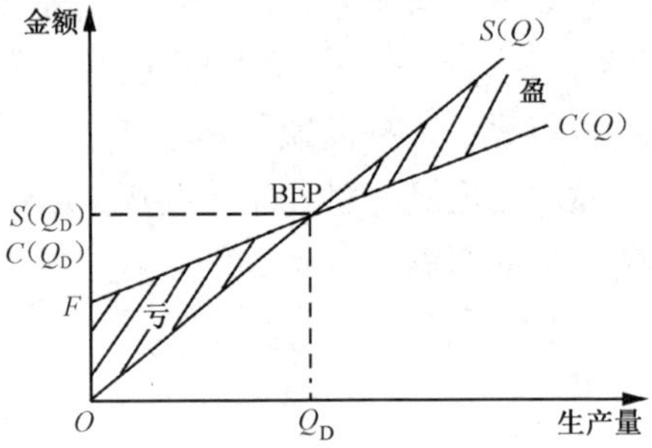


图 3-11　图解法示例

2）代数解析法

（1）以实际产量表示的盈亏平衡点（$Q^*$）。

$$Q^* = \frac{F}{(P-V)}$$

（2）以销售收入表示的盈亏平衡点（$S^*$）。

$$S^* = P\frac{F}{(P-V)}$$

（3）以生产能力表示的盈亏平衡点（$E^*$）。

$$E^* = \frac{Q^*}{Q_{max}}\frac{F}{(P-V)\ Q_{max}}$$

（4）以最大产量时的产品单价表示的盈亏平衡点（$P^*$）。

$$P^* = V + \frac{F}{Q_{max}}$$

商业计划书中的财务预测一般只需提供未来三年的销售收入、净利润等关键预测数据和测算依据，更加详细的三表预测、财务分析等可以在与投资人签订保密协议之后，根据投资人的要求再专门提供。

### 3.9.5　风险投资的回报与退出

风险投资人最终想要得到的是现金而非为投资而投资。创业者要描述怎样使风险投资人最终以现金的方式收回其对本企业的投资。

在阅读了创业者一系列的美妙设想和规划后，风险投资人还有最后的两个问题需要解答：他将获得多少投资回报？他的投资资金如何退出？

这两个问题直接关系到本次风险投资是否成功，因此这是他关心的关键性问题。

在这一部分中，创业者必须对创业企业未来上市公开发行股票的可能性、出售给第三者的可能性及创业企业将来在无法上市或出售时回购风险投资人股份的可能性给予周密的预测。当然，任何一种可能性都要让风险投资人明了他的投资回报率。

### 1. 退出方式

风险投资人的投资大体有三种退出方式，商业计划书中应该对这三种方式都进行描述，但要指出哪一种是最可能的方式。

1）公开上市

第一种可能的退出方式就是公开上市。公开上市后，公众会购买企业的股份，风险投资人所持有的部分或全部股份就可以卖出。

对于创业企业来说，选择公开上市可以得到以下几个方面的便利：公开上市可以使企业筹集到大量的资金，上市后也有再融资的机会，从而为企业的进一步发展壮大提供了资金来源；可以推动企业建立规范的经营管理机制，完善企业治理结构；公开上市是对企业管理水平、发展前景、盈利能力的肯定；股票交易的信息通过各种媒介不断向社会公布，扩大了企业的知名度，增强了公众的信任度，提高了企业的市场地位，扩大了影响力，有助于企业树立品牌形象，增加市场销售量；可以利用股票期权等方式实现对员工和管理层的有效激励，有利于企业吸引优秀人才，激发员工的工作热情，从而增强企业的发展潜力和后劲；股票上市流通扩大了股东基础，使股票有较高的买卖流通量，股票的自由买卖也可使股东在一定条件下较为便利地兑现投资资本；企业上市后，有助于提高自身的信用状况，增强金融机构对企业的信心，使企业在银行信贷等业务方面获得便利；上市后股票价格的变动，形成对企业业绩的一种市场评价机制；成为公众企业后，有助于企业更好地承担起更多的社会责任。

但是，如果创业者将上市作为个人财富积累的终极目标和手段就大错特错了。

企业上市时机的选择与企业的生命周期密切相关。一般高科技企业的生命周期可分为创业期、早期成长期、稳定成长期及成熟期四个阶段。一般来说，第三个阶段，即稳定成长期是企业上市的最佳时机。因为在此之前企业还需要资本注入，特别是由于其现金流量为负，而股市投资人不愿意投资前景不确定的企业，此时不符合上市条件；在此之后由于企业的成长较为稳定，增值潜力已不大，企业上市没有意义。

对于创业企业来说，一旦时机成熟，高速成长、上市并获得高额回报并非遥不可及。例如，当百度的搜索服务模式得到市场认同后，其每年的净利润以100%以上的速度在增长，并成功在纳斯达克上市。还有的企业才成立两年多，就完成了上市，如空中网、完美时空等。

企业上市时机的选择非常重要，上市时机对于企业股票能否顺利发行及发行价格的高低都可能产生很大影响。上市时机的选择，一般要考虑市场的状况和企业的具体情况。

从市场状况出发要考虑的因素如下。

（1）在股市低迷的时候，企业进行上市准备所花费的成本要低于行情好的时候。

（2）投资人是否对企业所处的行业或板块有投资热情，上市时是否会成为热点。

（3）其他同类股票的市场表现。同类股票市场表现较好将会使企业的股票发行价格提高。

（4）上市时是否有其他同类股票发行，要避免竞争。

从企业自身情况出发要考虑的因素如下。

（1）企业资金需求的时间因素。企业因项目未落实未能有效利用所筹集到的资金，如果将资金存在银行，将会挫伤投资人的积极性。

（2）能否准确预测全年的利润，使上市招股说明书中的承诺得以实现。

（3）在招股书内披露的经过审核的财务数据的日期不得超过招股书规定的期限（如香港规定为 6 个月）。

在企业上市地点的选择方面，企业选择在境内或境外上市应视各自的具体情况而定，既要考虑企业自身的比较优势和市场定位，又要对不同证券交易所和市场投资人的比较优势进行评估，充分考虑成本、收益及企业发展战略三个方面的关系。

从成本看，不同交易所由于上市条件、监管规则、交易规则等的不同，上市的交易成本也不同；从收益看，不同交易所的资金供给量不同、交易所的品牌效应不同，企业通过股票发行所获取的溢价收益不同；从企业发展战略看，在不同交易所上市，对企业的战略形象、国际知名度影响不同。

一般来说，选择在境内上市时，企业对境内相关法律法规和拟上市地点的规则比较了解，文化背景相通，上市成本较低，有地理位置优势，容易得到投资人的认同，广告效应明显。但创业企业普遍具有可控性差、经营风险大、资产规模小、资本金偿付能力有限的特点，无法达到目前条件较高、要求严格的境内证券市场上市标准，或勉强达到标准但却无法承担在境内上市的成本。

与境内市场相比，那些条件较为宽松的境外市场日益成为创业企业的重点关注对象。如果企业的主要产品和市场在境外，或者国际化程度较高，能得到境外市场及投资人的高度认同，或者企业需要多地上市解决融资问题，可选择在境外上市。需要指出的是，创业企业选择在境外上市必须缜密考虑上市的方式和时机，才能有利于企业的发展，否则将影响自身的发展。

2）并购收购

对于创业企业来说，并购收购并不一定是不好的选择。当创业企业发展受困时，可以利用并购收购，大大缩短项目的建设周期或投资周期，迅速进入目标市场；利用并购收购带来的规模效应，合理利用与整合资源，降低总成本；利用并购收购获得的人力资源、管理资源、技术资源、市场资源等，提高产品或服务的整体竞争能力。把企业出售给一家大公司通常是某个大集团，这也是股权转让的常用方式之一。如果采用这种方式，商业计划书中一定要提到几家对本企业感兴趣并有可能采取收购行动的大集团或大公司。在成交价格方面必须拿资本市场的同类型企业做对比，以同行业内的并购收购做例证以增强说服力。

3）偿付安排

最后一种方式是企业可以给风险投资人提供的偿付安排，即企业回购股份。在偿付安排中，风险投资人会要求企业根据预先商定好的条件回购其手中的股份权益，创业者必须说明回购股份的能力保障是什么。

2. 投资回报率

投资回报率对风险投资人来说当然很重要。你要向他表明如果他投入了所要求的资金量，他会得到多少回报。例如，如果某个投资人向企业投资 30 万元购买了 30%的股权，四年后，企业成为拥有 300 万元税前利润的上市公司，300 万元乘 8 倍市盈率就是 2400 万元，这就是公认的价值。2400 万元乘 30%，就是 720 万元。假定四年后，该投资人即把 30%的股权出售，则他的投资回报为 720 万元。

### 案例 3.12　证券市场的选择

创业企业上市的选择包括境内市场和境外市场。境内市场包括深沪两地主板、中小企业板、创业板、科创板等不同板块的证券市场体系。由于服务对象不同，各板块在发行标准、制度设计、风险特征、估值水平等方面都有所区别。

从企业的生命周期看，主板市场主要服务于经营相对稳定的大型成熟企业，中小企业板市场主要服务于达到成熟阶段的中小企业，而创业板市场则主要服务于处于成长阶段中接近成熟期的中小企业。

对于已满足上市要求的企业，深沪两地的主板市场是最好的选择，上市和集资可一步到位。但对企业的合规考量相当严格，有固定业绩等多项硬性要求，监管机构会有针对性地针对企业的软肋要求披露，并确保合规，这对许多摸着石头过河的创业企业提出了重大挑战，有些企业因为历史遗留问题或税务问题迟迟无法达标。此外，主板上市对上市的时机要求很高，时机不好时很难成功发行股票，有的企业甚至因错过时机而永远错过了上市的机会。

深圳证券交易所的中小企业板为主业突出、具有成长性和高科技含量的中小企业提供了直接融资平台。中小企业板上市的基本条件与主板市场的完全一致，差别只是企业的规模相对较小。

与主板市场只接纳成熟的、已形成足够规模的企业上市不同，深圳证券交易所创业板以成长型创业企业为服务对象，重点支持具有自主创新能力的企业上市，具有上市门槛相对较低、信息披露监管严格等特点。

从总体上看，创业板的上市条件比中小企业板的要更为宽松，两个板块的功能定位各有侧重，不能简单地把创业板理解为“小小板”。中小企业板主要服务于即将或已进入成熟期、盈利能力强但规模较主板小的中小企业；而创业板以成长型创业企业为服务对象，重点支持自主创新企业，这些企业的成长性特点突出，开始具备一定的规模和盈利能力，在技术创新、经营模式创新方面非常活跃。

目前，很多国家设立了创业板市场。其中，美国纳斯达克、英国AIM、日本佳斯达克、韩国科斯达克的发展较为良好。中国创业板市场自2009年10月正式启动以来，至2010年12月共有144家上市公司，总市值超过5000亿元。创业板第一批上市公司发行市盈率58倍，第二批发行市盈率88倍，一年内“创造”了500多个亿万富豪，创业板一时间被视为“造富”的场所。

主板、中小企业板、创业板上市条件对比如表3-14所示。

**表3-14 主板、中小企业板、创业板上市条件对比**

| | A股主板（包括中小企业板） | 创 业 板 |
|---|---|---|
| 主体资格 | 依法设立且合法存续的股份有限公司 | 依法设立且持续经营三年以上的股份有限公司 |
| 盈利要求 | （1）最近3个会计年度净利润均为正数且累计超过人民币3000万元，净利润以扣除非经常性损益前后较低者为计算依据；<br>（2）最近3个会计年度经营活动产生的现金流量净额累计超过人民币5000万元，或者最近3个会计年度营业收入累计超过人民币3亿元；<br>（3）最近一期不存在未弥补亏损 | 最近两年连续盈利，最近两年净利润累计不少于人民币1000万元，且持续增长；或者最近一年盈利，且净利润不少于人民币500万元，最近一年营业收入不少于人民币5000万元，最近两年营业收入增长率均不低于30%。净利润以扣除非经常性损益前后孰低者为计算依据（注：上述要求为选择性标准，符合其中一条即可） |
| 资产要求 | 最近一期末无形资产（扣除土地使用权、水面养殖权和采矿权等后）占净资产的比例不高于20% | 最近一期末净资产不少于2000万元 |

续表

| | A 股主板（包括中小企业板） | 创 业 板 |
|---|---|---|
| 股本要求 | 发行前股本总额不少于人民币 3000 万元 | 企业发行后的股本总额不少于人民币 3000 万元 |
| 主营业务要求 | 最近 3 年内主营业务没有发生重大变化 | 发行人应当主营业务突出。同时要求募集资金只能用于发展主营业务 |
| 董事及治理层 | 最近 3 年内没有发生重大变化 | 最近两年内没有发生重大变化 |
| 实际控制人 | 最近 3 年内实际控制人没有发生变更 | 最近两年内实际控制人没有发生变更 |
| 同业竞争 | 发行人的业务与控股股东、实际控制人及其控制的其他企业间不得有同业竞争 | 发行人与控股股东、实际控制人及其控制的其他企业间不存在同业竞争 |
| 发审委 | 设主板发行审核委员会，25 人 | 设创业板发行审核委员会，加大行业专家委员的比例，委员与主板发审委委员不互相兼任 |
| 初审征求意见 | 征求省级人民政府、中华人民共和国国家发展和改革委员会的意见 | 无 |

境外上市作为中国企业吸纳国外资金的重要渠道备受追捧。然而，境外上市是一项复杂的系统性工作，国内企业必须根据自身的融资规模和不同市场的上市条件、风险及成本合理挑选上市地点。

全球主要证券交易所的上市条件都在不断发展和完善，而且不同国家和地区的法律文化、市场发育的程度各不相同，对股票上市的要求也各不相同，企业要根据自身所属行业、企业融资的风险程度等选择上市地点。同样是美国的证券交易所，纽约证券交易所和纳斯达克在分工上就存在着明显的差异。纽约证券交易所是传统行业和传统性企业偏好的证券交易所，纳斯达克则更多是高科技或新经济行业及企业集聚的证券交易所。

对于中国企业而言，香港、纽约、伦敦、新加坡是主要的境外市场。香港是离内地最近的真正意义上的国际金融中心，资本市场成熟，法律法规健全，融资能力强，企业在香港上市有地域和文化上的优势，因而是中国企业上市的重要集聚地。

香港主板上市的主要要求如下。

（1）上市前三年合计盈利 5000 万港元（最近一年须达 2000 万港元），并在基本相同的管理层及所有权下营运。

（2）申请人须列出一项有关未来计划及展望的概括说明。

（3）上市时市值须达 1 亿港元。

（4）最低公众持股量：5000 万港元或已发行股本的 25%（如发行人市值超过 40 亿港元，则最低可降低为 10%）。

（5）上市时最少须有 100 名股东，而每 100 万港元的发行额须由不少于三名股东持有，主要股东的售股权利受到限制。

香港创业板上市的主要要求如下。

（1）必须从事单一业务，但允许有围绕该单一业务的周边业务活动。

（2）不设最低盈利要求，但须有 24 个月从事“活跃业务纪录”（如营业额、总资产或上市时市值超过 5 亿港元，发行人可以申请将“活跃业务纪录”减至 12 个月），期间须在基本相同的管理层及拥有权下营运。

（3）业务目标声明：须申请人的整体业务目标，并解释企业如何计划于上市那一个财政年度的余下时间及其后两个财政年度内达致该等目标。

（4）最低市值：无具体规定，但实际上在上市时不能少于 4600 万港元。

（5）最低公众持股量：3000 万港元或已发行股本的 25%（如市值超过 40 亿港元，最低公众持股量可减至 20%），主要股东的售股权利受到限制。

纽约包括纽约证券交易所和纳斯达克两个主要市场，融资成本较高，让许多企业望而却步。但对中国企业来说，这里拥有其他市场所不能比拟的资金容量、流通量、资本运作能力和品牌效应。如果能够在这里上市，则表明这家企业具备完善的治理结构和良好的信誉，表明企业经营管理制度的国际化，有助于提高企业的管理水平、品牌形象和知名度。

纽约证券交易所是世界上最大的交易所，其筹集的资金居股市之首。纽约证券交易所接受外国企业挂牌上市，但上市条件较美国国内企业更为严格，主要如下。

（1）社会公众持有的股票数目不少于 250 万股。

（2）有 100 股以上的股东人数不少于 5000 名。

（3）企业的股票市值不少于 1 亿美元。

（4）企业必须在最近 3 个财政年度里连续盈利，且在最后一年盈利不少于 250 万美元、前两年每年盈利不少于 200 万美元或在最后一年盈利不少于 450 万美元，3 年累计盈利不少于 650 万美元。

（5）企业的有形资产净值不少于 1 亿美元。

（6）对企业的管理和操作方面的多项要求。

（7）其他有关因素，如企业所属行业的相对稳定性、企业在该行业中的地位、企业产品的市场情况、企业的前景、公众对企业股票的兴趣等。

中国企业更为熟知的纳斯达克是世界公认的高新技术企业的摇篮，现已成为纽约证券交易所的竞争对手，许多世界知名的科技型企业在纳斯达克上市，如著名的微软、英特尔，以及包括搜狐、新浪、网易三大中国门户网站在内的多家中国企业。纳斯达克市场分为两个部分：纳斯达克全国市场和纳斯达克小型市场。全国市场的上市标准更严格，证券更具折现性。

相比纽约证券交易所，纳斯达克的上市标准更为宽松。对于规模稍小、缺乏深厚的营运历史和财力的外国创业企业来说，这一点是很重要的。根据纳斯达克的标准，首次发行股票的企业必须满足以下三个初始上市标准中的一个，且必须持续满足该标准的全部要求才能获得并保持上市地位。

标准一如下。

（1）股东权益达1500万美元。

（2）最近一个财政年度或者最近3年中的两年拥有100万美元的税前收入。

（3）110万股的公众持股量。

（4）公众持股的价值达800万美元。

（5）每股买价至少为5美元。

（6）至少有400个持100股以上的股东。

（7）3个做市商（Market Maker）。

（8）须满足企业治理要求。

标准二如下。

（1）股东权益达3000万美元。

（2）110万股的公众持股量。

（3）公众持股的市场价值达1800万美元。

（4）每股买价至少为5美元。

（5）至少有400个持100股以上的股东。

（6）3个做市商。

（7）两年的营运历史。

（8）须满足企业治理要求。

标准三如下。

（1）市场总值为7500万美元，或者资产总额及收益总额分别达7500万美元。

（2）110万股的公众持股量。

（3）公众持股的市场价值至少达到2000万美元。

（4）每股买价至少为5美元。

（5）至少有400个持100股以上的股东。

（6）4个做市商。

（7）须满足企业治理要求。

新加坡作为亚洲的金融中心城市之一，金融地位不如香港，虽然融资成本不高，但上市公司数量少，融资金额有限，交易不活跃。

作为世界三大金融中心之一，伦敦证券交易所的上市程序与香港证券交易所的类似，而且融资成本较低，一直吸引着不少亚洲优秀企业前往上市。

### 3.9.6 股权估值

风险投资人在与创业企业进行融资谈判时，经常面临如何为创业企业股权估值的难题。估值是资本市场参与者在特定阶段对企业内在价值的判断，其过程和方法通常是科学性和灵活性相结合的。

企业股权估值的意义在于通过对企业历史及当前基本面的分析和对反映企业未来经营状况的财务数据的预测，获得企业股权的内在价值，评估企业未来一段时间内为股东提供投资回报的能力。风险投资方与创业企业通过对企业股权估值达成一致，获得有关融资计算的基本依据。这跟我们在市场上买东西的道理一样，买卖双方要对东西的价格达成一致才能进行买卖，投资方要认可企业对其出让的股权的估值才能进行股权融资或兼并收购等资本运作。同理，创业企业必须明了对方的技术手段，才能有针对性地和对方进行谈判与讨论。

创业企业具有不同于传统企业的很多特征，往往会创造全新的盈利模式和生存法则，大多数情况下对其进行准确估值是非常困难的，需要评估者具有很高的专业性，另外估值还取决于投资人的偏好及当时的市场形势。对创业企业的股权估值要把握以下几个方面。

（1）需要准确、全面把握创新型企业高投入、高风险、高收益的特点。

（2）创新型企业的技术、市场环境千差万别、瞬息万变，需要有“动态”的估值思维。

（3）创业企业的发展历史相对较短，技术千差万别，往往缺乏历史数据，很难找到行业、技术、规模等相近的可比企业，对未来业绩的预测和推断非常困难。

（4）创业企业的非线性发展规律，意味着很难根据企业现在的盈利来计算盈利增长率，仅仅使用传统的市盈率估值方法是远远不够的。

关于股权估值，不同的阶段和不同的行业情况均会影响其结果。一般而言，股权估值多数集中在成长期与成熟期企业。如果企业处于创业早期，收入很少，没有利润，这时候不管商业计划书里面的预测做得多么详细，也不会得到较高估值，这一点创业者要有心理准备。

以一家进行了四轮融资的某生物制药公司为例。该生物制药公司抗癌药技术研发获得成功，并成功申请到专利，由某风险投资机构投资，此时每股的价格为 0.5 美元。此后，其主要产品临床试验取得成功，开始正式投产，第二轮融资的估值为每股 1 美元。该公司产品进入广东省主要医院，并实现利润，此轮融资时其估值为每股 2 美元。此后，该公司与某全国性医药销售公司达成协议，通过其进入全国市场，销售收入大幅增长，利润率稳定在较高水平。此时，公司进行了另一轮上市前融资，估值为每股 5 美元。

在行业方面，投资人更看重新兴行业的未来前景，对其股权估值普遍较高。例如，某企业现在年收入仅为五百万元，但它从事的行业具有五百亿元的市场价值，即使这家企业现在没有什么盈利甚至处于亏损状态，市场也能因为想象将其价值推高，甚至推高至难以想象的地步。

股权估值的具体计算没有固定的公式。目前被风险投资人应用较多的有以下几种方法。

### 1. 可比公司法

首先挑选与非上市创业企业同行业可比或可参照的上市公司，以同类公司的股价与财务数据为依据，计算出主要财务比率，然后用这些比率作为市场价格乘数来推断目标企业的价值，如 P/E 估值法（价格/利润）、P/S 估值法（价格/销售额）。

通常意义上所说的上市公司市盈率有两种。

历史市盈率：当前市值/公司上一个财务年度的利润（或前 12 个月的利润）。

预测市盈率：当前市值/公司当前财务年度的利润（或未来 12 个月的利润）。

投资人投资是对企业未来的经营能力给出目前的价格，所以用 P/E 估值法：

企业价值＝预测市盈率×企业未来 12 个月的利润

企业未来 12 个月的利润可以通过企业的财务预测进行估算，那么估值的最大问题在于如何确定预测市盈率。一般说来，预测市盈率是历史市盈率的一个折扣，如美国纳斯达克某个行业的平均历史市盈率是 50，则预测市盈率约为 35，而同行业、同等规模的非上市公司的预测市盈率需要再打折扣，为 20～25，同行业且规模较小的初创企业的预测市盈率则为 8～10。

目前，国内主流的风险投资估值方法是预测企业的市盈率倍数。如果某企业预测融资后下一年度的利润是 100 万美元，则企业估值为 800 万～1000 万美元。如果投资人投资 200 万美元，则企业出让的股份是 20%～25%。

目前，在国内的风险投资市场，P/E 估值法是比较常见的估值方法。对于有收入但是没有利润的企业此法则没有意义，如很多创业企业很多年也不能实现正的预测利润，那么可以用 P/S 估值法来进行估值，大致与 P/E 估值法相同。

### 2. 可比交易法

挑选与创业企业同行业、在估值前一段合适时期被投资或并购的企业，以融资或并购交易的定价作为参考，从中获取有用的财务或非财务数据，求出相应的融资价格乘数，据此评估目标企业。

例如，A 企业刚刚获得融资，B 企业在业务领域跟 A 企业相同，经营规模上（如收入）是 A 企业的两倍，那么投资人对 B 企业的估值应该是 A 企业估值的两倍左右。

可比交易法不对市场价值进行分析，只统计同类企业融资并购价格的平均溢价水平，再用这个溢价水平计算出目标企业的价值。

3. 现金流折现

这是一种较为成熟的估值方法，预测企业未来自由现金流、资本成本，对企业未来自由现金流进行贴现，企业价值即为未来现金流的现值。计算公式如下：

$$\mathrm{PV} = C/（1+r）^{t}$$

式中，PV 为现值；$C$ 为期末金额；$r$ 为贴现率或资本成本；$t$ 为投资期数。

贴现率是处理预测风险的最有效的方法，因为创业企业的预测现金流有很大的不确定性，其贴现率比成熟企业的贴现率要高得多。早期创业企业的资本成本约为 40%～60%，晚期创业企业的资本成本为 30%～50%。对比起来，更加成熟的企业的资本成本为 10%～25%。这种方法比较适用于较为成熟、偏后期的创业企业或上市公司。

4. 资产法

资产法会给出最现实的数据，通常是以企业发展所支出的资金为基础，支付与目标企业同样效用的资产的收购成本。其不足之处在于假定企业资产价值等同于所使用的资金，没有考虑与企业运营相关的所有无形价值及未来预测经济收益的价值，所以对企业估值的结果最低。

尽管风险投资人希望所有投资的企业都能成为下一个微软、下一个谷歌，但现实是大多数创业企业最终会失败，风险投资人必须在成功的企业身上赚到 10 倍甚至更多的回报来弥补其他失败项目的投资。投资回报与投资阶段相关。投资早期创业企业的风险投资人通常会追求 10 倍以上的回报，而投资中后期创业企业的风险投资人通常会追求 3～5 倍的回报。

### 案例 3.13　波动的企业估值

创业企业估值的困难，给风险投资人的眼光与定价能力提出了新的挑战，其突出表现就是创业企业估值会随着市场变化而大幅波动。

2010—2011 年年初，中国国内火爆异常的团购网站是风险投资人眼中的“香饽饽”，很轻易就能拿到几个亿的投资。以拉手网为例，从 2010 年 3 月开张至 2011 年 4 月，其完成了 3 轮融资，金额分别为 500 万美元、5000 万美元、1.11 亿美元，员工数从 20 多人激增到 1000 多人，企业估值从初创时的 100 万美元蹿到了 11 亿美元。而到了团购网站面临生存危机的 2011 年 11 月，拉手网宣布计划在纳斯达克上市，拟融资 1 亿美元，但企业估值已经降至 7 亿美元左右，意味着投资拉手网的风险投资人将可能面临刚上市即浮亏的窘境。

对于上市成功的创业企业，市场对其估值的变动会更加直接、更加深刻地影响其持续经营能力。搜狐等早期上市的中国三大门户网站在 2000—2001 年互联网泡沫破裂时都经历过股价跌幅超过 95%，但市场信心恢复后股价涨幅超过 30 倍的情况。

企业估值是投资人和创业者协商的结果，受到众多因素的影响，仁者见仁，智者见智，没有一个绝对正确的值。企业的估值不仅要考虑创业企业的利益，也要考虑投资人的增值服务能力和投资协议中的其他非价格条款。最重要的一点是，时间和市场不等人，不要因为双方估值分歧而错过投资和被投资机会。

**财务分析不能忘：**

（1）展示财务现状。

（2）今后三年的发展预测。

（3）投资计划。

（4）估测及其包括的内容：

- 销售估计；
- 管理成本；
- 产品成本；
- 销售成本；
- 边际毛利；
- 销售增长；
- 债务利率；
- 收入税率；
- 应收账款回收计划；
- 应付账款计划；
- 存货周转；
- 减价计划；
- 资产利用率；
- 利润表（损益表）。

（5）资本退出方式。

## 案例 3.14　某公司商业计划书财务与融资部分

1. 公司（三年）投资计划

（1）投资方向和资金使用项目。

公司在 2000 年 5 月—2003 年 6 月的第一个三年计划期内，重点投资方向将限制在信息安全技术和应用产品的研发、合作生产、销售等方面。

在公司第一个三年计划内，资金的使用和投资项目如下：

① 公司管理费用；

② 公司固定资产购置（不包括信息安全实验室部分）；

③ 投资建设中国一流的信息安全实验室；

④ 投资于 ABC 信息安全理论和核心技术的研发和优化，保持技术的国际国内领先地位；

⑤ 投资于 ABC 信息安全应用产品的研发、合作生产、销售等；

⑥ 市场拓展、公关宣传、广告等费用。

（2）投资计划（第一个三年计划内）。

初步计划，三年内公司将完成投资 8500 万元人民币，主要如下。

① 公司管理费用（估算）：700 万元。

初步估计，公司的人员规模和管理费用如下：

2000 年 5 月—2001 年 6 月，公司人员控制在 25 人左右，管理费用为 150 万元；

2001 年 7 月—2002 年 6 月，公司人员控制在 35 人左右，管理费用为 250 万元；

2002 年 7 月—2003 年 6 月，公司人员控制在 50 人左右，管理费用为 300 万元；

三年合计 700 万元。

② 公司固定资产购置：300 万元。

例如，购置办公设备、汽车、房产等较大的固定资产，初步计划年均投入为 100 万元，三年共计 300 万元。

③ 信息安全实验室投资：3500 万元。

公司计划在三年内，在海南省海口市投资建设一个全国一流的信息安全实验室。预计三年内信息安全实验室投资额将达到 3500 万元（不含人员费用）。

④ 信息安全理论和核心技术的研发和优化：三年累计投入约 500 万元。

⑤ 投资于 ABC 信息安全应用产品的研发、合作生产、销售等：计划投资 2500 万元，用于三至四个产品的研发、合作生产、销售工作。

⑥ 市场拓展、公关宣传、广告等费用：初步估算为 1000 万元。

该公司第一个三年计划投资计划表如表 3-15 所示。信息安全实验室建设投资估算表如表 3-16 所示。

表 3-15 ×××公司第一个三年计划投资计划表

| 项目 | 2000 年 5 月—2001 年 6 月 | 2001 年 7 月—2002 年 6 月 | 2002 年 7 月—2003 年 6 月 | 合计 |
|---|---|---|---|---|
| 1．公司管理费用 | 150 万元 | 250 万元 | 300 万元 | 700 万元 |
| 2．公司固定资产购置 | 100 万元 | 100 万元 | 100 万元 | 300 万元 |
| 3．信息安全实验室投资 | 840 万元 | 2310 万元 | 350 万元 | 3500 万元 |
| 4. 信息安全理论和核心技术的研发和优化 | 200 万元 | 150 万元 | 150 万元 | 500 万元 |
| 5．ABC 信息安全应用产品的研发、合作生产、销售 | 1500 万元 | 1000 万元 | | 2500 万元 |
| 6．市场拓展、公关宣传、广告等费用 | 300 万元 | 400 万元 | 300 万元 | 1000 万元 |
| 合计 | 3090 万元 | 4210 万元 | 1200 万元 | 8500 万元 |

表 3-16 ×××信息安全实验室建设投资估算表

| 项目 | 2000 年 5 月—2001 年 6 月 | 2001 年 7 月—2002 年 6 月 | 2002 年 7 月—2003 年 6 月 | 合计 |
|---|---|---|---|---|
| 1．房地产投资（占地 20 亩，建筑面积为 9267 平方米） | 840 万元 | 960 万元 | | 1800 万元 |
| ①土地 | 50 万元 | | | 50 万元 |
| ②规划与设计费 | 40 万元 | | | 40 万元 |
| ③土建 | 750 万元 | | | 750 万元 |
| ④装修 | | 800 万元 | | 800 万元 |
| ⑤绿化 | | 80 万元 | | 80 万元 |
| ⑥其他 | | 80 万元 | | 80 万元 |
| 2．实验设备投资 | | 1200 万元 | 300 万元 | 1500 万元 |
| 3．其他设备和固定资产投资 | | 150 万元 | 50 万元 | 200 万元 |
| 合计 | 840 万元 | 2310 万元 | 350 万元 | 3500 万元 |

2．资金来源（三年内）

在 2000 年 5 月—2003 年 6 月的三年内，企业资金来源包括公司股本金（含增资扩股）、营业收入和银行贷款三部分。

（1）公司股本金。

目前，公司股本金 600 万元已全部到位，其中 420 万元是现金，这是公司发展的种子资金。

公司计划在 2000 年年底或 2001 年年初，引进新的投资人，争取扩大注册资本，组建成立规范的股份公司，初步计划股本金增加到 2000 万股，新增股份 1400 万股，初步估计按 1∶2.5 的比例溢价发行，从而获得 3500 万元左右的股本金投入。

（2）营业收入。

初步估计，公司在 2000 年上半年，能够将 ECC 加密技术和产品进行商业应用，2000 年 5 月—2001 年 6 月可实现营业收入 1000 万元，2001 年 7 月—2002 年 6 月可实现营业收入 8000 万元，2002 年 7 月—2003 年 6 月可实现营业收入 12 000 万元。

（3）银行贷款。

由于政策不断向科技企业、中小企业有利的方向倾斜，估计公司将能在 2001 年年底或 2002 年年初进行实验室投资时，用固定资产进行抵押，争取 1500 万元左右的银行贷款。

从上述分析可以看到，公司从 2000 年 5 月—2002 年 6 月的两年内，需投资 7300 万元，公司股本金（含增资扩股）现金为 3920 万元，银行贷款为 1500 万元，合计为 5420 万元，资金缺口为 1880 万元，要依靠两年的营业收入解决。预计 2000 年 5 月—2002 年 6 月的两年内，公司将实现营业收入 9000 万元，因此保证资金的供应是有保障的。

3. 效益预测

（1）股东投资回报的来源。

① 产业经营的收入和股利分配：产品销售收入、专利技术许可及转让收入、技术投资入股或技术合作收入等。

② 资本经营：股票上市的收入、股权转让的收入等。

股票上市：公司将股票上市（以国内创业板为首选目标）作为公司实现远期战略的重要步骤。公司上市有助于加强公司的持续融资能力、提升公司形象。我们亦充分理解上市对风险投资人的重要意义。因而，我们从公司组建就开始为上市做铺垫，在人员、股权结构和组织结构上均做了充分安排。

股权转让：股权转让是风险投资退出的另一选择。由于本公司具有优良的内外资源和可预期的市场前景，必将会成为国内外很多公司，包括上市公司的投资目标。我们预计，公司经过两年的创业经营，风险投资人会从股权转让中获取可观的收益。

（2）投资收益预测。

① 营业收入。

初步估计，包括产品销售收入、专利技术许可及转让收入、技术投资入股或技术合作收入等在内的营业收入如下：

2000年5月—2001年6月　1000万元；
2001年7月—2002年6月　8000万元；
2002年7月—2003年6月　12 000万元。
三年合计21 000万元。

② 经营成本。

高新技术产品的附加值很高，经营成本按收入的50%计算如下：
2000年5月—2001年6月　500万元；
2001年7月—2002年6月　4000万元；
2002年7月—2003年6月　6000万元。
三年合计10 500万元。

③ 税前利润。

经营收入扣除经营成本后，税前利润如下：
2000年5月—2001年6月　500万元；
2001年7月—2002年6月　4000万元；
2002年7月—2003年6月　6000万元。
三年合计10 500万元。

④ 税后利润。

扣除营业税及附加（销售收入的5.45%）、企业所得税（海南省的企业所得税税率为15%，高科技企业还可以争取减免），税后利润：

$$10500 - 21000 \times 5.45\% - (10500 - 21000 \times 5.45\%) \times 15\% = 7952\text{（万元）}$$

由此可见，公司在三年内，将创造税后利润至少7952万元（如果企业所得税减免，还可以提高利润），按增资扩股后组建的股份公司股本2000万股计算，每股税后利润合计将达到3.98元，投资收益十分可观，并将为公司的长远发展和资本经营奠定良好的基础。

（3）结论。

经初步分析，公司通过产业经营和资本经营，将为投资人创造巨大的经济效益和社会效益。

盈利预测表如表3-17所示。

表3-17　盈利预测表

| 年　限 | 2000年5月—2001年6月 | 2001年7月—2002年6月 | 2002年7月—2003年6月 | 合　计 |
|---|---|---|---|---|
| 经营收入 | 1000万元 | 8000万元 | 12 000万元 | 21 000万元 |
| 经营成本 | 500万元 | 4000万元 | 6000万元 | 10 500万元 |
| 税前利润 | 500万元 | 4000万元 | 6000万元 | 10 500万元 |

续表

| 年　　限 | 2000 年 5 月—2001 年 6 月 | 2001 年 7 月—2002 年 6 月 | 2002 年 7 月—2003 年 6 月 | 合　　计 |
|---|---|---|---|---|
| 税费（营业税及附加按销售收入的 5.45%，企业所得税税率按 15%计算） | 121 万元 | 971 万元 | 1456 万元 | 2548 万元 |
| 税后利润 | 379 万元 | 3029 万元 | 4544 万元 | 7952 万元 |

现金流量预测表如表 3-18 所示。

表 3-18　现金流量预测表

| 年限 | 2000 年 5 月—2001 年 6 月 | 2001 年 7 月—2002 年 6 月 | 2002 年 7 月—2003 年 6 月 |
|---|---|---|---|
| 期初现金余额 | 420 万元 | 1709 万元 | 6028 万元 |
| 现金流入 | 4500 万元 | 9500 万元 | 12 000 万元 |
| 经营活动的现金流入<br>融资活动的现金流入<br>投资活动的现金流入 | 1000 万元<br>3500 万元<br>0 | 8000 万元<br>1500 万元<br>0 | 12 000 万元<br>0<br>0 |
| 现金流出 | 3211 万元 | 5181 万元 | 8656 万元 |
| 经营活动的现金流出<br>缴纳税费<br>股利分配的现金流出 | 3090 万元<br>121 万元<br>0 | 4210 万元<br>971 万元<br>0 | 7200 万元<br>1456 万元<br>0 |
| 净现金流量 | 1289 万元 | 4319 万元 | 3344 万元 |
| 期末现金余额 | 1709 万元 | 6028 万元 | 9372 万元 |

## 3.10　附录

当风险投资人想要了解的有关细节都能在附录中找到时，你就会发现，附录部分并非画蛇添足。

附录同样是商业计划书的一个重要部分。为了使正文言简意赅，许多不能在正文中过多叙述的内容可以放在附录中，特别是一些表格、个人履历、市场调查结果、相关的辅助证明材料等，都应该放在附录中。因此，附录绝不是可有可无的东西。附录是正文的重要补充。

### 3.10.1　附录和正文的关系

利用附录增加商业计划书正文的内容。编写商业计划书是一个非常棘手的问题，要在有限的篇幅之内表达企业经营的所有内容。你可能对自己开发的新产品、设计的新包装、与大顾客签订的大合同或市场调查结果非常满意，但是没法把这些内容都写在商业计划书之内，因为这样商业计划书将会显得冗长，不能很好地突出重点。所以，你可以把各种需要详细登记的情况放在附录中，为商业计划书提供更充实的资料。附录为商业计划书提供补充资料，但不能把商业计划书所必需的资料放在附录中，所有必需的资料一定要放在商业计划书的正文中。

### 3.10.2　附录包括的内容

以下内容是大多数商业计划书都要涉及的内容，对正文都有不同程度的支持作用。本书提供的是一般的信息，不同的企业有不同的情况，不可千篇一律，全部照此模仿。

1. 主要合同资料

这部分内容是附录的主要部分，主要是顾客签订的大宗合同，对支持商业计划书正文特别有用。因为它向投资人表示，只要资金到位，你马上就会有大笔进项，或显示你的产品或服务有很大的市场。主要合同资料最容易引起投资人的兴趣。

2. 信誉证明

各种可以证明企业信誉的文章、信件、银行证明、顾客证明等，都对在投资人面前建立企业信誉有极大的正面作用。这些材料可以在投资人面前显示企业有能力生产出好的产品或服务，或者你有能力经营好企业，创造出丰厚的利润。如果企业曾经被主要报纸杂志正面报道过，更显示本企业是一个非常有实力、有良好信誉的企业。

3. 图片资料

表格、图片与视频等文件信息量大、直观、便于理解，对投资人快速认识和理解企业产品或服务有很大帮助，一般包括以下内容。

（1）产品或服务功能展示。对于一些不好用文字叙述的产品，提供产品图片或视频文件将起到很好的作用。

（2）经营地点规划。

（3）重要的基础设施和生产设备等。

大多数情况下，一般不使用人物照片。

4. 分支机构列表

如果企业有一些分支机构，如分店、分公司、分厂、办事处等，可以用表格的方式附在附录中。

5. 市场调查结果

如果在准备商业计划书时，企业进行了大量的市场调查研究工作，可以把调查研究结果详细地列在附录中；如果政府的发展计划对企业的发展有积极影响，应该在附录中尽量附上有关各级政府的文件，如中华人民共和国国务院五年发展计划、所属行业部委的发展计划、所在地区（省、市、县、区等）的发展计划等。这些文件很可能是影响企业未来发展的关键性文件，所以应该尽量附上对自己有利的各种与政府计划和法规有关的文件。

6. 主要领导人的履历

如果企业的主要领导人或关键人物的经历对读者特别有吸引力，可以把这些主要人物的履历放在附录中；如果这些人物不是特别有吸引力的人物，则可以略去。

个人履历容易犯的五个错误及特例。

（1）过于冗长。最初的履历最好一页，十年后可以增至两页。特例：保荐、求学履历可以完全扩展开来，而且要注明个人所发表的论文及所参加的学术活动。

（2）过于个性化。履历的语气、内容及形式通常是保守的，切忌哗众取宠，更不要提及太多的个人信息。如果你做的是广告娱乐这一行，则完全可以把每一细节都一一列出。

（3）过于乏味。履历不仅是一张列举你工作和求学经历的清单，还应该强调你在以前的任职期间学到过什么东西。

（4）前后脱节或漏洞百出。如果你声称自己有过营销的经历，却未能列出与之相应的职位，这难免让人奇怪。如果你拼错了此前所在公司的名称，或把受聘日期搞错，也会让人产生怀疑。

（5）过于注重细节。除非高科技人员想给人留下博学的印象，否则太注重细节容易给人留下斤斤计较的印象。

7. 技术信息

如果企业开发和使用了新技术，而投资人又对这些技术具有一定的了解，或比较熟悉这个领域的情况，则需要在附录部分提供有关这些技术的详细资料，有时还需要提供图纸。当然，必须在不泄露秘密的情况下提供这些信息。

8. 生产制造信息

如果企业属于制造业，则需详细地描述整个生产过程，或用方框图表示生产过程和工艺流程。这些内容不能占用正文的篇幅，可以放在附录中。

9. 宣传资料

企业为了销售，往往印刷各种宣传品，如产品介绍、说明书、促销宣传品等。这些东西都不能放在正文中，如果你认为有必要让投资人更多地了解有关产品的信息，可以把这些内容放在附录中。

10. 工作时间表

有时企业为了显示劳动力的使用情况，或企业生产管理的详细情况，特别是那些实行两班或三班工作制的企业，可以在附录中附上工作时间表或排班表。

11. 平面布置

零售业企业和制造业企业为了显示合理充分利用空间，可以附上设备安装平面图或货架摆放平面图。通过平面图展示设备或货架的合理布局，向投资人显示良好的管理能力。

12. 其他方面的信息

根据不同企业的具体情况，还可以在附录补充其他的一些信息以充实商业计划书的内容。至于应该加什么信息，不应该加什么信息，完全要依企业情况而定，具体问题，具体分析。对此，并没有一个固定的原则或模式。只要你认为对商业计划书有利的信息都可以加进去。但是，无论补充什么内容都要本着简明精炼的原则，不要使篇幅过长，特别是在撰写竞争分析、市场销售预算、设备购买计划时，更要注意以精练的语言、清晰的方式，表达较多的信息。

### 3.10.3　附录的撰写原则

并非所有的资料都可以放在附录中。撰写附录时必须遵循以下原则。

（1）商业计划书必须与附录分开。如果你有许多附录，就应该把它们按功能分类，分开装订。这样可以使商业计划书显得薄一些，更能突出主体，使附录不会喧宾夺主。许多投资人在第一次看商业计划书时不读附录。如果附录不与正文分开，他们一看商业计划书很厚，就会产生厌倦的心理，失去阅读兴趣。

（2）附录为商业计划书提供必要的补充资料。不要把所有的东西都放在商业计划书的附录中，在附录中只放那些你认为确实可以充实正文的内容，让附录确实对整个商业计划书起到强有力的补充作用。

（3）要在附录中放进正文没有提到的信息。附录中所有的信息必须与正文的内容有关，千万不可以画蛇添足。

（4）附录也必须尽可能短，避免长篇大论，空洞无物。附录的长度不能超过正文的长度。撰写附录应该遵循与撰写正文一样少而精的原则。

**简明提示：**

可以放在附录中的内容：

- 主要员工履历；
- 样品；
- 产品图片；
- 广告范例；
- 宣传简报；
- 设备图片；
- 厂房布置计划；
- 资信报告；
- 租约；
- 重要合同；
- 市场调查结果；
- 其他相关信息。

## 3.11 其他应注意的事项

商业计划书的内容全部完成之后也并非万事大吉，你要尽可能使你的商业计划书趋于完美，并想尽办法引起风险投资人的注意。

### 3.11.1 商业计划书的检查

在商业计划书写完之后，创业者最好再对商业计划书检查一遍，看一下该商业计划书是否能准确回答投资人的疑问，争取投资人对本企业的信心。通常，可以从以下几个方面对商业计划书加以检查。

（1）商业计划书是否显示出你具有管理企业的经验。如果你自己缺乏能力去管理企业，那么一定要明确地说明，你已经雇用了一位经营专家来管理企业。

（2）商业计划书是否显示了你有能力偿还借款。要保证给预期的投资人提供一份完整的比率分析。

（3）商业计划书是否显示了你已进行过完整的市场分析。要让投资人坚信商业计划书中阐明的产品需求量是真实的。

（4）商业计划书是否容易被投资人所领会。商业计划书应该备有索引和目录，以便投资人可以较容易地查阅各个章节。此外，还应保证目录中的信息流是有逻辑的和现实的。

（5）商业计划书中是否有计划摘要，并且是否放在了最前面。计划摘要相当于企业商业计划书的封面，投资人首先会看到它。为了保持投资人的兴趣，计划摘要应写得引人入胜。

（6）商业计划书是否在文法上全部正确。如果不能保证，那么最好找人检查一下。商业计划书的拼写错误和排印错误可能会使创业者失去融资机会。

（7）商业计划书能否打消投资人对产品或服务的疑虑。如果需要，可以准备一件产品模型。

商业计划书中的各个方面都会对融资的成功与否产生影响。因此，如果对你的商业计划书缺乏信心，那么最好去查阅一下商业计划书编写指南或向专门的顾问请教。

需要说明的是，没人会要求创业者必须把商业计划书写得十全十美、无可挑剔，但是在字里行间，风险投资人可以看出创业者是否具有创业的能力、是否诚心诚意、是否认认真真地为创业进行准备、是否功夫做尽。只要风险投资人对创业者的项目有兴趣，即使商业计划书有不完善之处，大部分的风险投资机构会愿意和创业者沟通，设法帮助创业者进行完善。为了提高彼此的工作效率，创业者要理解和尊重风险投资机构的工作方式，努力写出一份尽可能完善的商业计划书。

### 3.11.2　保密协议

在正式的投资谈判中，会涉及大量的商业机密，其中有些可能对创业者的业务有着重大影响，威胁到创业者的切身利益。因此，在谈判开始前，签署一份正式的保密协议是必要的。事实上，在国外，风险投资被称为保密性最强的行业，风险投资人和融资方均对投资细节和有关方案持高度保密态度。这有两个方面的原因：一是在投资谈判过程和投资实施过程中会涉及许多商业机密，而这些商业机密往往是盈利的基础；二是风险投资在对股权分配、创业企业定价方面有着较强的随意性，价格和其他条件常常是由双方的谈判力量决定的，经常出现项目相似，谈判得出的定价完全不一样的情况。因此，保密对双方都有重大利害关系。

签订书面形式的保密协议是必要的，因为任何口头的协定都不能保证信息的安全。双方公司的法律顾问应详细复核、检查这份协议，以确保协议内容已包含最近一次经双方协商确定的工艺或技术。

以下给出的保密协议仅供参考借鉴。

有这样一个案例：A 公司希望能保证保密信息共享后的安全性，而另一方 B 公司希望能获得这些信息。协议的末尾是双方公司的签字与签署日期。

鉴于 A 公司（公司坐落地址：________________）拥有有关专业技术和产权，B 公司（公司坐落地址：________________）有意愿获得这些信息（以下被称为“保密信息”）。

鉴于 B 公司已经充分理解这些信息被 A 公司视为机密，并且 A 公司希望 B 公司同样能就此严格保密，不得泄露给与本协议无关的第三方。因此，双方达成如下协议。

保密信息涉及上述专业技术和贸易秘密的任何信息和数据，包括披露或传递给 B 公司的专业技术和所有载有记录的媒体材料。

未经 A 公司的事先书面同意，B 公司不能将保密信息泄露给本公司指定的正式员工以外的任何人，也不能私自复印任何保密信息。

自协议生效之日起，B 公司就保密信息的以下事项或状态不承担责任：

（1）在 B 公司获得保密信息时，应签订适当的规范的文书；

（2）保密信息被公众所知，并不是因 B 公司的过错；

（3）A 公司已允许其他任何人无限制条件地使用这些保密信息；

（4）经由 A 公司的书面批准，B 公司合法地将保密信息提供给他人。

在 A 公司的书面要求下，B 公司应将所有载有记录的媒体材料和复印件回递给 A 公司。

B 公司关于保守本协议中指定 A 公司保密信息的所有义务，将于本协议签订之日后第五年年末终止。

（B 公司与 A 公司的签字、日期）

# 第 4 章 怎样和风险投资人进行成功接触

条条道路通罗马，总有一条是最适合你的。

## 4.1 寻找风险投资人的方式

现在市场上有各类投资机构及投资个人，他们都在努力地寻找有投资价值的项目，按照他们的说法，市场上根本就不缺钱，缺的是项目。同样，市场上也有众多的创业者，他们有着天才般的创业能力和热情，拥有创造巨额利润的构想和计划，甚至有可能创造出新的世界，但缺少把构想变成现实所需的资金。按照他们的说法，资本市场没有伯乐，没人识货。

众多创业者因找不到投资人而抱怨，众多投资人也因找不到合适的投资项目而困惑。沟通困难可能是其中一个十分重要的原因。或许是双方难以互相认同对方的价值标准；或许是因为某一方的固执破坏了双方的合作；也或许是因为信息不对称，导致双方失去合作的机会。因此，无论是对创业者而言还是对风险投资人而言，都需要充分了解对方，既要广泛联络，又要有的放矢，提高成功的概率。所谓“广泛撒网，重点培养”原则对双方都是适用的。

寻找风险投资有时候需要创造性地闯出一条新路，用一些他人没有想到的，或者是没有勇气去施行的方法和方式去向风险投资机构兜售自己的创意。这里只能介绍一些一般性的方法和途径，创造性的解决方案有赖于创业者发挥自己的特殊天赋去发现。无论是创业者还是风险投资人在有效合作的基础上不离不弃，经过千辛万苦、克服各种困难、排除种种干扰，实现各自目标后，往往会说，这是天意！成功之后才知道是天意，恰恰说明创业企业的成功之路是多么艰难。

事实上，除少数机缘良好的创业者和投资人之间能够做到一见面就有合作的意向外，大多数创业者需要经过曲折的道路，通过各种各样的途径和方法，经过无数次不厌其烦的路演或商务介绍，才能从众多风险投资机构中找到或者遇到合适的投资人。许多奇迹般的成功案例，在开始时都很难得到投资人的青睐，因为所谓“曲高和寡”，如果任何人都可以从中看出商机，这也就不是什么商机了。许多风险投资项目，都是创业者在走过了曲折的融资之路后才获得成功的。

1996 年，张朝阳在美国 MIT 媒体实验室主任尼葛洛庞帝和风险投资专家罗伯特的风险投资支持下创建了爱特信公司，成为中国第一家以风险投资资金建立的互联网公司。但公司初期融到的“种子资金”不久便消耗殆尽，需要进行第二轮融资。

当时的多数美国投资人对中国人十分陌生，几乎没有人愿意听他的计划。事实上，那个时候能够找到一个愿意接见这个中国创业者的投资人都很困难。在罗伯特和尼葛洛庞帝的引荐下，张朝阳只身前去美国加州会见那些投资人。

1997 年 9 月 11 日，张朝阳在这一天中马不停蹄地见了 4 位风险投资人。前三位投资人都在硅谷附近，而最后一位则在旧金山。张朝阳不得不匆匆辗转于各个会面地点。当他见完前三位投资人的时候，时间已经晚了，又遭遇了严重的堵车。到了距离会面地点还有 7 个街区的时候，他将车弃置在停车场后提着笔记本电脑飞跑到了见面地点。

在公司几乎资金断档之际，张朝阳最终筹集到了第二笔 215 万美元的融资，之后在 1999 年融入约 4000 万美元，保证了公司稳定长远的发展。

一般来说，联系风险投资人的方法有以下几种。

### 4.1.1 中介机构介绍

对于那些有一定经济基础的中小企业或创业者而言，利用专业化的中介机构的帮助最为有效和简便。在国内外，有大量专门提供风险投资专业中介服务的机构，他们提供从编写商业计划书，到简单的信息服务和咨询，以及直接牵线搭桥代办融资等广泛的中介服务，甚至有一些中介机构会直接参与投资。

利用中介机构介绍的优点如下。

（1）便利性。创业者不需要花很多时间在收集信息、通信联络等事务上，可以腾出精力和时间来从事更重要的工作，特别是对于人数较少或孤身一人的创业者来说，可以解决力量不够的瓶颈。对于那些有一定规模和经济积累，但希望求得更大发展的中小企业而言，这更是一条多快好省的路子。

（2）专业性。由中介机构来代为处理一系列的融资事务，其实是划算的。因为风险融资涉及许多非常专业的事务，如股权安排、新公司的管理结构、融资的形式、有关可转股债券的法律问题或股票期权的计算问题等，都是只有专业人员才能够胜任的工作，由创业者自己来做，难免存在一些瑕疵，甚至留下一些法律上的漏洞。从这种意义上讲，中介机构提供的服务是物有所值的，尤其是对于一些希望在国外融资的创业者而言，由于语言、环境、法律制度、文化习惯、商业模式等方面的差异，靠自己瞎摸乱闯，成功的可能性非常低，这时候显然需要依赖从事涉外融资服务的中介机构或者直接聘请海外中介人。

（3）高成功率。很明显，由中介机构提供融资服务更为专业、更有经验。事实告诉我们，由于中介机构在资本市场形成的资源优势，加上他们对创业企业项目的认可程度，企业获得风险投资的成功率是较高的，远高于由创业者自己进行的融资活动的成功率。但需要说明的是，中介机构并不能保证项目的绝对成功，它们对于风险投资机构是否会投资项目，并不起决定性作用，而且滥竽充数的情况时有发生。

其缺点如下。

（1）中介机构服务费用较高。通常这类中介机构提供服务要收取两种费用：基本服务费用和业绩提成。在融资成功前，他们为创业者提供的专业服务，如代写商业计划书、提供信息、财务顾问、管理顾问、联系与投资人见面等，都需要按照标准收取服务费用。一旦成功，还要根据融资总金额再提取一笔可观的业绩提成（常常占融资总额的 3%～5%）。这对于创业者而言是一笔较重的负担。

（2）保密性会受到影响。由于中介机构只是提供普通的中介服务，在代写商业计划书等环节中，增加了泄密的可能性。

（3）可能会出现道德风险。对于创业者而言，当然希望争取最好的融资结果，而且创业是否成功，还取决于投资人的其他属性，如是否有相关行业专家、是否有较强的资本市场运作能力。但对于中介机构而言，其利益的最大化取决于融资能否成功，哪怕从长期来看是不利的。因此，双方利益诉求的不同，可能带来不利的结果。

### 4.1.2 行业协会、研究机构或专业公司提供

在国外，有专门的机构收集风险投资机构的信息，编制和出版专业的风险投资机构名录供需要风险投资的创业者参考。这样的机构很多，有的是专业出版社，而更多的是一些风险投资行业协会，如 NVCA（美国风险投资协会）、BVCA（英国风险投资协会）、EVCA（欧洲风险投资协会）等，它们每年都编制和出版本协会的会员名单，包括地址、通信方法等。

目前，中国证券投资基金业协会已经建立了私募股权投资基金的备案及公示机制，中国证券投资基金业协会的官方网站设有私募基金管理人和私募基金产品专区，登录专区即可查询已备案的风险投资基金及其管理机构的相关信息。

另外，国内已有不少风险投资的研究机构或专业公司，如中国投资协会股权和创业投资专业委员会每年发布《中国创业投资行业发展报告》，中国科学技术发展战略研究院每年发布《中国创业风险投资发展报告》，清科研究中心、投中集团等都会定期发布中国股权投资行业年度报告及有关风险投资机构评价的榜单。这支队伍的壮大，将为创业者选择风险投资基金提供更多的良好机会，一定要用好。

### 4.1.3 参加有关会议与论坛

风险投资人和创业者见面接触的另一种重要途径是会议，搜狐融资案例中的张朝阳就是通过参加会议获得风险投资机构的青睐的。会议与论坛是业内信息集中的地方，参加者可以得到最有效、最及时、最直接的信息，可以学习与借鉴他人的成功经验，找到解决自身问题的思路与方法。

有关的会议有多种类型，一类是专门为增加风险投资人同创业者联系而举办的投融资对接会，这类会议的商业性质非常浓厚，收费较高。通常这类会议有一定的主题，如生物医药项目投资洽谈会、人工智能产业投资会等。每年 11 月在深圳举行的中国国际高新技术成果交易会（简称高交会）就属于这种类型。还有一类不是专门的投资交易会，而是带有学术性、行业性或聚会性的研讨会，如每年召开的中国风险投资论坛、中国创业投资行业峰会、西安的全球硬科技创新大会等。如果获得了有关会议的信息，创业者可以争取参加这些会议，以便取得直接和风险投资人接触的机会，而且由于这类会议气氛比较轻松，创业者往往能够更深入地和风险投资人探讨合作的可能性。

高交会是经中华人民共和国国务院批准，由中华人民共和国商务部、中华人民共和国科学技术部、中华人民共和国信息产业部、中华人民共和国国家发展和改革委员会、中华人民共和国教育部、中国科学院和深圳市政府共同主办的国家级、国际性高新技术成果交易会，每年秋季在深圳举办，期间有多场投融资洽谈活动。高交会以成果交易为主要特色，主要包括高新技术成果交易、专业产品展、高交会论坛等。

中国风险投资论坛是中国风险投资领域规模最大、层次最高、最具权威性和前瞻性的年度活动之一，由民建中央、中华人民共和国科学技术部、广东省人民政府和深圳市人民政府举办，从 2009 年起落户深圳，已经成为中国风险投资领域一年一度的重大盛会。

企业家参加会议的方式有两种，一种是作为正式代表参加会议，一种是作为非正式的代表列席会议。如果能够有机会成为会议的正式代表，当然是理想的结果。对于那些在行业技术领域有较高地位和影响力的企业家而言，获得这种机会是很容易的。有的时候，会议的组织者可能会主动邀请他们参加会议并发言。如果能够作为正式代表做主题发言或非正式发言，企业家实际上就获得了难得的机会，可以从更有利的角度，以更令人信服的姿态向风险投资人推介自己的创意或项目。

如果不能作为正式代表参加会议，只要知道会议的有关消息，也可以直接到会，作为列席代表参加会议。无论是何种形式，企业家通过会议接触风险投资人需要两个条件才可能成功：一份好的商业计划书和充分的自我推销能力。

### 4.1.4　参加创新创业大赛

近年来，国内各类创新创业大赛如雨后春笋般涌现，旨在通过“赛场选马、以赛代评”机制，力图使科技含量高、市场前景好、发展潜力强的优秀项目通过大赛脱颖而出。大赛组织者多为各级政府部门。大赛不仅会为获奖者颁发一笔专项奖励资金，还会在评选过程中以市场化形式引入银行、创投机构、风投基金等社会资本，组织项目路演、融资对接、成果孵化等各类活动，做好优质创新创业企业的发掘、培育、跟踪等工作。

创业者可以通过参加创新创业大赛更近距离地接触风险投资人及各类政府机构。风险投资人也会试图通过创新创业大赛去筛选合适的项目。同时，政府也会通过创新创业大赛为创业者提供丰富的创业资金扶持、优惠的落地孵化政策。如果创业者在创新创业大赛中获得奖励，也就进一步提高了获得融资对接的机会。创新创业大赛正在成为当前科技创业企业获得融资的热闹渠道。

### 4.1.5　直接接触一些高层次的人士

为获得风险投资，直接和国内外一些在风险投资领域有影响力的人士接触也是一条有效途径。例如，创业者可以和自身所处行业内的风险投资权威接触，将自己的设想与其探讨，从而引起他们的兴趣或经其介绍以获得其他风险投资人的关注。当然，难点在于如何获得这种直接见面的机会。

### 4.1.6　利用互联网寻找

互联网在风险投资领域得到了广泛和有效应用。可以说，在金融行业内风险投资是利用互联网最多的行业。在网络上，有成千上万的各种各样的风险投资网站或手机 App，有些是风险投资机构直接建立的宣传、联络甚至推销资本的网站或手机 App，也有些是由行业协会、学术机构或者各种中介机构建立的服务性网站或手机 App。这些网站或手机 App 构成了网络上丰富多彩的风险投资世界。

对于网络的运用者而言，寻找风险投资的网络资源实在是太简单、太方便了，只要在有关的网络搜索引擎中输入“风险投资”字眼，就可以获得足够的网址，也有一些服务性的网站会提供丰富的公司目录或者在线中介服务。

在线申请风险投资，需要申请者填写一些项目情况，某些网站甚至要求创业者在线提供商业计划书的摘要或全文。必须注意的是，创业者在网站上提交商业计划书时必须考虑保密性的需要，持非常谨慎的态度。

**联系风险投资人的方式：**

- 中介机构介绍
- 行业协会、研究机构或专业公司提供
- 参加有关会议与论坛
- 参加创新创业大赛
- 直接接触一些高层次的人士
- 利用互联网寻找

## 4.2 接触前的准备

**一位哲人说过：**

机遇只偏爱有准备的头脑。

### 4.2.1 为面谈做准备

1. 对商业计划书了如指掌

有一部分创业者过分自信，他们并不了解风险投资机构的思维方式，甚至以为只靠一份形式上较为完善的商业计划书就能从对方手中搞到钱，而忽视面谈的重要性。恰恰相反，面谈将是一场严格的考验，商业计划书遮掩下的创业者自身欠缺之处会被发现甚至放大，因此创业者必须认真准备。

商业计划书完成后，需要对商业计划书再做一些准备，就像写完毕业论文需要为答辩做准备一样，因为风险投资人一旦对你的商业计划书感兴趣，就极可能会约你面谈，而且问的问题会很细，所谓“哪壶不开提哪壶”。因此，创业者应该与自己的会计师、律师和高级管理人员一起为面谈做好准备。一些比较专业的问题需要专业人士的帮助。如果觉得还不保险，也可以找投资专家做顾问。

面谈之前，创业者要对商业计划书的各个部分烂熟于心，介绍的内容不要前后矛盾，做到有备无患。创业者要能回答以下问题。

（1）企业发展中的里程碑事件是什么？

（2）企业得以生存和发展的特点是什么？

（3）产品是否有市场？有多大的市场份额？

（4）专利和无形资产是否有相应的证明？是否完全属于企业？

（5）企业的管理人员之前都在从事哪些工作？

（6）管理人员是否具备职业道德？

（7）为什么付给管理者高工资？

（8）企业技术人员与非技术人员的比例是多少？

（9）每年投入的研究开发费用有什么成效？

（10）在分发股利上有没有时间表？

（11）在投资后能拥有多少股权？是否能给投资人以特殊的否决权？

（12）哪些因素可能使企业陷入困境？

（13）企业如果破产，给投资人什么补偿？

（14）企业毛利率为什么会时升时降？

（15）为什么你的收入预测这么高？

在有些情况下，投资人问的问题可能会更加详细，也有些时候问的问题可能比较少，但千万不要存在侥幸心理而不好好准备。因为，如果有一个或几个问题回答不上来，融资很可能就此失败。好好准备总是没有错的，毕竟这是企业的头等大事，关系到企业的发展前景。

最后要准备的是融资需求与股权对价。这是个绕不过去的核心与难题，必须提前准备好。从某种意义上讲，融资是伴随企业发展的一个永恒主题，要解决好这个问题，需要从以下两方面着手：一是所融资金必须满足企业在一个有限时期内、实现有限目标的资金需求；二是这个有限目标必须是有结果的，是可以检查的，甚至是可以对赌的。创业企业希望融到的资金越多越好，付出的股权越少越好；而风险投资机构则希望需要的资金量是真实的，而且获得的股权越多越好。这就需要了解风险投资机构判断企业估值的几个角度：一是企业所处的发展阶段，早期项目主要看项目、看团队、看经验、看整体机会，偏重于技术或产品，后期项目主要看市场供求关系及财务业绩；二是看有无其他投资竞争，没有竞争未必就是好事，要注意不要虚构投资人，因为投资人的圈子并不大，很可能你说的其他投资人对方不仅认识而且还很熟悉；三是看创业者和团队过往的经历和经验，最好有以往的成功案例，创业者及团队的经验越多，企业估值会越高；四是已获得的市场规模和未来的市场趋势，合格的风险投资机构会做出精准的判断；五是投资进入时点，天使投资肯定是在估值较低的时候进入，但他们要分享企业成长过程中资本增值的成果；六是数据很重要，过往业绩、未来预期、团队及员工数量及学历构成等都会影响估值；七是当下或未来一段时期的经济环境，经济形势好的时候估值往往会高一些，反之亦然。上述这些，都需要创业者认真考虑。

关于对赌，之前已经有过描述，重复是因为在与风险投资人面谈之前确实需要做好相应准备。

当与风险投资人经过艰苦谈判即将达成股权投资协议时，投资人为克服对被投创业企业未来发展的不确定性、信息不对称及对创业企业估值的顾虑，往往会要求创业者对双方确定的企业发展目标及企业估值做出对赌承诺，签署对赌协议。从积极的意义上讲，对赌协议可以理解为是投资人对创业企业的一种鞭策协议。既然企业的发展目标、盈利预期、融资需求及企业估值等都是创业者提出来的，且一再保证能够实现，那么在投资人按时、足额投入资金的同时，创业者应该以对赌的形式兑现承诺的经营发展目标，也是可以理解的。如果创业者未能完成所承诺的经营发展目标，投资人就可行使对赌协议所赋予的权利，降低投资损失。而创业者为了得到急需的投资和出于自身对企业发展的乐观估计，往往会轻率答应对赌条款，这就为后来双方的信任与合作埋下了潜在的风险。

当创业企业尚处于发展早期（如需要天使投资，或A、B轮投资时），创业者宁可继续寻找其他投资人，也要尽可能避免采取对赌的方式，因为此时创业企业面对的不确定性因素确实很多，而且此时创业企业的估值并不高。

签订对赌协议的主体包括投资人与创业企业股东或者实际控制人，投资人与创业企业，投资人与创业企业股东、创业企业等。

如果对赌协议履行中出现歧义，人民法院在审理纠纷案件时，可以参照《中华人民共和国公司法》的相关规定，既坚持鼓励投资人对实体企业特别是科技创新企业投资的原则，在一定程度上缓解创业企业融资难的问题，又要贯彻资本维持和保护债权人合法权益的原则，依法平衡投资人、债权人、创业企业之间的利益。

对于投资人与创业企业股东或者实际控制人订立的对赌协议，如无其他无效事由，认定有效并支持实际履行，实践中并无争议。但投资人与创业企业订立的对赌协议是否有效及能否实际履行，是存在争议的。人民法院把握处理的规则：投资人与创业企业订立的对赌协议在不存在法定无效事由的情况下，创业企业仅以存在股权回购或者金钱补偿约定为由，主张对赌协议无效的，人民法院不予支持，但投资人主张实际履行的，人民法院按照是否符合《中华人民共和国公司法》关于“股东不得抽逃出资”及股份回购的强制性规定，判决是否支持其诉讼请求。投资人请求创业企业回购股权的，人民法院依据《中华人民共和国公司法》第35条关于“股东不得抽逃出资”或者第142条关于股份回购的强制性规定进行审查。如果创业企业未完成减资程序，人民法院则驳回其诉讼请求。投资人请求创业企业承担金钱补偿义务的，人民法院依据《中华人民共和国公司法》第35条关于“股东不得抽逃出资”和第166条关于利润分配的强制性规定进行审查。如果创业企业没有利润或者虽有利润但不足以补偿投资方，则人民法院驳回或者部分支持其诉讼请求。今后创业企业有利润时，投资人还可依据该事实另行提起诉讼。

以创业企业财务指标作为对赌条件的对赌协议一般是具有法律约束力的；但是对于以非企业财务指标进行的对赌需要慎重考虑，因为极有可能因违反国家法律、行政法规的强行性规定而不具有法律约束力，即便是有法律约束力，有时也需要创业企业内部配合履行相应程序，如召开股东会形成决议等。履行对赌义务应注意：按照《中华人民共和国公司法》的规定，股东会会议应做出修改公司章程、增加或者减少注册资本的决议，并经代表三分之二以上表决权的股东通过。股东按照实缴出资比例分取红利，新增资本时股东有权优先按照实缴的出资比例认缴出资（全体股东约定不按照出资比例分取红利或者不按照出资比例优先认缴出资的除外）。

对赌协议中常见的条款包括财务业绩、上市时机、非财务业绩、关联交易、债权和债务、竞业限制、股权转让限制、引进新投资者限制、反稀释权、一票否决权、管理层对赌、回购承诺、违约责任等。其中，约定上市时机应十分谨慎，因为证监会和交易所一般要求解除对赌协议中影响企业股权稳定和经营业绩等方面的内容。

对赌工具主要如下。

估值调整：投资人对创业企业进行投资时，往往按照P/E估值法，以固定市盈率与创业企业当年预测利润的乘积，作为创业企业的最终估值；投资后，如当年利润达不到约定的利润标准时，则要求按照实际实现的利润对此前估值进行调整，或退还投资或增加持股份额。

货币补偿：直接根据约定的条件和约定的计算方法，要求给予特定方货币补偿。

可转换工具：可转换优先股和可转换债。可转换优先股是在优先股的基础上赋予投资者按事先确定的转换比例将优先股转换为普通股的选择权。转换之前的优先股在清偿顺序和收益分配顺序上先于普通股，使投资人利益得到优先保护。可转换债兼具债权和股权的双重性质，当创业企业符合约定条件时，投资人将债权转化为股权投资，债权出资目前已经有了明确的操作规程，为可转换债的实施铺平了制度道路。

优先权：包括投资人的股东利润分配优先权和企业清算时的剩余财产分配优先权。

股权回购：投资时创业企业或原有股东与投资人就创业企业未来发展的特定事项进行约定，当约定条件成熟时，投资人有权要求创业企业或原有股东回购投资人所持目标企业的股权。

创业企业在对赌协议谈判中应注意保持对创业企业的控制权，可以加入控制权的保障性条款，以确保最低限度的控股地位。例如，约定无论换股比例如何调整，××的股权比例都不能超过创业企业股本的××%，创业企业预留××万股的股权期权，留下机动空间（在上市审核中，证监会一般要求实际控制人持有 30%以上的股权，可供参考）。同时。对赌协议谈判中，创业企业可围绕终极目标设定节点目标、分解过程对赌，一旦在过程中出现问题可以提前实现对赌安排，避免更大的损失。另外，可以赋予双方选择权，设计多层次、多选，甚至是多种对赌工具交叉的替代方案，避免结果的唯一性，从而为双方留下更大的余地和空间。

对赌协议会有可能涉及税务问题，如印花税（对赌协议涉及股权转让，转让双方无论是个人还是企业，都要缴纳印花税）、股权转让所得税（当转让方是个人时，股权转让价格高于股权投资成本的部分，按照“财产转让收入”缴纳20%的个人所得税；当转让方是企业时，企业股权投资转让所得应并入企业的应纳税所得，依法缴纳企业所得税）。发生的股权投资损失，可在税前扣除，但每纳税年度扣除的股权投资损失，不得超过当年实现的股权投资收益和投资转让所得，超过部分可无限期向以后纳税年度结转扣除。创业企业一般为非上市企业，正常情况下不涉及增值税。

投资人与创业企业之间的补偿条款如使投资人可取得相对固定收益，而该收益会脱离创业企业经营业绩，直接或间接地损害创业企业及其债权人利益的，应认定无效；但创业企业股东对投资人的补偿承诺并不违反法律法规禁止性规定，应为有效。以资金注入方式对创业企业进行增资，并约定在一定条件下被投资创业企业股东承诺回购股份的，系缔约过程中当事人对投资合作商业风险的一种安排，不违反法律、行政法规禁止性规定的，一般认定有效。

因此，涉及法律、财务、生产领域的问题时，需多多请教专家；有关投资回报领域的问题，需多多请教投资管理顾问。

2. 文件齐备

创业者准备好必要的文件，提前递交商业计划书并争取得到风险投资人外延网络的推荐。

在准备和风险投资人洽谈融资事宜之前，创业者应该准备好三份主要文件：商业计划书摘要，简明扼要地展示商业计划书的内容；商业计划书，对创业企业的管理状况、利润情况、战略地位、业务发展战略、市场推广计划、财务状况和竞争地位等做出详细描述；营销材料，这是直接或间接与创业企业产品或服务销售有关的文件材料。

文件准备好之后，下一步是开始和风险投资人进行接触。在正式接触之前，一般需要提前向风险投资人递交商业计划书。在递交商业计划书时，创业企业要尽量得到该风险投资人的某个外延网络成员的推荐。这通常是使创业企业的商业计划书得到认真考虑的很重要的一步。因为大部分风险投资人每个月都会收到大量商业计划书，谁也没有足够的时间和精力来对每一份计划书进行细致的考察，而那些得到其外延网络成员推荐的商业计划书通常会引起风险投资人的注意，这样在前几轮筛选中入围的概率就要大得多。在大多数情况下，有推荐权利的是律师、会计师或其他外延网络成员，因为风险投资人相信这些人对业务的判断能力。

3. 做好心理准备

在和投资人正式讨论投资计划之前，创业企业还需做好四个方面的心理准备，即准备应对一大堆提问、准备应对投资人对管理的查验、准备放弃部分业务和准备做出某些妥协。

1）准备应对一大堆提问

如果投资人对创业企业的商业计划书感兴趣，他们通常会向创业企业提出一大堆问题，以考察投资项目潜在的收益和风险。投资人会对他们的投资决策持非常谨慎和认真的态度。

一般来说，投资人所提的大多数问题都应该在一份详尽而又精心准备的商业计划书中已经有了答案。值得提醒的是，不要自认为自己对所从事的业务非常清楚并认为自己的资历很好，这样的错误必须避免，否则结果会让你失望。为了避免这种情况的发生，创业企业可以请一名无须担心伤害自己的专业顾问来模拟这种提问过程，虽然请这样一名顾问的费用并不低，但和有可能吸引到的投资额相比，付出一点代价通常是值得的，毕竟给投资人留下好的第一印象的机会只有一次，而且也有利于自身的提高。

2）准备应对投资人对管理的查验

投资人要看的是创业企业在三五年内的价值是不是值得投资，而不是仅看眼前。千万不要以为是对方在挑毛病，挑剔的投资人是创业企业发展的一面镜子，创业企业处于快速发展过程中，可能没有时间审视自己，这是一个很难得的、全面审视创业企业发展业务的机会。

在创业企业看来习以为常的做法，投资人会进行深入的查验：你为什么这样做？你这样做的原因是什么？你这么做的效果很好，这种效果能维持吗？如果多加一点投入，会不会把企业的竞争优势巩固得更好？

对于投资人这样的工作方式，有些创业者不太理解，因而容易产生误解甚至抗拒情绪。

创业者千万不要认为这种查验是对管理层或个人的不信任，甚至理解为侮辱。举个例子来说，你10年以前就开始从事某个行业里的业务，这份工作使你让家里的每一位成员都过得很好，并让你自豪于已取得的成就。尽管如此，一名风险投资机构的经理可能会问你：你既没进过商学院，又不是律师或会计师，你凭什么认为你可以将这项业务开展得合乎我们所设想的目标？作为创业者，在面对投资人时，这样的提问确实很有可能会碰到，因为这已构成了投资人对创业企业的管理进行查验的一部分，因此需要提前做好准备。

3）准备放弃部分业务

在某些情况下，投资人可能会要求创业者放弃一部分原有业务以使其投资目标得以实现。理由很简单，如果保留一部分业务就能使投资人在3～5年内实现5～7倍的收益，而保留全部业务却只能达到30%～50%的收益率（尽管创业者很满意），为什么不放弃一部分业务呢？况且这种放弃并不需要增加什么资本。放弃部分业务对那些业务分散的创业企业来说，既很现实又很必要，因为在投入资本有限的情况下，企业只有集中资源才能在竞争中立于不败之地。

4）准备做出某些妥协

从一开始，创业企业就应该明白，自己的目标和投资人的目标不可能完全相同。因此，在正式谈判前，创业者要做的第一个也是最重要的一个决策就是：为了满足投资人的要求，创业者自身能做出多大的妥协。一般来说，由于投资人不愁找不到项目来投资，寄希望于投资人做出这种妥协是不太现实的。

### 4. 应对技巧

融资谈判通常需要通过若干次会议才能完成。在大部分会议上，投资人和创业者将就创业企业递交的商业计划书进行探讨、论证和分析。这里有两点需要注意。

一是要尽可能地让投资人认识、了解本企业的产品或服务。如果能提供一种产品的样品或者成品，这种认识和了解就会变得更加直观并且印象深刻。

二是要始终把注意力放在商业计划书上。有时候会议往往会延续数小时之久，这时创业者有可能会变得非常健谈，从而自觉不自觉地谈到一些关于未来的宏伟计划，并提到某些在商业计划书中并未提及的产品。这一点千万要避免，因为这样的谈话会使投资人认为你是一个幻想者或是一个急于求成的人。

一些有经验的风险投资专家还指出，在应对投资人的问询和查验时，为了做到对答如流，并给投资人留下深刻的印象，创业者最好事先对投资人可能问到的问题有所准备。

### 4.2.2　准备可能问到的问题

在见面之前，创业者要有意识地通过各种渠道了解投资人的投资思想与偏好：投资人是否对自己所从事的行业和领域感兴趣？是否看好自己提供的产品或服务未来的前景与发展趋势？只有了解了对方的思想倾向，才有可能有针对性地准备好回答对方的问题。

风险投资公司的经理们通常会问到的问题如下。

企业（指被投资企业，下同）管理层具有什么样的业务经验？

管理层的每一位成员各有什么样的成就？

管理层的每一位成员对引入风险投资各有什么样的动机？

管理层是否能够顺利完成其在商业计划书中所勾画的每一项工作？

贵企业及其产品对其所在行业的适应程度如何？目前行业的市场走向如何？

在此行业里取得成功的关键因素是什么？

创业企业如何判断该行业总的市场容量及其增长率？

行业内何种变动因素对企业利润产生的影响最大？

行业内存在哪些季节性因素？

在行业内，贵企业的业务有何与众不同？

该项业务为什么具有较高的成长潜力？

是什么原因使这项业务在行业中具有特殊的地位？

该项业务为什么将取得成功？

为何说贵企业的产品或服务对社会是有益的？对顾客的价值体现在什么地方？

产品预期的生命周期有多长？

技术进步对贵企业产品或服务会产生什么样的影响？

产品的可靠性如何？

企业业务和产品的独特性体现在什么地方？

企业在和更大一些的企业竞争时靠什么取胜？

企业产品如何满足顾客的特定需求并适应这种需求的敏感性和细微特征？

顾客对产品是否已经有了品牌认知度？

产品是否具有重复使用价值？

这是一种高质量产品还是低质量产品？

产品的顾客是否是产品的最终消费者？

该产品是一种具有广泛吸引力的产品还是只有少数大宗买主？

谁是企业主要的竞争对手？相对于企业而言，其具有哪些竞争优势？

贵企业相对于这些竞争对手又具有哪些竞争优势？

面对这些竞争对手，企业在价格、服务、销售渠道、促销手段和产品品质保证等方面如何应对？

贵企业的产品是否存在替代品？

那些竞争对手对企业的兴起会如何反应？

如果你打算拿到一定的市场份额，你会如何去做？

企业营销计划的要点是什么？

该营销计划主要遵循的是一种零售营销战略还是一种产品市场营销战略？

在贵企业的营销计划中，广告的重要性如何？

当产品或服务步入成熟期时，企业的营销战略会如何变动？

直销对企业产品的销售很重要吗？

产品或服务的客户群有多大？

在全部客户中哪些人是最典型的顾客？

从产品最初与顾客接触到实际销售，这中间的时滞有多长？

**有备无患：**

- 对商业计划书了如指掌；
- 文件齐备；
- 做好心理准备；
- 准备可能问到的问题。

## 4.3 推销商业计划书的方法

对于怀揣商业计划书的创业者来说，商业计划书是他的商品，投资人是他的顾客，他必须把商品推销出去，完成这一惊险跳跃。

演示商业计划书是短暂的，但也是决定性的。如果你的项目或者企业非常好，那么即便你的演示过程平淡无奇，甚至有些差，也足以吸引投资人。但是，绝大多数的商业计划书并不能达到这样的程度。更何况投资人投资的时候，除考察项目本身的优劣外，更重要的是考察创业者的能力和个人魅力，而向投资人推销商业计划书正是创业者展示自己能力的难得机会。很难想象，风险投资人会把巨额的资金投给一个连自己的创意都讲不清楚的创业者。

演示商业计划书往往涉及创业者在无数个会议或展示活动中的连续作战，对此创业者需要在心里做好充分的准备，而且要有一个基本的演示战略。下面几点是我们认为创业者在演示商业计划书时应该注意的一些基本问题。

准备充分。当创业者奔波于多个演示会时，在前一轮会议结束后管理层的协商应该是具有重要意义的“总结和准备大会”，而不仅仅是一次例行小结。事先推测对方可能会提什么问题、展示的重点何在，还要准备回答会议期间出现的其他问题，对此千万敷衍不得。

演示时不要只顾自说自演，创造机会让到场的投资人也参与发言或演示，实现相互间的交流和互动。演示应保持条理清晰，突出市场前景，刺激投资人的兴奋点。演示一开始，就声明演示过程允许双向参与，任何时候都可以被提问或被打断。如果在最初的五分钟内无人提问，本方成员应主动提问，有意地打断演示过程。这样做的意图是活跃现场气氛，带动投资人的参与积极性。

不要过分强调技术因素或使技术环节复杂化。关于技术问题，可以准备一份专门介绍的活页，在需要的时候适时插入。演示技术类图表的出发点应该是为支持市场与产品定位预测服务，没有特殊要求时，不必画蛇添足地多做解释。

分别做两份完整的计算表，一份面向技术背景有限的私人投资部门，另一份则面向熟知专业技术的精明投资人。演示应针对投资人的技术基础和专业背景，如果投资人的背景是财会专业，则应有侧重地应用账务举例。

引用业内专家或行业期刊明显支持产品和市场定位的评论。如有必要，可以说服投资人在演示前先签一份保密协议。通常，第一次演示不要披露太多的专业信息。所以，非不得已，不要强求对方签订这种协议，不要在与项目无关紧要的地方滋生不必要的矛盾。

实际演示的人员应具备突出的沟通表达能力。演示者不一定是创业者，这样安排的效果可能更好。因为此时创业者可以观察听众们的反应，当注意到听者出现困惑或茫然的表情，或发现投资人的参与热情有所减退时，应及时打断演示，再次强调一些能激起兴趣和参与热情的内容，增加内容的可信性。

再次提醒：有备而战！对一些尖锐问题或令你窘迫的问题要有所准备。在演示前或演示过程中，不要发放有关管理经营费用的材料。在会议延期之前，必须明确下一步该做什么、怎么做、何时做。

使用幻灯片等辅助设施工具，引起投资人的兴趣。接着介绍关于企业、主要产品和管理层的信息：你是谁？产品是什么？为什么这样做？将向哪里发展？言语诚恳、热情、有说服力。在演示即将结束时，插入一页表格说明五年内的财务状况，包含市场规模及本行业的企业平均价格收益比率（PE 比率）和管理费。PE 比率有助于增强基于最终管理费用的计算结果的信服力，表明投资机遇的绝佳性。

切忌和本方的其他成员发生意见上的分歧或争执。如果演示者没有妥善处理某个问题，可以这样打断：“另外，需要补充的是……” 投资人离场后，召开一个简短的总结会，讨论如何改进演示方式和效果。

**切忌：**

- 准备不充分；
- 只顾自己说话；
- 过分强调技术细节；
- 发生内部争执。

## 4.4 面谈时的表现技巧

风险投资很大程度上是对人的投资，创业者在面谈时必须充分展示自己的企业家素质。

### 4.4.1 充分展示自己的企业家素质

在投资实践中，大多数投资人的共识：投资过程中最大的风险，来自创业者本身的素质，即创业者是否具备真正的企业家素质。

创业者应该具备什么样的个人素质才算合格？投资方的期望：创业者应该诚信、有丰富的社会经验、有成熟和正常的心智、具备未来成为企业家的潜力。如果创业者是一个团队，那投资方对每个创业者的技能要求会适当降低，但要求整个团队具备较完整的技能，另外还要看团队成员间的配合是否很好。

实际上，现在的创业者能够完全符合这些条件的人并不多见。最常见的情况：创业者很年轻，没有经过多少社会磨炼，某一方面的能力特别强，而其他方面的能力很弱，有时表现出不成熟的过度自信，甚至有明显的性格缺陷；有些人基本上没有企业管理的理论和实践经验，只是想当然地夸夸其谈。

对投资方来说，寻找一个好的创业者，是一个艰难的过程；而对创业者来说，需要不断地提升自己的能力和实力，要有针对性地弥补自己的缺陷。

面谈时要注意保持风度，但不要过分自命不凡。投资人一般认为有以下素质的人会是他们寻找的理想企业家。

第一，忠诚正直。

投资人把一大笔钱放在你这里，谁也不知道你会用它干什么，所以你要表现出正直、可信、守法、公平。每个投资人都希望所合作的创业者具有忠诚正直的品质。因为，他们深刻了解，一个不忠诚的人迟早也会对自己不忠诚。在这里，忠诚正直通常包括很多方面：正直，即创业者要真诚，对企业、对投资人要胸怀坦荡；可信，即创业者在各种交易行为中是可以信赖的；守法，即创业者信守合同，遵纪守法；公平，即创业者奉行公平交易准则。

第二，有获利的强烈欲望。

如果你从投资人手中拿了一笔钱去搞非营利性的活动，那为什么他要给你钱呢？要表现出你的最终目标是盈利。因为投资人只对盈利感兴趣，最关心企业什么时候盈利、盈利多少。

第三，精力充沛。

创业是艰苦的，没有良好的体力和坚韧的毅力是无法成功的。创业者不仅要实现自己确定的奋斗目标，还要完成投资计划规定的任务，必须通过艰苦的奋斗来达到这些目标。因此，如前所述，创业者必须拥有执着的精神，但是执着的精神必须建立在一定的基础之上，如健康的体魄，也就是说精力充沛。俗话说，身体是革命的本钱，如果失去了这样的根基，创业者即使有再好的想法也没有能力将它付诸实际。而且投资人也不会认为一个连自己都无法照顾而且时刻要别人来鼓励的创业者能够成功创业。在这里，精力充沛还指的是脚踏实地地进行奋斗，那些不知天高地厚的空想家是不会受到投资人的欢迎的。

第四，天资过人。

商场如战场，没有过人的本领，要战胜对手是不太可能的。要聪明，更要高明。投资人所看重的天资过人的创业者不是指那些从名牌大学毕业的人，而是泛指所有的善于思考、善于逻辑推理、善于创新并能够根据事态的变化做出果断判断的人。

当然，拥有名牌大学的学位在一定程度上可以证明创业者具有一定的开发能力和知识基础，但这不是全部。在历史发展的过程中，很多成功的创业者并没有获得名牌大学的学位，有的甚至没有机会读大学，但是他们都成功了，不仅创建了世界知名的企业，而且企业的发展影响着该国甚至全世界该行业的发展趋势。

他们拥有一种共同的素质，那就是善于认识复杂的局面，通过综合分析，认识事务的本质，能够根据自己的知识和经验进行充分的分析，进而做出正确的判断和最优决策，来改善已有的局面，同时敢于承担必要的风险。

第五，学识渊博。

不是说一定要是教授或是博士毕业才行，只是要求对本行业十分熟悉，有丰富的经验。成功的创业者不仅要接受良好的教育，获得扎实的基础知识，还要有足够的实际操作经验，从而能够在实际生活中使自己已经获得的基础知识得到良好的改善，形成更加稳固的知识结构。成功的创业者不仅应该是一个能够在技术上领先的人才，还应该具有一定的市场认知能力和预测能力，应该是一个具有各方面知识的通才。良好的教育背景、以往的成功和失败、过去从事的行业、在头脑中积累的促使自己获得成功的资信方面的信息等，都是使创业者学识渊博的源泉，同时这也是一个创业者成长过程中应该刻意去培养和思考的。学识渊博的创业者会很快和投资人找到共同的话题，进行沟通。

第六，领导素质。

一个企业再小也是一个团队，每个人都有自己的欲望和想法，创业者必须具备领导他们勇攀高峰的素质。如果一个创业者只是具有一定的研究和开发能力，而缺乏必要的领导素质，投资人是不会将资金投给他的。

随着先进技术的发展，任何个人都很难独自完成一项大型的技术开发工作，因此，在进行研究和开发的过程中，通常会组成由一定人员参与的开发团队。在这个团队中，创业者不仅要能够和大家一起进行研究和开发，还要能够运用各种领导能力将研发团队的所有人员集结在一起来攻克难题。创业者要创立团队内部良好的交流沟通渠道，并不断协调合作过程中出现的各种问题，同时能够就项目或者企业的发展状况与投资人进行良好的沟通，能够把团队的要求及时地反映到投资人那里，争取得到更好的研发条件。

创业者的领导能力还表现为有勇气承担整个企业的责任，走前人未走过的路，且身处逆境时，有勇气承担并冲破阻碍，善于处理日常问题，敢于攀登前人未攀登过的高峰，为了追求更高的目标，敢于修改既定计划，不仅只热心于解决仅有利于自己的问题。总而言之，领导能力既表现为独立处理问题的能力，又表现为组织他人共同解决问题的能力。

第七，创新能力。

现代化企业要求发展，最重要的是要不断创新。创业者在学识渊博的基础上，还要善于思考，善于倾听，善于与外界进行信息交换，从而头脑灵活地对每天获得的新信息进行处理，并在这个过程中，使原来的状态得到改变，这就是创业者的创新能力。只有具备创新能力的创业者才能够开发出新产品、寻找到新市场、把握住新技术，进而开拓出一个崭新的世界。创新能力还可以使创业者在遇到意外事件时，能够创造性地解决问题。

第八，苦干精神。

创业者一定要具有苦干精神。缺乏这种精神，即使创业者具有创新能力及天资过人的素质，也难以达到成功创业的目的。

美国硅谷一家半导体公司的副总经理曾经得过一种罕见的血液病。住院期间，需进行 24 小时静脉滴注治疗。但他离不开自己的创业公司，就说服医生让他出院，用一种特殊装置把静脉滴注瓶带在身边，无论是开会还是驾车上下班，都可以随时滴注。他说：“只要我离开工作 6 个星期，等我回来时就会发现自己落后潮流太远了。”

如果上述素质都具备，那么成功就有了一半把握。还有一半把握要看临场发挥。

首先，要精通企业业务。在准备阶段，你已对企业业务了如指掌。为了保险，可以带一两个企业财务人员或技术人员来帮助你，就万无一失了。

其次，不要隐瞒什么。企业如有重大危机，不妨直说。小企业总难免有危机，不然就不叫风险投资了。如果因隐瞒而让投资人察觉，他就会怀疑你的人格。

最后，要非常明确地说出投资人的回报和权益。这是投资人最关心的。投资人很关心以后能赚多少钱和万一企业出现问题能避免多少损失。回报的计算方法主要靠预测，而权益则取决于对企业的估值。关于怎样估值，顾问会给你建议。

### 4.4.2　注意事项

在与风险投资人谈判时，要注意以下几点。

（1）创业者亲自出面与投资人洽谈。通常只有创业者自己才真正了解企业的实际情况和发展方向。

（2）与投资人洽谈时要直接、简练、开诚布公。大家的时间都很宝贵，没有必要兜圈子。最好根据约定的时间长短和谈话气氛，准备几个不同版本的谈话框架，先简要介绍企业情况，再根据时机进行长篇陈词。

（3）要虚心听取投资人的意见，尽量避免与投资人争论。投资人有可能问一些令你不愉快的问题，好像他在故意挑你的毛病，其实他们只不过想要弄清问题，以便提出建设性的意见，或者解除他们的疑虑。

（4）不要奢谈即将到手的大订单或可能的巨额投资，不要拿“专业机构”的评估报告或认证书来吓唬人。嘴里的馒头比画出来的饼更实在。

（5）选择最可能帮助你成功的投资人，而不是出价最高的投资人。

在会谈过程中，创业者应遵守“六要”和“六不要”原则。所谓“六要”是指：

（1）要对企业的产品或服务保持主动和热情；

（2）要了解自己能接受的最低价，并在必要时坚决地离开；

（3）要牢记自己和投资人之间要建立的是一种长期的合作伙伴关系；

（4）要了解这些投资人（谈判对手）的个人情况；

（5）要了解投资人以前资助过哪些项目，了解它目前投资项目的结构组合；

（6）要只对自己可以接受的交易进行谈判。

所谓“六不要”是指：

（1）不要回避问题；

（2）不要模糊答案；

（3）不要隐藏重要的问题；

（4）不要期望对方立即做出决定，一定要有耐心；

（5）不要把交易的价格定死，要有灵活性；

（6）不要带律师参加会谈，以免在细节上过多地纠缠。

**不要忘了表现自己：**

- 忠诚正直；
- 有获利的强烈欲望；
- 精力充沛；
- 天资过人；
- 学识渊博；
- 领导素质；
- 创新能力；
- 苦干精神。

## 4.5 企业融资失败的原因

### 4.5.1 常见企业融资失败的原因

1. 企业本身不成熟

有些企业刚成立不久，尚处在概念阶段就想引入风险投资。而此时的企业连完整的财务报表都没有，各方面工作千头万绪尚待开展，使投资人无法评估企业价值，自然无法获得融资。

2. 商业模式不成熟

企业商业模式、盈利模式未确定，没有经营方向，对行业的理解也不够，仅仅为打造一个项目去融资，失败的概率很高。

3. 企业战略不明确

企业不能根据现状和市场很好地去制定未来的发展战略，缺乏短期、中期、长期目标的规划，为赚钱而赚钱，难以确定前景。

4. 创业团队的稳定性不高和缺乏信念

企业成功最重要的因素是创业团队要有信念，并且能够稳定合作相当长时间。稳定性不高与缺乏信念的团队难以获得投资人的认同。

5. 创业团队结构不合理

创业团队结构过于单一，风格过于重合，难有大作为。从知识、智力、风格、气质来分析，如果一家企业全部都是做技术的，则难以成功。创业团队成员最好在专业方面能够形成互补，有懂管理的、有懂技术的、有懂销售的、有懂资本运作的。

6. 创业者过于偏执

好的创业者从某种意义上来讲就是一个偏执狂，但有的创业者由于对行业过于深入，忽视企业成长的其他要素，忽视市场和价值规律，往往孤芳自赏，不仅与投资人出现沟通障碍，还与自己的管理团队出现沟通障碍，这样的企业永远长不大。

7. 企业财务质量不高

很多创业企业的财务状况混乱，财务管理制度缺乏，难以获得投资人的信任和认同。创业企业从一开始就要重视财务质量，否则日后改善的时间成本和边际成本都很高。

8. 企业自身估值过高

近年来，风险投资在国内发展迅速，一旦市场上有个好项目，就会有很多风险投资机构参与洽谈，导致创业企业对自身的估值也水涨船高。有的创业企业在与多家风险投资机构同时洽谈的过程中，提出了过高的估值，导致投资人望而止步。

风险投资机构都有自身的投资偏好、行业、领域、地域、阶段、资金体量等。创业者找到适合自己的风险投资机构才会有较高的成功概率，不要把有限的时间、精力放在不对口的风险投资机构身上。

### 4.5.2　风险投资机构的真实意图

投资人对创业企业往往要么决定投资，要么干脆就认为没有可能，但却不一定当面直接说出拒绝的话。而许多创业者是自信的人，当他们没听到否定的结论时就会假想答案是肯定的。正是两者间的沟通障碍使创业者受了很多挫折，走了很多弯路。如果创业者感到很难从对方那里得到正面的答复，那么就应该尝试去揣摩一下他们所说的话。

常见的投资人的弦外之音主要如下。

弦外之音一："我喜欢你的公司，但我的合作伙伴不这样想。"换言之："不行”。这时投资人是在让创业者相信自己是好人，而“罪过都在其他人身上”。

弦外之音二：“如果有其他领投的风险投资，我们就会跟进。”换言之：“不行”。其实这时投资人是在说：“我并不相信你，但如果你找到更好的投资机构来领投，我就会跟上。”这就好比，当创业者不再需要资金的时候，他们会送上钱来。

弦外之音三：“再多讲点你们公司吸引人的地方，我们就会投资。”换言之：“不行”。这可以理解为：“我不相信你讲的故事，但如果你能够以大量现实的营业收入来证明，我就可能相信。我现在不说‘不行’，因为说不定你真会撞大运拿下大客户。”

弦外之音四：“我们希望与其他 VC 机构共同投资。”投资人对一笔好交易都希望全盘独揽，所以顺利的时候，企业家听到的应当是：“我们要独自投资，不希望有其他投资人。”

弦外之音五：“我们对你的 Team（团队）进行投资。”创业者可能把这话理解为：“我们会长期支持你，我们因你而投资。”而实际对方要说的是：“如果事情进行得不顺利，我们就会解雇你，地球离了谁都会转。”

弦外之音六：“我们有很多资源和时间提供给你的公司。”这时投资人很可能是在敷衍——他自己也许早已忙得不可开交，每个月至多花几个小时在企业身上。

弦外之音七：“这是美妙的投资条款。”事实上，美妙的投资条款是根本不存在的。如果一定要用一个词来形容创业者决定投资条款时的这条道路，那就是“崎岖”。

弦外之音八：“我们可以帮你向我们其他的客户推销产品。”投资人不会总能充分利用客户资源，创业者也不要指望那些客户会购买你的产品。

弦外之音九：“我们喜欢早期投资。”有些投资人幻想着早期投入少量资金，就能在日后上市时拥有大比例股权，这才是他们的“早期投资”。但实际上，这种投资的成功概率极低，绝大多数投资人极其注重规避风险，所投资的是经过考验的团队、成熟的技术、现实的市场。

# 第5章

# 相关政策和法规简介

## 创业投资企业管理暂行办法

（2005年9月7日国务院批准，2005年11月15日国家发展改革委、科技部、财政部、商务部、中国人民银行、国家税务总局、国家工商行政管理总局、中国银监会、中国证监会、国家外汇管理局联合发布，自2006年3月1日起施行）

### 第一章　总则

**第一条**　为促进创业投资企业发展，规范其投资运作，鼓励其投资中小企业特别是中小高新技术企业，依据《中华人民共和国公司法》《中华人民共和国中小企业促进法》等法律法规，制定本办法。

**第二条**　本办法所称创业投资企业，系指在中华人民共和国境内注册设立的主要从事创业投资的企业组织。

前款所称创业投资，系指向创业企业进行股权投资，以期所投资创业企业发育成熟或相对成熟后主要通过股权转让获得资本增值收益的投资方式。

前款所称创业企业，系指在中华人民共和国境内注册设立的处于创建或重建过程中的成长性企业，但不含已经在公开市场上市的企业。

**第三条**　国家对创业投资企业实行备案管理。凡遵照本办法规定完成备案程序的创业投资企业，应当接受创业投资企业管理部门的监管，投资运作符合有关规定的可享受政策扶持。未遵照本办法规定完成备案程序的创业投资企业，不受创业投资企业管理部门的监管，不享受政策扶持。

**第四条**　创业投资企业的备案管理部门分国务院管理部门和省级（含副省级城市）管理部门两级。国务院管理部门为国家发展和改革委员会；省级（含副省级城市）管理部门由同级人民政府确定，报国务院管理部门备案后履行相应的备案管理职责，并在创业投资企业备案管理业务上接受国务院管理部门的指导。

**第五条**　外商投资创业投资企业适用《外商投资创业投资企业管理规定》。依法设立的外商投资创业投资企业，投资运作符合相关条件，可以享受本办法给予创业投资企业的相关政策扶持。

## 第二章　创业投资企业的设立与备案

**第六条**　创业投资企业可以以有限责任公司、股份有限公司或法律规定的其他企业组织形式设立。

以公司形式设立的创业投资企业，可以委托其他创业投资企业、创业投资管理顾问企业作为管理顾问机构，负责其投资管理业务。委托人和代理人的法律关系适用《中华人民共和国民法通则》《中华人民共和国合同法》等有关法律法规。

**第七条**　申请设立创业投资企业和创业投资管理顾问企业，依法直接到工商行政管理部门注册登记。

**第八条**　在国家工商行政管理部门注册登记的创业投资企业，向国务院管理部门申请备案。

在省级及省级以下工商行政管理部门注册登记的创业投资企业，向所在地省级（含副省级城市）管理部门申请备案。

**第九条**　创业投资企业向管理部门备案应当具备下列条件：

（一）已在工商行政管理部门办理注册登记。

（二）经营范围符合本办法第十二条规定。

（三）实收资本不低于 3000 万元人民币，或者首期实收资本不低于 1000 万元人民币且全体投资者承诺在注册后的5年内补足不低于3000万元人民币实收资本。

（四）投资者不得超过 200 人。其中，以有限责任公司形式设立创业投资企业的，投资者人数不得超过 50 人。单个投资者对创业投资企业的投资不得低于100 万元人民币。所有投资者应当以货币形式出资。

（五）有至少 3 名具备 2 年以上创业投资或相关业务经验的高级管理人员承担投资管理责任。委托其他创业投资企业、创业投资管理顾问企业作为管理顾问机构负责其投资管理业务的，管理顾问机构必须有至少 3 名具备 2 年以上创业投资或相关业务经验的高级管理人员对其承担投资管理责任。

前款所称“高级管理人员”，系指担任副经理及以上职务或相当职务的管理人员。

**第十条**　创业投资企业向管理部门备案时，应当提交下列文件：

（一）公司章程等规范创业投资企业组织程序和行为的法律文件。

（二）工商登记文件与营业执照的复印件。
（三）投资者名单、承诺出资额和已缴出资额的证明。
（四）高级管理人员名单、简历。
由管理顾问机构受托其投资管理业务的，还应提交下列文件：
（一）管理顾问机构的公司章程等规范其组织程序和行为的法律文件。
（二）管理顾问机构的工商登记文件与营业执照的复印件。
（三）管理顾问机构的高级管理人员名单、简历。
（四）委托管理协议。

**第十一条**　管理部门在收到创业投资企业的备案申请后，应当在 5 个工作日内，审查备案申请文件是否齐全，并决定是否受理其备案申请。在受理创业投资企业的备案申请后，应当在 20 个工作日内，审查申请人是否符合备案条件，并向其发出“已予备案”或“不予备案”的书面通知。对“不予备案”的，应当在书面通知中说明理由。

### 第三章　创业投资企业的投资运作

**第十二条**　创业投资企业的经营范围限于：
（一）创业投资业务。
（二）代理其他创业投资企业等机构或个人的创业投资业务。
（三）创业投资咨询业务。
（四）为创业企业提供创业管理服务业务。
（五）参与设立创业投资企业与创业投资管理顾问机构。

**第十三条**　创业投资企业不得从事担保业务和房地产业务，但是购买自用房地产除外。

**第十四条**　创业投资企业可以以全额资产对外投资。其中，对企业的投资，仅限于未上市企业。但是所投资的未上市企业上市后，创业投资企业所持股份的未转让部分及其配售部分不在此限。其他资金只能存放银行、购买国债或其他固定收益类的证券。

**第十五条**　经与被投资企业签订投资协议，创业投资企业可以以股权和优先股、可转换优先股等准股权方式对未上市企业进行投资。

**第十六条**　创业投资企业对单个企业的投资不得超过创业投资企业总资产的 20%。

**第十七条**　创业投资企业应当在章程、委托管理协议等法律文件中，明确管理运营费用或管理顾问机构的管理顾问费用的计提方式，建立管理成本约束机制。

**第十八条**　创业投资企业可以从已实现投资收益中提取一定比例作为对

管理人员或管理顾问机构的业绩报酬，建立业绩激励机制。

**第十九条** 创业投资企业可以事先确定有限的存续期限，但是最短不得短于 7 年。

**第二十条** 创业投资企业可以在法律规定的范围内通过债权融资方式增强投资能力。

**第二十一条** 创业投资企业应当按照国家有关企业财务会计制度的规定，建立健全内部财务管理制度和会计核算办法。

## 第四章 对创业投资企业的政策扶持

**第二十二条** 国家与地方政府可以设立创业投资引导基金，通过参股和提供融资担保等方式扶持创业投资企业的设立与发展。具体管理办法另行制定。

**第二十三条** 国家运用税收优惠政策扶持创业投资企业发展并引导其增加对中小企业特别是中小高新技术企业的投资。具体办法由国务院财税部门会同有关部门另行制定。

**第二十四条** 创业投资企业可以通过股权上市转让、股权协议转让、被投资企业回购等途径，实现投资退出。国家有关部门应当积极推进多层次资本市场体系建设，完善创业投资企业的投资退出机制。

## 第五章 对创业投资企业的监管

**第二十五条** 管理部门已予备案的创业投资企业及其管理顾问机构，应当遵循本办法第二、第三章各条款的规定进行投资运作，并接受管理部门的监管。

**第二十六条** 管理部门已予备案的创业投资企业及其管理顾问机构，应当在每个会计年度结束后的 4 个月内向管理部门提交经注册会计师审计的年度财务报告与业务报告，并及时报告投资运作过程中的重大事件。

前款所称重大事件，系指：

（一）修改公司章程等重要法律文件。

（二）增减资本。

（三）分立与合并。

（四）高级管理人员或管理顾问机构变更。

（五）清算与结业。

**第二十七条** 管理部门应当在每个会计年度结束后的 5 个月内，对创业投资企业及其管理顾问机构是否遵守第二、第三章各条款规定，进行年度检查。在必要时，可在第二、第三章相关条款规定的范围内，对其投资运作进行不定期检查。

对未遵守第二、三章各条款规定进行投资运作的，管理部门应当责令其在

30 个工作日内改正；未改正的，应当取消备案，并在自取消备案之日起的 3 年内不予受理其重新备案申请。

**第二十八条**　省级（含副省级城市）管理部门应当及时向国务院管理部门报告所辖地区创业投资企业的备案情况，并于每个会计年度结束后的 6 个月内报告已纳入备案管理范围的创业投资企业的投资运作情况。

**第二十九条**　国务院管理部门应当加强对省级（含副省级城市）管理部门的指导。对未履行管理职责或管理不善的，应当建议其改正；造成不良后果的，应当建议其追究相关管理人员的失职责任。

**第三十条**　创业投资行业协会依据本办法和相关法律、法规及规章，对创业投资企业进行自律管理，并维护本行业的自身权益。

### 第六章　附则

**第三十一条**　本办法由国家发展和改革委员会会同有关部门解释。

**第三十二条**　本办法自 2006 年 3 月 1 日起施行。

## 国务院关于促进创业投资持续健康发展的若干意见

（国务院　2016 年 9 月 16 日　国发〔2016〕53 号）

各省、自治区、直辖市人民政府，国务院各部委、各直属机构：

创业投资是实现技术、资本、人才、管理等创新要素与创业企业有效结合的投融资方式，是推动大众创业、万众创新的重要资本力量，是促进科技创新成果转化的助推器，是落实新发展理念、实施创新驱动发展战略、推进供给侧结构性改革、培育发展新动能和稳增长、扩就业的重要举措。近年来，我国创业投资快速发展，不仅拓宽了创业企业投融资渠道、促进了经济结构调整和产业转型升级，增强了经济发展新动能，也提高了直接融资比重、拉动了民间投资服务实体经济，激发了创业创新、促进了就业增长。但同时也面临着法律法规和政策环境不完善、监管体制和行业信用体系建设滞后等问题，存在一些投资“泡沫化”现象以及非法集资风险隐患。按照党中央、国务院的决策部署，为进一步促进创业投资持续健康发展，现提出以下意见。

### 一、总体要求

创业投资是指向处于创建或重建过程中的未上市成长性创业企业进行股权投资，以期所投资创业企业发育成熟或相对成熟后，主要通过股权转让获取资本增值收益的投资方式。天使投资是指除被投资企业职员及其家庭成员和直系亲属以外的个人以其自有资金直接开展的创业投资活动。发展包括天使投资在内的各类创业投资，应坚持以下总体要求：

（一）指导思想。

牢固树立和贯彻落实创新、协调、绿色、开放、共享的发展理念，着力推进供给侧结构性改革，深入实施创新驱动发展战略，大力推进大众创业万众创新，使市场在资源配置中起决定性作用和更好发挥政府作用，进一步深化简政放权、放管结合、优化服务改革，不断完善体制机制，健全政策措施，加强统筹协调和事中事后监管，构建促进创业投资发展的制度环境、市场环境和生态环境，加快形成有利于创业投资发展的良好氛围和“创业、创新+创投”的协同互动发展格局，进一步扩大创业投资规模，促进创业投资做大做强做优，培育一批具有国际影响力和竞争力的中国创业投资品牌，推动我国创业投资行业跻身世界先进行列。

（二）基本原则。

一是坚持服务实体。创业投资是改善投资结构、增加有效投资的重要手段。要进一步深化简政放权、放管结合、优化服务改革，创新监管方式，既要重视发挥大企业的骨干作用，也要通过创业投资激发广大中小企业的创造力和活力。以支持实体经济发展、助力创业企业发展为本，引导创业投资企业和创业投资管理企业秉承价值投资理念，鼓励长期投资和价值投资，防范和化解投资估值“泡沫化”可能引发的市场风险，积极应对新动能成长过程中对传统产业和行业可能造成的冲击，妥善处理好各种矛盾，加大对实体经济支持的力度，增强可持续性，构建“实体创投”投资环境。

二是坚持专业运作。以市场为导向，充分调动民间投资和市场主体的积极性，发挥市场规则作用，激发民间创新模式，防止同质化竞争。鼓励创业投资企业和创业投资管理企业从自身独特优势出发，强化专业化投资理念和投资策略，深化内部体制机制创新，加强对投资项目的投后管理和增值服务，不断提高创业投资行业专业化运作和管理水平，夯实“专业创投”运行基础。

三是坚持信用为本。以诚信为兴业之本、发展之基，加强创业投资行业信用体系建设，建立和完善守信联合激励和失信联合惩戒制度，促进创业投资企业和创业投资管理企业诚信守法，忠实履行对投资者的诚信义务，创建“信用创投”发展环境。

四是坚持社会责任。围绕推进创新型国家建设、支持大众创业万众创新、促进经济结构调整和产业转型升级的使命和社会责任，推动创业投资行业严格按照国家有关法律法规和相关产业政策开展投资运营活动，按照市场化、法治化原则，促进创业投资良性竞争和绿色发展，共同维护良好市场秩序，树立“责任创投”价值理念。

## 二、培育多元创业投资主体

（三）加快培育形成各具特色、充满活力的创业投资机构体系。鼓励各类机构投资者和个人依法设立公司型、合伙型创业投资企业。鼓励行业骨干企业、创业孵化器、产业（技术）创新中心、创业服务中心、保险资产管理机构等创业创新资源丰富的相关机构参与创业投资。鼓励具有资本实力和管理经验的个人通过依法设立一人公司从事创业投资活动。鼓励和规范发展市场化运作、专业化管理的创业投资母基金。（国家发展改革委、科技部、工业和信息化部、人力资源社会保障部、商务部、国务院国资委、工商总局、银监会、证监会、保监会按职责分工负责）

（四）积极鼓励包括天使投资人在内的各类个人从事创业投资活动。鼓励成立公益性天使投资人联盟等各类平台组织，培育和壮大天使投资人群体，促进天使投资人与创业企业及创业投资企业的信息交流与合作，营造良好的天使投资氛围，推动天使投资事业发展。规范发展互联网股权融资平台，为各类个人直接投资创业企业提供信息和技术服务。（国家发展改革委、科技部、证监会按职责分工负责）

## 三、多渠道拓宽创业投资资金来源

（五）大力培育和发展合格投资者。在风险可控、安全流动的前提下，支持中央企业、地方国有企业、保险公司、大学基金等各类机构投资者投资创业投资企业和创业投资母基金。鼓励信托公司遵循价值投资和长期投资理念，充分发挥既能进行创业投资又能发放贷款的优势，积极探索新产品、新模式，为创业企业提供综合化、个性化金融和投融资服务。培育合格个人投资者，支持具有风险识别和风险承受能力的个人参与投资创业投资企业。（国家发展改革委、财政部、国务院国资委、银监会、证监会、保监会按职责分工负责）

（六）建立股权债权等联动机制。按照依法合规、风险可控、商业可持续的原则，建立创业投资企业与各类金融机构长期性、市场化合作机制，进一步降低商业保险资金进入创业投资领域的门槛，推动发展投贷联动、投保联动、投债联动等新模式，不断加大对创业投资企业的投融资支持。加强“防火墙”相关制度建设，有效防范道德风险。支持银行业金融机构积极稳妥开展并购贷款业务，提高对创业企业兼并重组的金融服务水平。完善银行业金融机构投贷联动机制，稳妥有序推进投贷联动业务试点，推动投贷联动金融服务模式创新。支持创业投资企业及其股东依法依规发行企业债券和其他债务融资工具融资，增强投资能力。（国家发展改革委、科技部、人民银行、银监会、证监会、保监会按职责分工负责）

## 四、加强政府引导和政策扶持

（七）完善创业投资税收政策。按照税收中性、税收公平原则和税制改革方向与要求，统筹研究鼓励创业投资企业和天使投资人投资种子期、初创期等科技型企业的税收支持政策，进一步完善创业投资企业投资抵扣税收优惠政策，研究开展天使投资人个人所得税政策试点工作。（国家发展改革委、科技部、财政部、商务部、税务总局、证监会按职责分工负责）

（八）建立创业投资与政府项目对接机制。在全面创新改革试验区域、双创示范基地、国家高新区、国家自主创新示范区、产业（技术）创新中心、科技企业孵化器、众创空间等，开放项目（企业）资源，充分利用政府项目资源优势，搭建创业投资与企业信息共享平台，打通创业资本和项目之间的通道，引导创业投资企业投资于国家科技计划（专项、基金等）形成科技成果的转化。挖掘农业领域创业投资潜力，依托农村产业融合发展园区、农业产业化示范基地、农民工返乡创业园等，通过发展第二、三产业，改造提升第一产业。有关方面要配合做好项目对接和服务。（国家发展改革委、科技部、工业和信息化部、农业部、商务部按职责分工负责）

（九）研究鼓励长期投资的政策措施。倡导长期投资和价值投资理念，研究对专注于长期投资和价值投资的创业投资企业在企业债券发行、引导基金扶持、政府项目对接、市场化退出等方面给予必要的政策支持。研究建立所投资企业上市解禁期与上市前投资期限长短反向挂钩的制度安排。（国家发展改革委、科技部、财政部、人民银行、证监会按职责分工负责）

（十）发挥政府资金的引导作用。充分发挥政府设立的创业投资引导基金作用，加强规范管理，加大力度培育新的经济增长点，促进就业增长。充分发挥国家新兴产业创业投资引导基金、国家中小企业发展基金、国家科技成果转化引导基金等已设立基金的作用。对于已设立基金未覆盖且需要政府引导支持的领域，鼓励有条件的地方按照“政府引导、市场化运作”原则推动设立创业投资引导基金，发挥财政资金的引导和聚集放大作用，引导民间投资等社会资本投入。进一步提高创业投资引导基金市场化运作效率，促进政策目标实现，维护出资人权益。鼓励创业投资引导基金注资市场化母基金，由专业化创业投资管理机构受托管理引导基金。综合运用参股基金、联合投资、融资担保、政府出资适当让利于社会出资等多种方式，进一步发挥政府资金在引导民间投资、扩大直接融资、弥补市场失灵等方面的作用。建立并完善创业投资引导基金中政府出资的绩效评价制度。（国家发展改革委、科技部、工业和信息化部、财政部按职责分工负责）

### 五、完善创业投资相关法律法规

（十一）构建符合创业投资行业特点的法制环境。进一步完善促进创业投资发展相关法律法规，研究推动相关立法工作，推动完善《中华人民共和国公司法》和《中华人民共和国合伙企业法》。完善创业投资相关管理制度，推动私募投资基金管理暂行条例尽快出台，对创业投资企业和创业投资管理企业实行差异化监管和行业自律。完善外商投资创业投资企业管理制度。（国家发展改革委、商务部、证监会按职责分工负责）

（十二）落实和完善国有创业投资管理制度。鼓励国有企业集众智，开拓广阔市场空间，增强国有企业竞争力。支持有需求、有条件的国有企业依法依规、按照市场化方式设立或参股创业投资企业和创业投资母基金。强化国有创业投资企业对种子期、初创期等创业企业的支持，鼓励国有创业投资企业追求长期投资收益。健全符合创业投资行业特点和发展规律的国有创业投资管理体制，完善国有创业投资企业的监督考核、激励约束机制和股权转让方式，形成鼓励创业、宽容失败的国有创业投资生态环境。支持具备条件的国有创业投资企业开展混合所有制改革试点，探索国有创业投资企业和创业投资管理企业核心团队持股和跟投。探索地方政府融资平台公司转型升级为创业投资企业。依法依规豁免国有创业投资企业和国有创业投资引导基金国有股转持义务。（国家发展改革委、财政部、国务院国资委、证监会按职责分工负责）

### 六、进一步完善创业投资退出机制

（十三）拓宽创业投资市场化退出渠道。充分发挥主板、创业板、全国中小企业股份转让系统以及区域性股权市场功能，畅通创业投资市场化退出渠道。完善全国中小企业股份转让系统交易机制，改善市场流动性。支持机构间私募产品报价与服务系统、证券公司柜台市场开展直接融资业务。鼓励创业投资以并购重组等方式实现市场化退出，规范发展专业化并购基金。（证监会牵头负责）

### 七、优化创业投资市场环境

（十四）优化监管环境。实施更多的普惠性支持政策措施，营造公平竞争的发展环境，深化简政放权、放管结合、优化服务改革，搞好服务，激发活力。坚持适度监管、差异监管和统一功能监管，创新监管方式，有效防范系统性区域性风险。对创业投资企业在行业管理、备案登记等方面采取与其他私募基金区别对待的差异化监管政策，建立适应创业投资行业特点的宽市场准入、重事中事后监管的适度而有效的监管体制。加强信息披露和风险揭示，引导创业投资企业建立以实体投资、价值投资和长期投资为导向的合理的投资估值机制。对不进行实业投资、从事上市公司股票交易、助推投资泡沫及其他扰乱市场秩序的创业投资企业建立清查清退制度。建立行业规范，强化创业投资企业内控机制、合规管理和风险管理机制。加强投资者保护，特别是要进一步完善产权保护制度，依法保护产权和投资者合法经营、合法权益和合法财产。加强投资者教育，相关投资者应为具有风险识别和风险承受能力的合格投资者。建立并完善募集资金的托管制度，规范创业投资企业募集资金行为，打击违法违规募集资金行为。健全对创业投资企业募集资金、投资运作等与保护投资者权益相关的制度规范，加强日常监管。（国家发展改革委、科技部、国务院国资委、证监会按职责分工负责）

（十五）优化商事环境。各地区、各部门不得自行出台限制创业投资企业和创业投资管理企业市场准入和发展的有关政策。建立创业投资行业发展备案和监管备案互联互通机制，为创业投资企业备案提供便利，放宽创业投资企业的市场准入。持续深化商事制度改革，提高工商登记注册便利化水平。促进创业投资行业加强品牌建设。（国家发展改革委、工商总局、证监会会同各有关部门按职责分工负责）

（十六）优化信用环境。有关部门、行业组织和社会征信机构要进一步建立健全创业投资企业、创业投资管理企业及其从业人员信用记录，实现创业投资领域信用记录全覆盖。推动创业投资领域信用信息纳入全国信用信息共享平台，并与企业信用信息公示系统实现互联互通。依法依规在“信用中国”网站和企业信用信息公示系统公示相关信息。加快建立创业投资领域严重失信黑名单制度，鼓励有关社会组织探索建立守信红名单制度，依托全国信用信息共享平台，按照有关法律法规和政策规定实施守信联合激励和失信联合惩戒。建立健全创业投资行业信用服务机制，推广使用信用产品。（国家发展改革委、商务部、人民银行、工商总局、证监会按职责分工负责）

（十七）严格保护知识产权。完善知识产权保护相关法律法规和制度规定，加强对创业创新早期知识产权保护，在市场竞争中培育更多自主品牌，健全知识产权侵权查处机制，依法惩治侵犯知识产权的违法犯罪行为，将企业行政处罚、黑名单等信息纳入全国信用信息共享平台，对严重侵犯知识产权的责任主体实施联合惩戒，并通过“信用中国”网站、企业信用信息公示系统等进行公示，创造鼓励创业投资的良好知识产权保护环境。（国家发展改革委、人民银行、工商总局、知识产权局、证监会等按职责分工负责）

### 八、推动创业投资行业双向开放

（十八）有序扩大创业投资对外开放。发展创业投资要坚持走开放式发展道路，通过吸引境外投资，引进国际先进经验、技术和管理模式，提升我国创业投资企业的国际竞争力。按照对内外资一视同仁的原则，放宽外商投资准入，简化管理流程，鼓励外资扩大创业投资规模，加大对种子期、初创期创业企业支持力度。鼓励和支持境内外投资者在跨境创业投资及相关的投资贸易活动中使用人民币。允许外资创业投资企业按照实际投资规模将外汇资本金结汇所得的人民币划入被投资企业。（国家发展改革委、商务部、人民银行、国家外汇局按职责分工负责）

（十九）鼓励境内有实力的创业投资企业积极稳妥“走出去”。完善境外投资相关管理制度，引导和鼓励创业投资企业加大对境外及港、澳、台地区高端研发项目的投资，积极分享高端技术成果。（国家发展改革委、商务部、人民银行、国家外汇局按职责分工负责）

### 九、完善创业投资行业自律和服务体系

（二十）加强行业自律。加快推进依法设立全国性创业投资行业协会，鼓励具备条件的地区成立创业投资协会组织，搭建行业协会交流服务平台。充分发挥行业协会在行业自律管理和政府与市场沟通中的积极作用，加强行业协会在政策对接、会员服务、信息咨询、数据统计、行业发展报告、人才培养、国际交流合作等方面的能力建设，支持行业协会推动创业投资行业信用体系建设和社会责任建设，维护有利于行业持续健康发展的良好市场秩序。（国家发展改革委、科技部、民政部、证监会按职责分工负责）

（二十一）健全创业投资服务体系。加强与创业投资相关的会计、征信、信息、托管、法律、咨询、教育培训等各类中介服务体系建设。支持创业投资协会组织通过高等学校、科研院所、群团组织、创业投资企业、创业投资管理企业、天使投资人等多种渠道，以多种方式加强创业投资专业人才培养，加大教育培训力度，吸引更多的优秀人才从事创业投资，提高创业投资的精准度。（国家发展改革委、科技部、证监会按职责分工负责）

### 十、加强各方统筹协调

（二十二）加强政策顶层设计和统筹协调。国家发展改革委要会同有关部门加强促进创业投资发展的政策协调，建立部门之间、部门与地方之间政策协调联动机制，加强创业投资行业发展政策和监管政策的协同配合，增强政策针对性、连续性、协同性。建立相关政府部门促进创业投资行业发展的信息共享机制。（国家发展改革委、证监会会同有关部门按职责分工负责）

各地区、各部门要把促进创业投资持续健康发展作为深入实施创新驱动发展战略、推动大众创业万众创新、促进经济结构调整和产业转型升级的一项重要举措，按照职责分工抓紧制定相关配套措施，加强沟通协调，形成工作合力，确保各项政策及时落实到位，积极发展新经济、培育新动能、改造提升传统动能，推动中国经济保持中高速增长、迈向中高端水平。

# 国务院办公厅转发发展改革委等部门关于创业投资引导基金规范设立与运作指导意见的通知

国办发〔2008〕116 号

各省、自治区、直辖市人民政府，国务院各部委、各直属机构：

发展改革委、财政部、商务部《关于创业投资引导基金规范设立与运作的指导意见》已经国务院同意，现转发给你们，请认真贯彻执行。

国务院办公厅

二〇〇八年十月十八日

## 关于创业投资引导基金规范设立与运作的指导意见

发展改革委 财政部 商务部

为贯彻《国务院关于实施〈国家中长期科学和技术发展规划纲要（2006—2020 年）〉若干配套政策的通知》（国发〔2006〕6 号）精神，配合《创业投资企业管理暂行办法》（发展改革委等十部委令 2005 年第 39 号）实施，促进创业投资引导基金（以下简称引导基金）的规范设立与运作，扶持创业投资企业发展，现提出如下意见：

### 一、引导基金的性质与宗旨

引导基金是由政府设立并按市场化方式运作的政策性基金，主要通过扶持创业投资企业发展，引导社会资金进入创业投资领域。引导基金本身不直接从事创业投资业务。

引导基金的宗旨是发挥财政资金的杠杆放大效应，增加创业投资资本的供给，克服单纯通过市场配置创业投资资本的市场失灵问题。特别是通过鼓励创业投资企业投资处于种子期、起步期等创业早期的企业，弥补一般创业投资企业主要投资于成长期、成熟期和重建企业的不足。

### 二、引导基金的设立与资金来源

地市级以上人民政府有关部门可以根据创业投资发展的需要和财力状况设立引导基金。其设立程序为：由负责推进创业投资发展的有关部门和财政部门共同提出设立引导基金的可行性方案，报同级人民政府批准后设立。各地应结合本地实际情况制订和不断完善引导基金管理办法，管理办法由财政部门和负责推进创业投资发展的有关部门共同研究提出。

引导基金应以独立事业法人的形式设立，由有关部门任命或派出人员组成的理事会行使决策管理职责，并对外行使引导基金的权益和承担相应义务与责任。

引导基金的资金来源：支持创业投资企业发展的财政性专项资金；引导基金的投资收益与担保收益；闲置资金存放银行或购买国债所得的利息收益；个人、企业或社会机构无偿捐赠的资金等。

### 三、引导基金的运作原则与方式

引导基金应按照“政府引导、市场运作，科学决策、防范风险”的原则进行投资运作，扶持对象主要是按照《创业投资企业管理暂行办法》规定程序备案的在中国境内设立的各类创业投资企业。在扶持创业投资企业设立与发展的过程中，要创新管理模式，实现政府政策意图和所扶持创业投资企业按市场原则运作的有效结合；要探索建立科学合理的决策、考核机制，有效防范风险，实现引导基金自身的可持续发展；引导基金不用于市场已经充分竞争的领域，不与市场争利。

引导基金的运作方式。（一）参股。引导基金主要通过参股方式，吸引社会资本共同发起设立创业投资企业。（二）融资担保。根据信贷征信机构提供的信用报告，对历史信用记录良好的创业投资企业，可采取提供融资担保方式，支持其通过债权融资增强投资能力。（三）跟进投资或其他方式。产业导向或区域导向较强的引导基金，可探索通过跟进投资或其他方式，支持创业投资企业发展并引导其投资方向。其中，跟进投资仅限于当创业投资企业投资创业早期企业或需要政府重点扶持和鼓励的高新技术等产业领域的创业企业时，引导基金可以按适当股权比例向该创业企业投资，但不得以“跟进投资”之名，直接从事创业投资运作业务，而应发挥商业性创业投资企业发现投资项目、评估投资项目和实施投资管理的作用。

引导基金所扶持的创业投资企业，应当在其公司章程或有限合伙协议等法律文件中，规定以一定比例资金投资于创业早期企业或需要政府重点扶持和鼓励的高新技术等产业领域的创业企业。引导基金应当监督所扶持创业投资企业按照规定的投资方向进行投资运作，但不干预所扶持创业投资企业的日常管理。引导基金不担任所扶持公司型创业投资企业的受托管理机构或有限合伙型创业投资企业的普通合伙人，不参与投资设立创业投资管理企业。

### 四、引导基金的管理

引导基金应当遵照国家有关预算和财务管理制度的规定，建立完善的内部管理制度和外部监管与监督制度。引导基金可以专设管理机构负责引导基金的日常管理与运作事务，也可委托符合资质条件的管理机构负责引导基金的日常管理与运作事务。

引导基金受托管理机构应当符合下列资质条件：（一）具有独立法人资格；（二）其管理团队具有一定的从业经验，具有较高的政策水平和管理水平；（三）最近 3 年以上持续保持良好的财务状况；（四）没有受过行政主管机关或者司法机关重大处罚的不良记录；（五）严格按委托协议管理引导基金资产。

引导基金应当设立独立的评审委员会，对引导基金支持方案进行独立评审，以确保引导基金决策的民主性和科学性。评审委员会成员由政府有关部门、创业投资行业自律组织的代表以及社会专家组成，成员人数应当为单数。其中，创业投资行业自律组织的代表和社会专家不得少于半数。引导基金拟扶持项目单位的人员不得作为评审委员会成员参与对拟扶持项目的评审。引导基金理事会根据评审委员会的评审结果，对拟扶持项目进行决策。

引导基金应当建立项目公示制度，接受社会对引导基金的监督，确保引导基金运作的公开性。

## 五、对引导基金的监管与指导

引导基金纳入公共财政考核评价体系。财政部门和负责推进创业投资发展的有关部门对所设立引导基金实施监管与指导，按照公共性原则，对引导基金建立有效的绩效考核制度，定期对引导基金政策目标、政策效果及其资产情况进行评估。

引导基金理事会应当定期向财政部门和负责推进创业投资发展的有关部门报告运作情况。运作过程中的重大事件及时报告。

## 六、引导基金的风险控制

应通过制订引导基金章程，明确引导基金运作、决策及管理的具体程序和规定，以及申请引导基金扶持的相关条件。申请引导基金扶持的创业投资企业，应当建立健全业绩激励机制和风险约束机制，其高级管理人员或其管理顾问机构的高级管理人员应当已经取得良好管理业绩。

引导基金章程应当具体规定引导基金对单个创业投资企业的支持额度以及风险控制制度。以参股方式发起设立创业投资企业的，可在符合相关法律法规规定的前提下，事先通过公司章程或有限合伙协议约定引导基金的优先分配权和优先清偿权，以最大限度控制引导基金的资产风险。以提供融资担保方式和跟进投资方式支持创业投资企业的，引导基金应加强对所支持创业投资企业的资金使用监管，防范财务风险。

引导基金不得用于从事贷款或股票、期货、房地产、基金、企业债券、金融衍生品等投资以及用于赞助、捐赠等支出。闲置资金只能存放银行或购买国债。

引导基金的闲置资金以及投资形成的各种资产及权益，应当按照国家有关财务规章制度进行管理。引导基金投资形成股权的退出，应按照公共财政的原则和引导基金的运作要求，确定退出方式及退出价格。

### 七、指导意见的组织实施

本指导意见发布后，新设立的引导基金应遵循本指导意见进行设立和运作，已设立的引导基金应按照本指导意见逐步规范运作。

## 政府出资产业投资基金管理暂行办法

（国家发展改革委　2016 年 12 月 30 日　发改财金规〔2016〕2800 号）

### 第一章　总　则

**第一条**　为促进国民经济持续健康发展，优化政府投资方式，发挥政府资金的引导作用和放大效应，提高政府资金使用效率，吸引社会资金投入政府支持领域和产业，根据《中华人民共和国公司法》、《中华人民共和国合伙企业法》、《中共中央国务院关于深化投融资体制改革的意见》（中发〔2016〕18 号）、《国务院关于促进创业投资持续健康发展的若干意见》（国发〔2016〕53 号）、《国务院关于创新重点领域投融资机制鼓励社会投资的指导意见》（国发〔2014〕60 号）等法律法规和有关文件精神，制定本办法。

**第二条**　本办法所称政府出资产业投资基金，是指有政府出资，主要投资于非公开交易企业股权的股权投资基金和创业投资基金。

**第三条**　政府出资资金来源包括财政预算内投资、中央和地方各类专项建设基金及其他财政性资金。

**第四条**　政府出资产业投资基金可以采用公司制、合伙制、契约制等组织形式。

**第五条**　政府出资产业投资基金由基金管理人管理基金资产，由基金托管人托管基金资产。

**第六条**　政府出资产业投资基金应坚持市场化运作、专业化管理原则，政府出资人不得参与基金日常管理事务。

**第七条**　政府出资产业投资基金可以综合运用参股基金、联合投资、融资担保、政府出资适当让利等多种方式，充分发挥基金在贯彻产业政策、引导民间投资、稳定经济增长等方面的作用。

**第八条**　国家发展改革委会同地方发展改革部门对政府出资产业投资基金业务活动实施事中事后管理，负责推动政府出资产业投资基金行业信用体系建设，定期发布行业发展报告，维护有利于行业持续健康发展的良好市场秩序。

## 第二章 政府出资产业投资基金的募集和登记管理

**第九条** 政府向产业投资基金出资，可以采取全部由政府出资、与社会资本共同出资或向符合条件的已有产业投资基金投资等形式。

**第十条** 政府出资产业投资基金社会资金部分应当采取私募方式募集，募集行为应符合相关法律法规及国家有关部门规定。

**第十一条** 除政府外的其他基金投资者为具备一定风险识别和承受能力的合格机构投资者。

**第十二条** 国家发展改革委建立全国政府出资产业投资基金信用信息登记系统，并指导地方发展改革部门建立本区域政府出资产业投资基金信用信息登记子系统。中央各部门及其直属机构出资设立的产业投资基金募集完毕后二十个工作日内，应在全国政府出资产业投资基金信用信息登记系统登记。地方政府或所属部门、直属机构出资设立的产业投资基金募集完毕后二十个工作日内，应在本区域政府出资产业投资基金信用信息登记子系统登记。发展改革部门应于报送材料齐备后五个工作日内予以登记。

**第十三条** 政府出资产业投资基金的投资方向，应符合区域规划、区域政策、产业政策、投资政策及其他国家宏观管理政策，能够充分发挥政府资金在特定领域的引导作用和放大效应，有效提高政府资金使用效率。

**第十四条** 政府出资产业投资基金在信用信息登记系统登记后，由发展改革部门根据登记信息在三十个工作日内对基金投向进行产业政策符合性审查，并在信用信息登记系统予以公开。对于未通过产业政策符合性审查的政府出资产业投资基金，各级发展改革部门应及时出具整改建议书，并抄送相关政府或部门。

**第十五条** 国家发展改革委负责中央各部门及其直属机构政府出资设立的产业投资基金材料完备性和产业政策符合性审查。地方各级发展改革部门负责本级政府或所属部门、直属机构政府出资设立的产业投资基金材料完备性和产业政策符合性审查。以下情况除外：

（一）各级地方政府或所属部门、直属机构出资额 50 亿元人民币（或等值外币）及以上的，由国家发展改革委负责材料完备性和产业政策符合性审查；

（二）50 亿元人民币（或等值外币）以下超过一定规模的县、市地方政府或所属部门、直属机构出资，由省级发展改革部门负责材料完备性和产业政策符合性审查，具体规模由各省（自治区、直辖市）发展改革部门确定。

**第十六条** 政府出资产业投资基金信用信息登记主要包括以下基本信息：

（一）相关批复和基金组建方案；

（二）基金章程、合伙协议或基金协议；

（三）基金管理协议（如适用）；

（四）基金托管协议；

（五）基金管理人的章程或合伙协议；

（六）基金管理人高级管理人员的简历和过往业绩；

（七）基金投资人向基金出资的资金证明文件；

（八）其他资料。

**第十七条** 新发起设立政府出资产业投资基金，基金组建方案应包括：

（一）拟设基金主要发起人、管理人和托管人基本情况；

（二）拟设基金治理结构和组织架构；

（三）主要发起人和政府资金来源、出资额度；

（四）拟在基金章程、合伙协议或基金协议中确定的投资产业领域、投资方式、风险防控措施、激励机制、基金存续期限等；

（五）政府出资退出条件和方式；

（六）其他资料。

**第十八条** 政府向已设立产业投资基金出资，基金组建方案应包括：

（一）基金主要发起人、管理人和托管人基本情况；

（二）基金前期运行情况；

（三）基金治理结构和组织架构；

（四）基金章程、合伙协议或基金协议中确定的投资产业领域、投资方式、风险防控措施、激励机制等；

（五）其他资料。

**第十九条** 政府出资产业投资基金管理人履行下列职责：

（一）制定投资方案，并对所投企业进行监督、管理；

（二）按基金公司章程规定向基金投资者披露基金投资运作、基金管理信息服务等信息。定期编制基金财务报告，经有资质的会计师事务所审计后，向基金董事会（持有人大会）报告；

（三）基金公司章程、基金管理协议中确定的其他职责。

**第二十条** 基金管理人应符合以下条件：

（一）在中国大陆依法设立的公司或合伙企业，实收资本不低于 1000 万元人民币；

（二）至少有 3 名具备 3 年以上资产管理工作经验的高级管理人员；

（三）产业投资基金管理人及其董事、监事、高级管理人员及其他从业人员在最近三年无重大违法行为；

（四）有符合要求的营业场所、安全防范设施和与基金管理业务有关的其他设施；

（五）有良好的内部治理结构和风险控制制度。

**第二十一条** 基金应将基金资产委托给在中国境内设立的商业银行进行托管。基金与托管人签订托管协议，托管人按照协议约定对基金托管专户进行管理。政府出资产业投资基金托管人履行下列职责：

（一）安全保管所托管基金的全部资产；

（二）执行基金管理人发出的投资指令，负责基金名下的资金往来；

（三）依据托管协议，发现基金管理人违反国家法律法规、基金公司章程或基金董事会（持有人大会）决议的，不予执行；

（四）出具基金托管报告，向基金董事会（持有人大会）报告并向主管部门提交年度报告；

（五）基金公司章程、基金托管协议中规定的其他职责。

**第二十二条** 已登记并通过产业政策符合性审查的各级地方政府或所属部门、直属机构出资设立的产业投资基金，可以按规定取得中央各部门及其直属机构设立的政府出资产业投资基金母基金支持。

**第二十三条** 已登记并通过产业政策符合性审查的政府出资产业投资基金除政府外的其他股东或有限合伙人可以按规定申请发行企业债券，扩大资本规模，增强投资能力。

## 第三章 政府出资产业投资基金的投资运作和终止

**第二十四条** 政府出资产业投资基金应主要投资于以下领域：

（一）非基本公共服务领域。着力解决非基本公共服务结构性供需不匹配，因缺乏竞争激励机制而制约质量效率，体制机制创新不足等问题，切实提高非基本公共服务共建能力和共享水平。

（二）基础设施领域。着力解决经济社会发展中偏远地区基础设施建设滞后，结构性供需不匹配等问题，提高公共产品供给质量和效率，切实推进城乡、区域、人群基本服务均等化。

（三）住房保障领域。着力解决城镇住房困难家庭及新市民住房问题，完善住房保障供应方式，加快推进棚户区改造，完善保障性安居工程配套基础设施，有序推进旧住宅小区综合整治、危旧住房和非成套住房改造，切实增强政府住房保障可持续提供能力。

（四）生态环境领域。着力解决生态环境保护中存在的污染物排放量大面广，环境污染严重，山水林田湖缺乏保护，生态损害大，生态环境脆弱、风险高等问题，切实推进生态环境质量改善。

（五）区域发展领域。着力解决区域发展差距特别是东西差距拉大，城镇化仍滞后于工业化，区域产业结构趋同化等问题，落实区域合作的资金保障机制，切实推进区域协调协同发展。

（六）战略性新兴产业和先进制造业领域。着力解决战略性新兴产业和先进制造业在经济社会发展中的产业政策环境不完善，供给体系质量和效率偏低，供给和需求衔接不紧密等问题，切实推进看得准、有机遇的重点技术和产业领域实现突破。

（七）创业创新领域。着力解决创业创新在经济社会发展中的市场环境亟待改善，创投市场资金供给不足，企业创新动能较弱等问题，切实推进大众创业、万众创新。

投资于基金章程、合伙协议或基金协议中约定产业领域的比例不得低于基金募集规模或承诺出资额的 60%。

国家发展改革委将根据区域规划、区域政策、产业政策、投资政策及其他国家宏观管理政策适时调整并不定期发布基金投资领域指导意见。

**第二十五条**　政府出资产业投资基金应投资于：

（一）未上市企业股权，包括以法人形式设立的基础设施项目、重大工程项目等未上市企业的股权；

（二）参与上市公司定向增发、并购重组和私有化等股权交易形成的股份；

（三）经基金章程、合伙协议或基金协议明确或约定的符合国家产业政策的其他投资形式。

基金闲置资金只能投资于银行存款、国债、地方政府债、政策性金融债和政府支持债券等安全性和流动性较好的固定收益类资产。

**第二十六条**　政府出资产业投资基金对单个企业的投资额不得超过基金资产总值的 20%，且不得从事下列业务：

（一）名股实债等变相增加政府债务的行为；

（二）公开交易类股票投资，但以并购重组为目的的除外；

（三）直接或间接从事期货等衍生品交易；

（四）为企业提供担保，但为被投资企业提供担保的除外；

（五）承担无限责任的投资。

**第二十七条**　政府出资产业投资基金应在章程、委托管理协议等法律文件中，明确基金的分配方式、业绩报酬、管理费用和托管费用标准。

**第二十八条**　政府出资产业投资基金章程应当加强被投资企业的资金使用监管，防范财务风险。

**第二十九条**　基金一般应在存续期满后终止，确需延长存续期的，应报经政府基金设立批准部门同意后，与其他投资方按约定办理。

## 第四章　政府出资产业投资基金的绩效评价

**第三十条**　国家发展改革委建立并完善政府出资产业投资基金绩效评价指标体系。评价指标主要包括：

（一）基金实缴资本占认缴资本的比例；

（二）基金投向是否符合区域规划、区域政策、产业政策、投资政策及其他国家宏观管理政策，综合评估政府资金的引导作用和放大效应、资金使用效率及对所投产业的拉动效果等；

（三）基金投资是否存在名股实债等变相增加政府债务的行为；

（四）是否存在违反法律、行政法规等行为。

**第三十一条**　国家发展改革委每年根据评价指标对政府出资产业投资基金绩效进行系统性评分，并将评分结果适当予以公告。有关评价办法由国家发展改革委另行制定。金融机构可以根据评分结果对登记的政府出资产业投资基金给予差异化的信贷政策。

**第三十二条**　国家发展改革委建立并完善基金管理人绩效评价指标体系。评价指标主要包括：

（一）基金管理人实际管理的资产总规模；

（二）基金管理人过往投资业绩；

（三）基金管理人过往投资领域是否符合政府产业政策导向；

（四）基金管理人管理的基金运作是否存在公开宣传、向非合格机构投资者销售、违反职业道德底线等违规行为；

（五）基金管理人及其管理团队是否受到监管机构的行政处罚，是否被纳入全国信用信息共享平台失信名单；

（六）是否存在违反法律、行政法规等行为。

**第三十三条**　国家发展改革委每年根据评价指标对基金管理人绩效进行系统性评分，并将评分结果适当予以公告。有关评价办法由国家发展改革委另行制定。各级政府部门可以根据评分结果选择基金管理人。

## 第五章　政府出资产业投资基金行业信用建设

**第三十四条**　国家发展改革委会同有关部门加强政府出资产业投资基金行业信用体系建设，在政府出资产业投资基金信用信息登记系统建立基金、基金管理人和从业人员信用记录，并纳入全国信用信息共享平台。

**第三十五条**　地方发展改革部门会同地方有关部门负责区域内政府出资产业投资基金行业信用体系建设，并通过政府出资产业投资基金信用信息登记系统报送基金、基金管理人和从业人员有关信息。报送内容包括但不限于工商信息、行业信息、经营信息和风险信息等。

**第三十六条**　对有不良信用记录的基金、基金管理人和从业人员，国家发展改革委通过“信用中国”网站统一向社会公布。地方发展改革部门可以根据各地实际情况，将区域内失信基金、基金管理人和从业人员名单以适当方式予以公告。

发展改革部门会同有关部门依据所适用的法律法规及多部门签署的联合惩戒备忘录等对列入失信联合惩戒名单的基金、基金管理人和从业人员开展联合惩戒，惩戒措施包括但不限于市场禁入、限制作为供应商参加政府采购活动、限制财政补助补贴性资金支持、从严审核发行企业债券等。

**第三十七条**　国家发展改革委在“信用中国”网站设立政府出资产业投资基金行业信用建设专栏，公布失信基金、基金管理人和从业人员名单，及时更新名单目录及惩戒处罚等信息，并开展联合惩戒的跟踪、监测、统计和评估工作。

## 第六章　政府出资产业投资基金的监督管理

**第三十八条**　国家发展改革委会同地方发展改革部门严格履行基金的信用信息监管责任，建立健全政府出资产业投资基金信用信息登记系统，建立完善政府出资产业投资基金绩效评价制度，加快推进政府出资产业投资基金行业信用体系建设，加强对政府出资产业投资基金的监督管理。

**第三十九条**　对未登记的政府出资产业投资基金及其受托管理机构，发展改革部门应当督促其在二十个工作日内申请办理登记。逾期未登记的，将其作为“规避登记政府出资产业投资基金”“规避登记受托管理机构”，并以适当方式予以公告。

**第四十条**　中央各部门及其直属机构出资设立的产业投资基金的基金管理人应当于每个会计年度结束后四个月内，向国家发展改革委提交基金及基金管理人的年度业务报告、经有资质的会计师事务所审计的年度财务报告和托管报告，并及时报告投资运作过程中的重大事项。

地方政府或所属部门、直属机构出资设立的产业投资基金的基金管理人应当于每个会计年度结束后四个月内，向本级发展改革部门提交基金及基金管理人的年度业务报告、经有资质的会计师事务所审计的年度财务报告和托管报告，并及时报告投资运作过程中的重大事项。

重大事项包括但不限于公司章程修订、资本增减、高级管理人员变更、合并、清算等。

**第四十一条**　发展改革部门通过现场和非现场“双随机”抽查，会同有关部门对政府出资产业投资基金进行业务指导，促进基金规范运作，有效防范风险。基金有关当事人应积极配合有关部门对政府出资产业投资基金合规性审查，提供有关文件、账簿及其他资料，不得以任何理由阻扰、拒绝检查。

**第四十二条** 对未按本办法规范运作的政府出资产业投资基金及其基金管理机构、托管机构，发展改革部门可以会同有关部门出具监管建议函，视情节轻重对其采取责令改正、监管谈话、出具警示函、取消登记等措施，并适当予以公告。

**第四十三条** 建立政府出资产业投资基金重大项目稽查制度，健全政府投资责任追究制度。完善社会监督机制，鼓励公众和媒体监督。

**第四十四条** 各级发展改革部门应当自觉接受审计、监察等部门依据职能分工进行的监督检查。各级发展改革部门工作人员有徇私舞弊、滥用职权、弄虚作假、玩忽职守、未依法履行职责的，依法给予处分；构成犯罪的，依法追究刑事责任。

### 第七章 附 则

**第四十五条** 本办法由国家发展改革委负责解释。

**第四十六条** 政府出资产业投资基金投资境外企业，按照境外投资有关规定办理。

**第四十七条** 本办法自2017年4月1日起施行，具体登记办法由国家发展改革委另行制定。本办法施行前设立的政府出资产业投资基金及其受托管理机构，应当在本办法施行后两个月内按照本办法有关规定到发展改革部门登记。

## 关于财政资金注资政府投资基金支持产业发展的指导意见

（财政部　2015年12月25日　财建〔2015〕1062号）

各省、自治区、直辖市、计划单列市财政厅（局）：

近年来，各级财政探索政府投资基金等市场化方式支持产业发展，有效引导了社会资本投向，促进了企业和产业发展，但也存在投向分散、运作不规范、指导监督机制不完善等问题。为贯彻落实党的十八届五中全会通过的《国民经济和社会发展第十三个五年规划的建议》关于“发挥财政资金撬动功能，创新融资方式，带动社会资本参与投资”等精神，规范有序推进相关工作，根据《政府投资基金管理办法》（财预〔2015〕210号），现就财政资金注资设立政府投资基金支持产业发展，提出以下指导意见：

### 一、指导思想、总体要求及基本原则

（一）指导思想。

规范有序运用政府投资基金方式推动重点产业发展，发挥财政资金带动社会投资、培育市场需求、促进企业创业成长等作用，提高资源配置效率和财政

资金使用效益，加快经济结构调整和发展方式转变。

（二）总体要求。

使市场在资源配置中起决定性作用，更好发挥政府引导作用。协调好财政资金杠杆放大作用和多种所有制资本相互促进作用，加强顶层设计，坚持市场化运作，规范有序推进，推动解决产业重点领域和薄弱环节的资金、市场、技术等瓶颈制约。

（三）基本原则。

——聚焦重点产业。区分产业重点领域和薄弱环节，明确特定政策目标，在准确定位的基础上确定财政资金投入方式和支持产业发展的政府投资基金设立方案，解决产业发展的瓶颈制约。

——坚持市场化运作。按照法律法规和市场通行做法明确工作机制，遵循市场规则，实行专业化管理，同时注重充分发挥社会资本作用。在确保有效监督指导的同时，基金机构设置尽可能精简，提高效率。

——切实履行出资人职责。财政部门根据同级政府授权，切实履行对财政资金注资的政府投资基金的出资人职责。通过合理设计基金设立方案及财政出资让利措施、选好基金管理公司或团队等，充分发挥政府投资基金支持产业的作用。

## 二、合理运用政府投资基金聚焦支持重点产业

财政资金注资政府投资基金支持产业发展，应当针对宏观经济及产业发展的特定问题，加强政策顶层设计、明确基金定位、合理控制规模，规范有序推进。

（一）精准定位、聚焦重点。公共财政运用政府投资基金方式支持的产业，限定于具有一定竞争性、存在市场失灵、外溢性明显的关键领域和薄弱环节。具体按照《政府投资基金暂行管理办法》有关规定，限定支持领域。推动产业发展方面，主要支持外部性强，基础性、带动性、战略性特征明显的产业领域及中小企业创业成长。各地应当结合上述定位，以及国家、地方产业布局和发展规划聚焦作用的特定领域。

（二）问题导向、分类施策。针对产业重点领域和薄弱环节，相机采取创业投资引导基金、产业投资基金等形式予以支持。其中：对战略性新兴产业及中小企业，可通过创业投资引导基金，加强资金、技术和市场相融合。对集成电路等战略主导产业及行业龙头企业，可通过产业投资基金直接投资，实现产业重点突破和跨越发展。

（三）加强引导、有序推进。通过一般公共预算、政府性基金预算、国有资本经营预算等安排对政府投资基金注资，发挥财政资金引导作用，引导社会资金投资经济社会发展的重点领域和薄弱环节。同时，要合理控制政府投资基金

规模，不得在同一行业或领域重复设立基金。结合产业发展阶段性特点和要求，适时调整政府投资基金作用的领域；对市场能够充分发挥作用的领域，要及时退出。

## 三、规范设立运作支持产业的政府投资基金

财政资金注资设立政府投资基金支持产业，要坚持市场化运作、专业化管理，以实现基金良性运营。基金的设立和运作，应当遵守契约精神，依法依规推进，促进政策目标实现。

（一）设立市场化的基金实体。结合政府投资基金定位、社会出资人意愿等，设立公司制、合伙制等市场化基金实体，坚持所有权、管理权、托管权分离。原则上不设立事业单位形式的政府投资基金；已设立事业单位形式政府投资基金的应当积极向企业转制，不能转制的应当选聘专业管理团队，提高市场化管理水平。

（二）建立多元化的出资结构。结合政府投资基金政策目标，广泛吸引社会出资，形成多元化出资结构，优化基金内部治理结构、形成各方出资合理制衡，促进协同发展。结合财力可能、基金定位、募资难度等确定财政资金注资上限，并根据有关章程、协议及基金投资进度等分期到位。

（三）坚持专业化投资运营。财政资金注资设立的政府投资基金，原则上委托市场化基金管理公司管理，并通过委托管理协议等约定主要投资领域和投资阶段。为促进产业链协同发展，可适当布局产业上下游环节。

（四）建立适时退出机制。财政资金注资设立政府投资基金形成的股权，应根据有关法律法规并按照章程约定的条件退出。财政出资原则在基金存续期满后退出，存续期内如达到预期目标，也可考虑通过预设股权回购机制等方式适时退出。

## 四、切实履行财政资金出资人职责

财政部门作为财政资金管理部门，根据本级人民政府授权，并依照法律法规以及基金章程、合伙人协议等，切实履行对财政资金注资政府投资基金的出资人职责，促进支持产业政策目标实现，保障出资人权益。

（一）深入研究基金设立方案。确需设立支持产业的政府投资基金，财政部门应当主动研究设立方案，结合拟支持的产业发展所需，明确基金设立形式、运作机制、财政出资比例、让利措施等问题，同时发挥行业主管部门在行业政策及投向等方面的指导作用，明确引导基金投资结构、中长期目标，由财政部门或财政部门会同有关行业主管部门报同级人民政府审批。

（二）选定绩优基金管理公司或团队。选择政府投资基金管理公司或团队要

综合考虑团队募资能力、投资业绩、研究能力、出资实力等，预设好前置条件，确保专注管理。同时，设定合理的激励约束机制，主要是确定合理的管理费和绩效奖励、要求基金管理公司或团队对引导基金认缴出资、将对其绩效评价与管理费等挂钩，促使基金管理公司或团队不断提高管理水平。

（三）合理确定财政出资让利措施。财政资金注资设立政府投资基金支持产业发展，着眼政策目标，坚持风险共担、收益共享。财政出资原则上与社会出资同股同权。对于“市场失灵”突出的领域，设立基金可以采取向社会出资人让渡部分分红等让利措施，但必须控制财政风险，并确保市场机制充分发挥作用。

（四）依法行使出资人权利。财政部门与其他出资人共同签订政府投资基金章程、合伙人协议等，明晰各方责权利；同时，按照有关协议约定委派董事或理事、监事等，依法依规参与基金内部治理，促进政策目标实现，保障出资人权益。

（五）适时进行考核评价。财政资金控股的政府投资基金应当纳入公共财政考核评价体系，定期对基金支持产业的政策目标、政策效果及其资产情况进行评估；对于财政资金注资但不控股的基金，财政部门或财政部门授权有关部门（机构）按照公共性原则对财政出资进行考核评价。

### 五、积极营造政府投资基金支持产业发展的良好环境

财政资金新注资设立政府投资基金支持产业发展，要按照本意见要求规范推进。已注资的基金如具备条件，应当在出资人自愿协商一致的前提下，按照本意见调整完善运作机制。财政部门应对所注资基金加强统筹，完善机制，营造良好环境，促使更好发挥支持产业发展的政策效应。

（一）加强统筹合作。中央和地方财政资金注资的投向相近的政府投资基金，应加强合作，通过互相参股、联合投资等方式发挥合力。同时，财政资金也可参股一些产业龙头企业发起设立的基金，扶优扶强，推动产业链协同发展，优化产业布局。

（二）加强组织协调。探索建立财政资金注资政府投资基金的统计分析、考核评价、董事及监事委派、风险控制等体系。同时，加强与有关部门和单位的合作，推动建立政府投资基金支持产业发展的工作协调机制，促进政策作用的有效发挥。

（三）强化政策支撑。对符合国有股转持豁免、税收减免等规定的基金，要用足用好政策。同时，积极研究促进政府投资基金支持产业发展的政策措施，引导金融机构加大对有关基金的融资支持力度，引导产业链相关的国有企业对基金出资。

（四）完善支持方式。按照财税改革和构建现代财政制度的要求，结合经济

发展规划、产业基础、资源禀赋及科技优势等实际情况，积极探索完善保险补偿、政府和社会资本合作（PPP）、融资担保等市场化支持方式，形成政策合力共同支持产业发展，推动重点产业发展和产业转型升级。

# 政府投资基金暂行管理办法

（财政部　2015 年 11 月 12 日　财预〔2015〕210 号）

## 第一章　总　则

**第一条**　为了进一步提高财政资金使用效益，发挥好财政资金的杠杆作用，规范政府投资基金管理，促进政府投资基金持续健康运行，根据《中华人民共和国预算法》《中华人民共和国合同法》《中华人民共和国公司法》《中华人民共和国合伙企业法》等相关法律法规，制定本办法。

**第二条**　本办法所称政府投资基金，是指由各级政府通过预算安排，以单独出资或与社会资本共同出资设立，采用股权投资等市场化方式，引导社会各类资本投资经济社会发展的重点领域和薄弱环节，支持相关产业和领域发展的资金。

**第三条**　本办法所称政府出资，是指财政部门通过一般公共预算、政府性基金预算、国有资本经营预算等安排的资金。

**第四条**　财政部门根据本级政府授权或合同章程规定代行政府出资人职责。

## 第二章　政府投资基金的设立

**第五条**　政府出资设立投资基金，应当由财政部门或财政部门会同有关行业主管部门报本级政府批准。

**第六条**　各级财政部门应当控制政府投资基金的设立数量，不得在同一行业或领域重复设立基金。

**第七条**　各级财政部门一般应在以下领域设立投资基金：

（一）支持创新创业。为了加快有利于创新发展的市场环境，增加创业投资资本的供给，鼓励创业投资企业投资处于种子期、起步期等创业早期的企业。

（二）支持中小企业发展。为了体现国家宏观政策、产业政策和区域发展规划意图，扶持中型、小型、微型企业发展，改善企业服务环境和融资环境，激发企业创业创新活力，增强经济持续发展内生动力。

（三）支持产业转型升级和发展。为了落实国家产业政策，扶持重大关键技术产业化，引导社会资本增加投入，有效解决产业发展投入大、风险大的问题，有效实现产业转型升级和重大发展，推动经济结构调整和资源优化配置。

（四）支持基础设施和公共服务领域。为改革公共服务供给机制，创新公共设施投融资模式，鼓励和引导社会资本进入基础设施和公共服务领域，加快推进重大基础设施建设，提高公共服务质量和水平。

**第八条**　设立政府投资基金，可采用公司制、有限合伙制和契约制等不同组织形式。

**第九条**　政府投资基金出资方应当按照现行法律法规，根据不同的组织形式，制定投资基金公司章程、有限合伙协议、合同等（以下简称章程），明确投资基金设立的政策目标、基金规模、存续期限、出资方案、投资领域、决策机制、基金管理机构、风险防范、投资退出、管理费用和收益分配等。

### 第三章　政府投资基金的运作和风险控制

**第十条**　政府投资基金应按照“政府引导、市场运作，科学决策、防范风险”的原则进行运作。

**第十一条**　政府投资基金募资、投资、投后管理、清算、退出等通过市场化运作。财政部门应指导投资基金建立科学的决策机制，确保投资基金政策性目标实现，一般不参与基金日常管理事务。

**第十二条**　政府投资基金在运作过程中不得从事以下业务：

（一）从事融资担保以外的担保、抵押、委托贷款等业务；

（二）投资二级市场股票、期货、房地产、证券投资基金、评级 AAA 以下的企业债、信托产品、非保本型理财产品、保险计划及其他金融衍生品；

（三）向任何第三方提供赞助、捐赠（经批准的公益性捐赠除外）；

（四）吸收或变相吸收存款，或向第三方提供贷款和资金拆借；

（五）进行承担无限连带责任的对外投资；

（六）发行信托或集合理财产品募集资金；

（七）其他国家法律法规禁止从事的业务。

**第十三条**　投资基金各出资方应当按照“利益共享、风险共担”的原则，明确约定收益处理和亏损负担方式。对于归属政府的投资收益和利息等，除明确约定继续用于投资基金滚动使用外，应按照财政国库管理制度有关规定及时足额上缴国库。投资基金的亏损应由出资方共同承担，政府应以出资额为限承担有限责任。

为更好地发挥政府出资的引导作用，政府可适当让利，但不得向其他出资人承诺投资本金不受损失，不得承诺最低收益。国务院另有规定的除外。

**第十四条**　政府投资基金应当遵照国家有关财政预算和财务管理制度等规定，建立健全内部控制和外部监管制度，建立投资决策和风险约束机制，切实防范基金运作过程中可能出现的风险。

**第十五条** 政府投资基金应选择在中国境内设立的商业银行进行托管。托管银行依据托管协议负责账户管理、资金清算、资产保管等事务，对投资活动实施动态监管。

**第十六条** 加强政府投资基金信用体系建设，建立政府投资基金及其高级管理人员信用记录，并将其纳入全国统一的社会信用信息共享交换平台。

## 第四章 政府投资基金的终止和退出

**第十七条** 政府投资基金一般应当在存续期满后终止。确需延长存续期限的，应当报经同级政府批准后，与其他出资方按章程约定的程序办理。

**第十八条** 政府投资基金终止后，应当在出资人监督下组织清算，将政府出资额和归属政府的收益，按照财政国库管理制度有关规定及时足额上缴国库。

**第十九条** 政府投资基金中的政府出资部分一般应在投资基金存续期满后退出，存续期未满如达到预期目标，可通过股权回购机制等方式适时退出。

**第二十条** 财政部门应与其他出资人在投资基金章程中约定，有下述情况之一的，政府出资可无须其他出资人同意，选择提前退出：

（一）投资基金方案确认后超过一年，未按规定程序和时间要求完成设立手续的；

（二）政府出资拨付投资基金账户一年以上，基金未开展投资业务的；

（三）基金投资领域和方向不符合政策目标的；

（四）基金未按章程约定投资的；

（五）其他不符合章程约定情形的。

**第二十一条** 政府出资从投资基金退出时，应当按照章程约定的条件退出；章程中没有约定的，应聘请具备资质的资产评估机构对出资权益进行评估，作为确定投资基金退出价格的依据。

## 第五章 政府投资基金的预算管理

**第二十二条** 各级政府出资设立投资基金，应由同级财政部门根据章程约定的出资方案将当年政府出资额纳入年度政府预算。

**第二十三条** 上级政府可通过转移支付支持下级政府设立投资基金，也可与下级政府共同出资设立投资基金。

**第二十四条** 各级政府单独出资设立的投资基金，由财政部门根据年度预算、项目投资进度或实际用款需要将资金拨付到投资基金。

政府部门与社会资本共同出资设立的投资基金，由财政部门根据投资基金章程中约定的出资方案、项目投资进度或实际用款需求以及年度预算安排情况，将资金拨付到投资基金。

**第二十五条**　各级财政部门向政府投资基金拨付资金时，增列当期预算支出，按支出方向通过相应的支出分类科目反映；

收到投资收益时，作增加当期预算收入处理，通过相关预算收入科目反映；

基金清算或退出收回投资时，作冲减当期财政支出处理。

## 第六章　政府投资基金的资产管理

**第二十六条**　各级财政部门应按照《财政总预算会计制度》规定，完整准确反映政府投资基金中政府出资部分形成的资产和权益，在保证政府投资安全的前提下实现保值增值。

各级财政部门向投资基金拨付资金，在增列财政支出的同时，要相应增加政府资产——“股权投资”和净资产——“资产基金”，并要根据本级政府投资基金的种类进行明细核算。基金清算或退出收回投资本金时，应按照政府累计出资额相应冲减政府资产——“股权投资”和净资产——“资产基金”。

**第二十七条**　政府应分享的投资损益按权益法进行核算。政府投资基金应当在年度终了后及时将全年投资收益或亏损情况向本级财政部门报告。财政部门按当期损益情况作增加或减少政府资产——“股权投资”和净资产——“资产基金”处理；财政部门收取政府投资基金上缴投资收益时，相应增加财政收入。

**第二十八条**　政府投资基金应当定期向财政部门报告基金运行情况、资产负债情况、投资损益情况及其他可能影响投资者权益的其他重大情况。按季编制并向财政部门报送资产负债表、损益表及现金流量表等报表。

**第二十九条**　本办法实施前已经设立的政府投资基金，要按本办法规定将政府累计投资形成的资产、权益和应分享的投资收益及时向财政部门报告。财政部门要按照本办法和《财政总预算会计制度》要求，相应增加政府资产和权益。

## 第七章　监督管理

**第三十条**　各级财政部门应建立政府投资基金绩效评价制度，按年度对基金政策目标实现程度、投资运营情况等开展评价，有效应用绩效评价结果。

**第三十一条**　政府投资基金应当接受财政、审计部门对基金运行情况的审计、监督。

**第三十二条**　各级财政部门应会同有关部门对政府投资基金运作情况进行年度检查。对于检查中发现的问题按照预算法和《财政违法行为处罚处分条例》等有关规定予以处理。涉嫌犯罪的，移送司法机关追究刑事责任。

## 第八章　附　则

**第三十三条**　本办法由国务院财政部门负责解释。

**第三十四条** 省级财政部门可结合本办法及实际情况，制定本地区实施细则。

**第三十五条** 本办法自印发之日起实施。

# 私募投资基金监督管理暂行办法

（中国证券监督管理委员会 2014年8月21日 第105号）

## 第一章 总 则

**第一条** 为了规范私募投资基金活动，保护投资者及相关当事人的合法权益，促进私募投资基金行业健康发展，根据《证券投资基金法》《国务院关于进一步促进资本市场健康发展的若干意见》，制定本办法。

**第二条** 本办法所称私募投资基金（以下简称私募基金），是指在中华人民共和国境内，以非公开方式向投资者募集资金设立的投资基金。

私募基金财产的投资包括买卖股票、股权、债券、期货、期权、基金份额及投资合同约定的其他投资标的。

非公开募集资金，以进行投资活动为目的设立的公司或者合伙企业，资产由基金管理人或者普通合伙人管理的，其登记备案、资金募集和投资运作适用本办法。

证券公司、基金管理公司、期货公司及其子公司从事私募基金业务适用本办法，其他法律法规和中国证券监督管理委员会（以下简称中国证监会）有关规定对上述机构从事私募基金业务另有规定的，适用其规定。

**第三条** 从事私募基金业务，应当遵循自愿、公平、诚实信用原则，维护投资者合法权益，不得损害国家利益和社会公共利益。

**第四条** 私募基金管理人和从事私募基金托管业务的机构（以下简称私募基金托管人）管理、运用私募基金财产，从事私募基金销售业务的机构（以下简称私募基金销售机构）及其他私募服务机构从事私募基金服务活动，应当恪尽职守，履行诚实信用、谨慎勤勉的义务。

私募基金从业人员应当遵守法律、行政法规，恪守职业道德和行为规范。

**第五条** 中国证监会及其派出机构依照《证券投资基金法》、本办法和中国证监会的其他有关规定，对私募基金业务活动实施监督管理。

设立私募基金管理机构和发行私募基金不设行政审批，允许各类发行主体在依法合规的基础上，向累计不超过法律规定数量的投资者发行私募基金。建立健全私募基金发行监管制度，切实强化事中事后监管，依法严厉打击以私募基金为名的各类非法集资活动。

建立促进经营机构规范开展私募基金业务的风险控制和自律管理制度，以及各类私募基金的统一监测系统。

**第六条** 中国证券投资基金业协会（以下简称基金业协会）依照《中华人民共和国证券投资基金法》、本办法、中国证监会其他有关规定和基金业协会自律规则，对私募基金业开展行业自律，协调行业关系，提供行业服务，促进行业发展。

## 第二章 登记备案

**第七条** 各类私募基金管理人应当根据基金业协会的规定，向基金业协会申请登记，报送以下基本信息：

（一）工商登记和营业执照正副本复印件；

（二）公司章程或者合伙协议；

（三）主要股东或者合伙人名单；

（四）高级管理人员的基本信息；

（五）基金业协会规定的其他信息。

基金业协会应当在私募基金管理人登记材料齐备后的 20 个工作日内，通过网站公告私募基金管理人名单及其基本情况的方式，为私募基金管理人办结登记手续。

**第八条** 各类私募基金募集完毕，私募基金管理人应当根据基金业协会的规定，办理基金备案手续，报送以下基本信息：

（一）主要投资方向及根据主要投资方向注明的基金类别；

（二）基金合同、公司章程或者合伙协议。资金募集过程中向投资者提供基金招募说明书的，应当报送基金招募说明书。以公司、合伙等企业形式设立的私募基金，还应当报送工商登记和营业执照正副本复印件；

（三）采取委托管理方式的，应当报送委托管理协议。委托托管机构托管基金财产的，还应当报送托管协议；

（四）基金业协会规定的其他信息。

基金业协会应当在私募基金备案材料齐备后的 20 个工作日内，通过网站公告私募基金名单及其基本情况的方式，为私募基金办结备案手续。

**第九条** 基金业协会为私募基金管理人和私募基金办理登记备案不构成对私募基金管理人投资能力、持续合规情况的认可；不作为对基金财产安全的保证。

**第十条** 私募基金管理人依法解散、被依法撤销，或者被依法宣告破产的，其法定代表人或者普通合伙人应当在 20 个工作日内向基金业协会报告，基金业协会应当及时注销基金管理人登记并通过网站公告。

## 第三章 合格投资者

**第十一条** 私募基金应当向合格投资者募集，单只私募基金的投资者人数累计不得超过《中华人民共和国证券投资基金法》《中华人民共和国公司法》《中华人民共和国合伙企业法》等法律规定的特定数量。

投资者转让基金份额的，受让人应当为合格投资者且基金份额受让后投资者人数应当符合前款规定。

**第十二条** 私募基金的合格投资者是指具备相应风险识别能力和风险承担能力，投资于单只私募基金的金额不低于 100 万元且符合下列相关标准的单位和个人：

（一）净资产不低于 1000 万元的单位；

（二）金融资产不低于 300 万元或者最近三年个人年均收入不低于 50 万元的个人。

前款所称金融资产包括银行存款、股票、债券、基金份额、资产管理计划、银行理财产品、信托计划、保险产品、期货权益等。

**第十三条** 下列投资者视为合格投资者：

（一）社会保障基金、企业年金等养老基金，慈善基金等社会公益基金；

（二）依法设立并在基金业协会备案的投资计划；

（三）投资于所管理私募基金的私募基金管理人及其从业人员；

（四）中国证监会规定的其他投资者。

以合伙企业、契约等非法人形式，通过汇集多数投资者的资金直接或者间接投资于私募基金的，私募基金管理人或者私募基金销售机构应当穿透核查最终投资者是否为合格投资者，并合并计算投资者人数。但是，符合本条第（一）、（二）、（四）项规定的投资者投资私募基金的，不再穿透核查最终投资者是否为合格投资者和合并计算投资者人数。

## 第四章　资金募集

**第十四条** 私募基金管理人、私募基金销售机构不得向合格投资者之外的单位和个人募集资金，不得通过报刊、电台、电视、互联网等公众传播媒体或者讲座、报告会、分析会和布告、传单、手机短信、微信、博客和电子邮件等方式，向不特定对象宣传推介。

**第十五条** 私募基金管理人、私募基金销售机构不得向投资者承诺投资本金不受损失或者承诺最低收益。

**第十六条** 私募基金管理人自行销售私募基金的，应当采取问卷调查等方式，对投资者的风险识别能力和风险承担能力进行评估，由投资者书面承诺符合合格投资者条件；应当制作风险揭示书，由投资者签字确认。

私募基金管理人委托销售机构销售私募基金的，私募基金销售机构应当采取前款规定的评估、确认等措施。

投资者风险识别能力和承担能力问卷及风险揭示书的内容与格式指引，由基金业协会按照不同类别私募基金的特点制定。

**第十七条**　私募基金管理人自行销售或者委托销售机构销售私募基金，应当自行或者委托第三方机构对私募基金进行风险评级，向风险识别能力和风险承担能力相匹配的投资者推介私募基金。

**第十八条**　投资者应当如实填写风险识别能力和承担能力问卷，如实承诺资产或者收入情况，并对其真实性、准确性和完整性负责。填写虚假信息或者提供虚假承诺文件的，应当承担相应责任。

**第十九条**　投资者应当确保投资资金来源合法，不得非法汇集他人资金投资私募基金。

## 第五章　投资运作

**第二十条**　募集私募证券基金，应当制定并签订基金合同、公司章程或者合伙协议（以下统称基金合同）。基金合同应当符合《中华人民共和国证券投资基金法》第九十三条、第九十四条规定。

募集其他种类私募基金，基金合同应当参照《中华人民共和国证券投资基金法》第九十三条、第九十四条规定，明确约定各方当事人的权利、义务和相关事宜。

**第二十一条**　除基金合同另有约定外，私募基金应当由基金托管人托管。

基金合同约定私募基金不进行托管的，应当在基金合同中明确保障私募基金财产安全的制度措施和纠纷解决机制。

**第二十二条**　同一私募基金管理人管理不同类别私募基金的，应当坚持专业化管理原则；管理可能导致利益输送或者利益冲突的不同私募基金的，应当建立防范利益输送和利益冲突的机制。

**第二十三条**　私募基金管理人、私募基金托管人、私募基金销售机构及其他私募服务机构及其从业人员从事私募基金业务，不得有以下行为：

（一）将其固有财产或者他人财产混同于基金财产从事投资活动；

（二）不公平地对待其管理的不同基金财产；

（三）利用基金财产或者职务之便，为本人或者投资者以外的人牟取利益，进行利益输送；

（四）侵占、挪用基金财产；

（五）泄露因职务便利获取的未公开信息，利用该信息从事或者明示、暗示他人从事相关的交易活动；

（六）从事损害基金财产和投资者利益的投资活动；

（七）玩忽职守，不按照规定履行职责；

（八）从事内幕交易、操纵交易价格及其他不正当交易活动；

（九）法律、行政法规和中国证监会规定禁止的其他行为。

**第二十四条**　私募基金管理人、私募基金托管人应当按照合同约定，如实向投资者披露基金投资、资产负债、投资收益分配、基金承担的费用和业绩报酬、可能存在的利益冲突情况以及可能影响投资者合法权益的其他重大信息，不得隐瞒或者提供虚假信息。信息披露规则由基金业协会另行制定。

**第二十五条**　私募基金管理人应当根据基金业协会的规定，及时填报并定期更新管理人及其从业人员的有关信息、所管理私募基金的投资运作情况和杠杆运用情况，保证所填报内容真实、准确、完整。发生重大事项的，应当在 10 个工作日内向基金业协会报告。

私募基金管理人应当于每个会计年度结束后的 4 个月内，向基金业协会报送经会计师事务所审计的年度财务报告和所管理私募基金年度投资运作基本情况。

**第二十六条**　私募基金管理人、私募基金托管人及私募基金销售机构应当妥善保存私募基金投资决策、交易和投资者适当性管理等方面的记录及其他相关资料，保存期限自基金清算终止之日起不得少于 10 年。

## 第六章　行业自律

**第二十七条**　基金业协会应当建立私募基金管理人登记、私募基金备案管理信息系统。

基金业协会应当对私募基金管理人和私募基金信息严格保密。除法律法规另有规定外，不得对外披露。

**第二十八条**　基金业协会应当建立与中国证监会及其派出机构和其他相关机构的信息共享机制，定期汇总分析私募基金情况，及时提供私募基金相关信息。

**第二十九条**　基金业协会应当制定和实施私募基金行业自律规则，监督、检查会员及其从业人员的执业行为。

会员及其从业人员违反法律、行政法规、本办法规定和基金业协会自律规则的，基金业协会可以视情节轻重，采取自律管理措施，并通过网站公开相关违法违规信息。会员及其从业人员涉嫌违法违规的，基金业协会应当及时报告中国证监会。

**第三十条**　基金业协会应当建立投诉处理机制，受理投资者投诉，进行纠纷调解。

## 第七章　监督管理

**第三十一条**　中国证监会及其派出机构依法对私募基金管理人、私募基金托管人、私募基金销售机构及其他私募服务机构开展私募基金业务情况进行统计监测和检查，依照《中华人民共和国证券投资基金法》第一百一十四条规定采取有关措施。

**第三十二条**　中国证监会将私募基金管理人、私募基金托管人、私募基金销售机构及其他私募服务机构及其从业人员诚信信息记入证券期货市场诚信档案数据库；根据私募基金管理人的信用状况，实施差异化监管。

**第三十三条**　私募基金管理人、私募基金托管人、私募基金销售机构及其他私募服务机构及其从业人员违反法律、行政法规及本办法规定，中国证监会及其派出机构可以对其采取责令改正、监管谈话、出具警示函、公开谴责等行政监管措施。

## 第八章　关于创业投资基金的特别规定

**第三十四条**　本办法所称创业投资基金，是指主要投资于未上市创业企业普通股或者依法可转换为普通股的优先股、可转换债券等权益的股权投资基金。

**第三十五条**　鼓励和引导创业投资基金投资创业早期的小微企业。

享受国家财政税收扶持政策的创业投资基金，其投资范围应当符合国家相关规定。

**第三十六条**　基金业协会在基金管理人登记、基金备案、投资情况报告要求和会员管理等环节，对创业投资基金采取区别于其他私募基金的差异化行业自律，并提供差异化会员服务。

**第三十七条**　中国证监会及其派出机构对创业投资基金在投资方向检查等环节，采取区别于其他私募基金的差异化监督管理；在账户开立、发行交易和投资退出等方面，为创业投资基金提供便利服务。

## 第九章　法律责任

**第三十八条**　私募基金管理人、私募基金托管人、私募基金销售机构及其他私募服务机构及其从业人员违反本办法第七条、第八条、第十一条、第十四条至第十七条、第二十四条至第二十六条规定的，以及有本办法第二十三条第一项至第七项和第九项所列行为之一的，责令改正，给予警告并处三万元以下罚款；对直接负责的主管人员和其他直接责任人员，给予警告并处三万元以下罚款；有本办法第二十三条第八项行为的，按照《中华人民共和国证券法》和《期货交易管理条例》的有关规定处罚；构成犯罪的，依法移交司法机关追究刑事责任。

**第三十九条**　私募基金管理人、私募基金托管人、私募基金销售机构及其他私募服务机构及其从业人员违反法律法规和本办法规定，情节严重的，中国证监会可以依法对有关责任人员采取市场禁入措施。

**第四十条** 私募证券基金管理人及其从业人员违反《中华人民共和国证券投资基金法》有关规定的，按照《中华人民共和国证券投资基金法》有关规定处罚。

**第十章 附 则**

**第四十一条** 本办法自公布之日起施行。

## 科创板首次公开发行股票注册管理办法（试行）

**第一章总则**

**第一条** 为规范在上海证券交易所科创板试点注册制首次公开发行股票相关活动，保护投资者合法权益和社会公共利益，根据《中华人民共和国证券法》《中华人民共和国公司法》《全国人民代表大会常务委员会关于授权国务院在实施股票发行注册制改革中调整适用〈中华人民共和国证券法〉有关规定的决定》《全国人民代表大会常务委员会关于延长授权国务院在实施股票发行注册制改革中调整适用〈中华人民共和国证券法〉有关规定期限的决定》《关于在上海证券交易所设立科创板并试点注册制的实施意见》及相关法律法规，制定本办法。

**第二条** 在中华人民共和国境内首次公开发行股票并在上海证券交易所科创板（以下简称科创板）上市，适用本办法。

**第三条** 发行人申请首次公开发行股票并在科创板上市，应当符合科创板定位，面向世界科技前沿、面向经济主战场、面向国家重大需求。优先支持符合国家战略，拥有关键核心技术，科技创新能力突出，主要依靠核心技术开展生产经营，具有稳定的商业模式，市场认可度高，社会形象良好，具有较强成长性的企业。

**第四条** 首次公开发行股票并在科创板上市，应当符合发行条件、上市条件以及相关信息披露要求，依法经上海证券交易所（以下简称交易所）发行上市审核并报经中国证券监督管理委员会（以下简称中国证监会）履行发行注册程序。

**第五条** 发行人作为信息披露第一责任人，应当诚实守信，依法充分披露投资者做出价值判断和投资决策所必需的信息，所披露信息必须真实、准确、完整，不得有虚假记载、误导性陈述或者重大遗漏。

发行人应当为保荐人、证券服务机构及时提供真实、准确、完整的财务会计资料和其他资料，全面配合相关机构开展尽职调查和其他相关工作。

发行人的控股股东、实际控制人应当全面配合相关机构开展尽职调查和其他相关工作，不得要求或者协助发行人隐瞒应当披露的信息。

**第六条**　保荐人应当诚实守信，勤勉尽责，按照依法制定的业务规则和行业自律规范的要求，充分了解发行人经营情况和风险，对注册申请文件和信息披露资料进行全面核查验证，对发行人是否符合发行条件、上市条件独立做出专业判断，审慎做出推荐决定，并对招股说明书及其所出具的相关文件的真实性、准确性、完整性负责。

**第七条**　证券服务机构应当严格按照依法制定的业务规则和行业自律规范，审慎履行职责，做出专业判断与认定，并对招股说明书中与其专业职责有关的内容及其所出具的文件的真实性、准确性、完整性负责。

证券服务机构及其相关执业人员应当对与本专业相关的业务事项履行特别注意义务，对其他业务事项履行普通注意义务，并承担相应法律责任。

**第八条**　同意发行人首次公开发行股票注册，不表明中国证监会和交易所对该股票的投资价值或者投资者的收益做出实质性判断或者保证，也不表明中国证监会和交易所对注册申请文件的真实性、准确性、完整性做出保证。

**第九条**　股票依法发行后，因发行人经营与收益的变化引致的投资风险，由投资者自行负责。

**第二章　发行条件**

**第十条**　发行人是依法设立且持续经营 3 年以上的股份有限公司，具备健全且运行良好的组织机构，相关机构和人员能够依法履行职责。

有限责任公司按原账面净资产值折股整体变更为股份有限公司的，持续经营时间可以从有限责任公司成立之日起计算。

**第十一条**　发行人会计基础工作规范，财务报表的编制和披露符合企业会计准则和相关信息披露规则的规定，在所有重大方面公允地反映了发行人的财务状况、经营成果和现金流量，并由注册会计师出具标准无保留意见的审计报告。

发行人内部控制制度健全且被有效执行，能够合理保证公司运行效率、合法合规和财务报告的可靠性，并由注册会计师出具无保留结论的内部控制鉴证报告。

**第十二条**　发行人业务完整，具有直接面向市场独立持续经营的能力：

（一）资产完整，业务及人员、财务、机构独立，与控股股东、实际控制人及其控制的其他企业间不存在对发行人构成重大不利影响的同业竞争，不存在严重影响独立性或者显失公平的关联交易。

（二）发行人主营业务、控制权、管理团队和核心技术人员稳定，最近 2

年内主营业务和董事、高级管理人员及核心技术人员均没有发生重大不利变化；控股股东和受控股股东、实际控制人支配的股东所持发行人的股份权属清晰，最近2年实际控制人没有发生变更，不存在导致控制权可能变更的重大权属纠纷。

（三）发行人不存在主要资产、核心技术、商标等的重大权属纠纷，重大偿债风险，重大担保、诉讼、仲裁等或有事项，经营环境已经或者将要发生重大变化等对持续经营有重大不利影响的事项。

**第十三条** 发行人生产经营符合法律、行政法规的规定，符合国家产业政策。

最近3年内，发行人及其控股股东、实际控制人不存在贪污、贿赂、侵占财产、挪用财产或者破坏社会主义市场经济秩序的刑事犯罪，不存在欺诈发行、重大信息披露违法或者其他涉及国家安全、公共安全、生态安全、生产安全、公众健康安全等领域的重大违法行为。

董事、监事和高级管理人员不存在最近3年内受到中国证监会行政处罚，或者因涉嫌犯罪被司法机关立案侦查或者涉嫌违法违规被中国证监会立案调查，尚未有明确结论意见等情形。

## 第三章　注册程序

**第十四条** 发行人董事会应当依法就本次股票发行的具体方案、本次募集资金使用的可行性及其他必须明确的事项做出决议，并提请股东大会批准。

**第十五条** 发行人股东大会就本次发行股票做出的决议，至少应当包括下列事项：

（一）本次公开发行股票的种类和数量；

（二）发行对象；

（三）定价方式；

（四）募集资金用途；

（五）发行前滚存利润的分配方案；

（六）决议的有效期；

（七）对董事会办理本次发行具体事宜的授权；

（八）其他必须明确的事项。

**第十六条** 发行人申请首次公开发行股票并在科创板上市，应当按照中国证监会有关规定制作注册申请文件，由保荐人保荐并向交易所申报。

交易所收到注册申请文件后，5个工作日内做出是否受理的决定。

**第十七条** 自注册申请文件受理之日起，发行人及其控股股东、实际控制人、董事、监事、高级管理人员，以及与本次股票公开发行并上市相关的保荐人、证券服务机构及相关责任人员，即承担相应法律责任。

**第十八条**　注册申请文件受理后，未经中国证监会或者交易所同意，不得改动。

发生重大事项的，发行人、保荐人、证券服务机构应当及时向交易所报告，并按要求更新注册申请文件和信息披露资料。

**第十九条**　交易所设立独立的审核部门，负责审核发行人公开发行并上市申请；设立科技创新咨询委员会，负责为科创板建设和发行上市审核提供专业咨询和政策建议；设立科创板股票上市委员会，负责对审核部门出具的审核报告和发行人的申请文件提出审议意见。

交易所主要通过向发行人提出审核问询、发行人回答问题方式开展审核工作，基于科创板定位，判断发行人是否符合发行条件、上市条件和信息披露要求。

**第二十条**　交易所按照规定的条件和程序，做出同意或者不同意发行人股票公开发行并上市的审核意见。同意发行人股票公开发行并上市的，将审核意见、发行人注册申请文件及相关审核资料报送中国证监会履行发行注册程序。不同意发行人股票公开发行并上市的，做出终止发行上市审核决定。

**第二十一条**　交易所应当自受理注册申请文件之日起 3 个月内形成审核意见。发行人根据要求补充、修改注册申请文件，以及交易所按照规定对发行人实施现场检查，或者要求保荐人、证券服务机构对有关事项进行专项核查的时间不计算在内。

**第二十二条**　交易所应当提高审核工作透明度，接受社会监督，公开下列事项：

（一）发行上市审核标准和程序等发行上市审核业务规则，以及相关监管问答；

（二）在审企业名单、企业基本情况及审核工作进度；

（三）发行上市审核问询及回复情况，但涉及国家秘密或者发行人商业秘密的除外；

（四）上市委员会会议的时间、参会委员名单、审议的发行人名单、审议结果及现场问询问题；

（五）对股票公开发行并上市相关主体采取的自律监管措施或者纪律处分；

（六）交易所规定的其他事项。

**第二十三条**　中国证监会收到交易所报送的审核意见、发行人注册申请文件及相关审核资料后，履行发行注册程序。发行注册主要关注交易所发行上市审核内容有无遗漏，审核程序是否符合规定，以及发行人在发行条件和信息披露要求的重大方面是否符合相关规定。中国证监会认为存在需要进一步说明或者落实事项的，可以要求交易所进一步问询。

中国证监会认为交易所对影响发行条件的重大事项未予关注或者交易所的审核意见依据明显不充分的，可以退回交易所补充审核。交易所补充审核后，同意发行人股票公开发行并上市的，重新向中国证监会报送审核意见及相关资料，本办法第二十四条规定的注册期限重新计算。

**第二十四条** 中国证监会在 20 个工作日内对发行人的注册申请做出同意注册或者不予注册的决定。发行人根据要求补充、修改注册申请文件，中国证监会要求交易所进一步问询，以及中国证监会要求保荐人、证券服务机构等对有关事项进行核查的时间不计算在内。

**第二十五条** 中国证监会同意注册的决定自做出之日起 1 年内有效，发行人应当在注册决定有效期内发行股票，发行时点由发行人自主选择。

**第二十六条** 中国证监会做出注册决定后、发行人股票上市交易前，发行人应当及时更新信息披露文件内容，财务报表过期的，发行人应当补充财务会计报告等文件；保荐人及证券服务机构应当持续履行尽职调查职责；发生重大事项的，发行人、保荐人应当及时向交易所报告。

交易所应当对上述事项及时处理，发现发行人存在重大事项影响发行条件、上市条件的，应当出具明确意见并及时向中国证监会报告。

**第二十七条** 中国证监会做出注册决定后、发行人股票上市交易前，发现可能影响本次发行的重大事项的，中国证监会可以要求发行人暂缓或者暂停发行、上市；相关重大事项导致发行人不符合发行条件的，可以撤销注册。

中国证监会撤销注册后，股票尚未发行的，发行人应当停止发行；股票已经发行尚未上市的，发行人应当按照发行价并加算银行同期存款利息返还股票持有人。

**第二十八条** 交易所因不同意发行人股票公开发行并上市，做出终止发行上市审核决定，或者中国证监会做出不予注册决定的，自决定做出之日起 6 个月后，发行人可以再次提出公开发行股票并上市申请。

**第二十九条** 中国证监会应当按规定公开股票发行注册行政许可事项相关的监管信息。

**第三十条** 存在下列情形之一的，发行人、保荐人应当及时书面报告交易所或者中国证监会，交易所或者中国证监会应当中止相应发行上市审核程序或者发行注册程序：

（一）相关主体涉嫌违反本办法第十三条第二款规定，被立案调查或者被司法机关侦查，尚未结案；

（二）发行人的保荐人，以及律师事务所、会计师事务所等证券服务机构因首次公开发行股票、上市公司证券发行、并购重组业务涉嫌违法违规，或者其他业务涉嫌违法违规且对市场有重大影响被中国证监会立案调查，或者被司法机关侦查，尚未结案；

（三）发行人的签字保荐代表人，以及签字律师、签字会计师等证券服务机构签字人员因首次公开发行股票、上市公司证券发行、并购重组业务涉嫌违法违规，或者其他业务涉嫌违法违规且对市场有重大影响被中国证监会立案调查，或者被司法机关侦查，尚未结案；

（四）发行人的保荐人，以及律师事务所、会计师事务所等证券服务机构被中国证监会依法采取限制业务活动、责令停业整顿、指定其他机构托管、接管等监管措施，或者被交易所实施一定期限内不接受其出具的相关文件的纪律处分，尚未解除；

（五）发行人的签字保荐代表人、签字律师、签字会计师等中介机构签字人员被中国证监会依法采取限制证券从业资格等监管措施或者证券市场禁入的措施，或者被交易所实施一定期限内不接受其出具的相关文件的纪律处分，尚未解除；

（六）发行人及保荐人主动要求中止发行上市审核程序或者发行注册程序，理由正当且经交易所或者中国证监会批准；

（七）发行人注册申请文件中记载的财务资料已过有效期，需要补充提交；

（八）中国证监会规定的其他情形。

前款所列情形消失后，发行人可以提交恢复申请；因前款第（二）、（三）项规定情形中止的，保荐人以及律师事务所、会计师事务所等证券服务机构按照有关规定履行复核程序后，发行人也可以提交恢复申请。交易所或者中国证监会按照有关规定恢复发行上市审核程序或者发行注册程序。

**第三十一条**　存在下列情形之一的，交易所或者中国证监会应当终止相应发行上市审核程序或者发行注册程序，并向发行人说明理由：

（一）发行人撤回注册申请文件或者保荐人撤销保荐；

（二）发行人未在要求的期限内对注册申请文件做出解释说明或者补充、修改；

（三）注册申请文件存在虚假记载、误导性陈述或者重大遗漏；

（四）发行人阻碍或者拒绝中国证监会、交易所依法对发行人实施检查、核查；

（五）发行人及其关联方以不正当手段严重干扰发行上市审核或者发行注册工作；

（六）发行人法人资格终止；

（七）注册申请文件内容存在重大缺陷，严重影响投资者理解和发行上市审核或者发行注册工作；

（八）发行人注册申请文件中记载的财务资料已过有效期且逾期 3 个月未更新；

（九）发行人中止发行上市审核程序超过交易所规定的时限或者中止发行注册程序超过3个月仍未恢复；

（十）交易所不同意发行人公开发行股票并上市；

（十一）中国证监会规定的其他情形。

**第三十二条** 中国证监会和交易所可以对发行人进行现场检查，可以要求保荐人、证券服务机构对有关事项进行专项核查并出具意见。

中国证监会和交易所应当建立健全信息披露质量现场检查制度，以及对保荐业务、发行承销业务的常态化检查制度，具体制度另行规定。

**第三十三条** 中国证监会与交易所建立全流程电子化审核注册系统，实现电子化受理、审核，以及发行注册各环节实时信息共享，并满足依法向社会公开相关信息的需要。

## 第四章 信息披露

**第三十四条** 发行人申请首次公开发行股票并在科创板上市，应当按照中国证监会制定的信息披露规则，编制并披露招股说明书，保证相关信息真实、准确、完整。信息披露内容应当简明易懂，语言应当浅白平实，以便投资者阅读、理解。

中国证监会制定的信息披露规则是信息披露的最低要求。不论上述规则是否有明确规定，凡是对投资者做出价值判断和投资决策有重大影响的信息，发行人均应当予以披露。

**第三十五条** 中国证监会依法制定招股说明书内容与格式准则、编报规则，对注册申请文件和信息披露资料的内容、格式、编制要求、披露形式等做出规定。

交易所可以依据中国证监会部门规章和规范性文件，制定信息披露细则或者指引，在中国证监会确定的信息披露内容范围内，对信息披露提出细化和补充要求，报中国证监会批准后实施。

**第三十六条** 发行人及其董事、监事、高级管理人员应当在招股说明书上签字、盖章，保证招股说明书的内容真实、准确、完整，不存在虚假记载、误导性陈述或者重大遗漏，并声明承担相应法律责任。

发行人控股股东、实际控制人应当在招股说明书上签字、盖章，确认招股说明书的内容真实、准确、完整，不存在虚假记载、误导性陈述或者重大遗漏，并声明承担相应法律责任。

**第三十七条** 保荐人及其保荐代表人应当在招股说明书上签字、盖章，确认招股说明书的内容真实、准确、完整，不存在虚假记载、误导性陈述或者重大遗漏，并声明承担相应的法律责任。

**第三十八条**　为证券发行出具专项文件的律师、注册会计师、资产评估人员、资信评级人员及其所在机构，应当在招股说明书上签字、盖章，确认对发行人信息披露文件引用其出具的专业意见无异议，信息披露文件不因引用其出具的专业意见而出现虚假记载、误导性陈述或者重大遗漏，并声明承担相应的法律责任。

**第三十九条**　发行人应当根据自身特点，有针对性地披露行业特点、业务模式、公司治理、发展战略、经营政策、会计政策，充分披露科研水平、科研人员、科研资金投入等相关信息，并充分揭示可能对公司核心竞争力、经营稳定性以及未来发展产生重大不利影响的风险因素。

发行人尚未盈利的，应当充分披露尚未盈利的成因，以及对公司现金流、业务拓展、人才吸引、团队稳定性、研发投入、战略性投入、生产经营可持续性等方面的影响。

**第四十条**　发行人应当披露其募集资金使用管理制度，以及募集资金重点投向科技创新领域的具体安排。

**第四十一条**　存在特别表决权股份的境内科技创新企业申请首次公开发行股票并在科创板上市的，发行人应当在招股说明书等公开发行文件中，披露并特别提示差异化表决安排的主要内容、相关风险和对公司治理的影响，以及依法落实保护投资者合法权益的各项措施。

保荐人和发行人律师应当就公司章程规定的特别表决权股份的持有人资格、特别表决权股份拥有的表决权数量与普通股份拥有的表决权数量的比例安排、持有人所持特别表决权股份能够参与表决的股东大会事项范围、特别表决权股份锁定安排及转让限制等事项是否符合有关规定发表专业意见。

**第四十二条**　发行人应当在招股说明书中披露公开发行股份前已发行股份的锁定期安排，特别是核心技术人员股份的锁定期安排以及尚未盈利情况下发行人控股股东、实际控制人、董事、监事、高级管理人员股份的锁定期安排。

保荐人和发行人律师应当就前款事项是否符合有关规定发表专业意见。

**第四十三条**　招股说明书的有效期为 6 个月，自公开发行前最后一次签署之日起计算。

招股说明书引用经审计的财务报表在其最近一期截止日后 6 个月内有效，特殊情况下发行人可申请适当延长，但至多不超过 1 个月。财务报表应当以年度末、半年度末或者季度末为截止日。

**第四十四条**　交易所受理注册申请文件后，发行人应当按交易所规定，将招股说明书、发行保荐书、上市保荐书、审计报告和法律意见书等文件在交易所网站预先披露。

**第四十五条** 预先披露的招股说明书及其他注册申请文件不能含有价格信息，发行人不得据此发行股票。

发行人应当在预先披露的招股说明书显要位置做如下声明:“本公司的发行申请尚需经上海证券交易所和中国证监会履行相应程序。本招股说明书不具有据以发行股票的法律效力，仅供预先披露之用。投资者应当以正式公告的招股说明书作为投资决定的依据。”

**第四十六条** 交易所审核同意后，将发行人注册申请文件报送中国证监会时，招股说明书、发行保荐书、上市保荐书、审计报告和法律意见书等文件应在交易所网站和中国证监会网站公开。

**第四十七条** 发行人股票发行前应当在交易所网站和中国证监会指定网站全文刊登招股说明书，同时在中国证监会指定报刊刊登提示性公告，告知投资者网上刊登的地址及获取文件的途径。

发行人可以将招股说明书以及有关附件刊登于其他报刊和网站，但披露内容应当完全一致，且不得早于在交易所网站、中国证监会指定报刊和网站的披露时间。

**第四十八条** 保荐人出具的发行保荐书、证券服务机构出具的文件及其他与发行有关的重要文件应当作为招股说明书的附件，在交易所网站和中国证监会指定的网站披露，以备投资者查阅。

### 第五章　发行与承销的特别规定

**第四十九条** 首次公开发行股票并在科创板上市的发行与承销行为，适用《证券发行与承销管理办法》，本办法另有规定的除外。

**第五十条** 首次公开发行股票，应当向经中国证券业协会注册的证券公司、基金管理公司、信托公司、财务公司、保险公司、合格境外机构投资者和私募基金管理人等专业机构投资者（以下统称网下投资者）询价确定股票发行价格。

发行人和主承销商可以根据自律规则，设置网下投资者的具体条件，并在发行公告中预先披露。

**第五十一条** 网下投资者可以按照管理的不同配售对象账户分别申报价格，每个报价应当包含配售对象信息、每股价格和该价格对应的拟申购股数。

首次公开发行股票价格（或者发行价格区间）确定后，提供有效报价的网下投资者方可参与新股申购。

**第五十二条** 交易所应当根据《证券发行与承销管理办法》和本办法制定科创板股票发行承销业务规则。

投资者报价要求、最高报价剔除比例、网下初始配售比例、网下优先配售比例、网下网上回拨机制、网下分类配售安排、战略配售、超额配售选择权等事项适用交易所相关规定。

《证券发行与承销管理办法》规定的战略投资者在承诺的持有期限内，可以按规定向证券金融公司借出获得配售的股票。借出期限届满后，证券金融公司应当将借入的股票返还给战略投资者。

**第五十三条** 保荐人的相关子公司或者保荐人所属证券公司的相关子公司参与发行人股票配售的具体规则由交易所另行规定。

**第五十四条** 获中国证监会同意注册后，发行人与主承销商应当及时向交易所报备发行与承销方案。交易所 5 个工作日内无异议的，发行人与主承销商可依法刊登招股意向书，启动发行工作。

**第五十五条** 交易所对证券发行承销过程实施监管。发行承销涉嫌违法违规或者存在异常情形的，中国证监会可以要求交易所对相关事项进行调查处理，或者直接责令发行人和承销商暂停或者中止发行。

### 第六章 发行上市保荐的特别规定

**第五十六条** 首次公开发行股票并在科创板上市保荐业务，适用《证券发行上市保荐业务管理办法》，本办法另有规定的除外。

**第五十七条** 保荐人应当根据科创板企业特点和注册制要求对科创板保荐工作内部控制做出合理安排，有效控制风险，切实提高执业质量。

**第五十八条** 保荐人应当按照中国证监会和交易所的规定制作、报送和披露发行保荐书、上市保荐书、回复意见及其他发行上市相关文件，遵守交易所和中国证监会的发行上市审核及发行注册程序，配合交易所和中国证监会的发行上市审核及发行注册工作，并承担相应工作。

**第五十九条** 首次公开发行股票并在科创板上市的，持续督导的期间为证券上市当年剩余时间及其后 3 个完整会计年度。

交易所可以对保荐人持续督导内容、履责要求、发行人通知报告事项等做出规定。

### 第七章 监督管理和法律责任

**第六十条** 中国证监会负责建立健全以信息披露为中心的注册制规则体系，制定股票发行注册并上市的规章规则，依法批准交易所制定的上市条件、审核标准、审核程序、上市委员会制度、信息披露、保荐、发行承销等方面的制度规则，指导交易所制定与发行上市审核相关的其他业务规则。

**第六十一条** 中国证监会建立对交易所发行上市审核工作和发行承销过

程监管的监督机制，持续关注交易所审核情况和发行承销过程监管情况；发现交易所自律监管措施或者纪律处分失当的，可以责令交易所改正。

**第六十二条** 中国证监会对交易所发行上市审核和发行承销过程监管等相关工作进行年度例行检查。在检查过程中，可以调阅审核工作文件，列席相关审核会议。

中国证监会定期或者不定期按一定比例对交易所发行上市审核和发行承销过程监管等相关工作进行抽查。

中国证监会在检查和抽查过程中发现问题的，交易所应当整改。

**第六十三条** 中国证监会建立对发行上市监管全流程的权力运行监督制约机制，对发行上市审核程序和发行注册程序相关内控制度运行情况进行督导督察，对廉政纪律执行情况和相关人员的履职尽责情况进行监督监察。

**第六十四条** 交易所应当建立内部防火墙制度，发行上市审核部门、发行承销监管部门与其他部门隔离运行。参与发行上市审核的人员，不得与发行人及其控股股东、实际控制人、相关保荐人、证券服务机构有利害关系，不得直接或者间接与发行人、保荐人、证券服务机构有利益往来，不得持有发行人股票，不得私下与发行人接触。

**第六十五条** 交易所应当建立定期报告制度，及时总结发行上市审核和发行承销监管的工作情况，并报告中国证监会。

**第六十六条** 交易所发行上市审核工作违反本办法规定，有下列情形之一的，由中国证监会责令改正；情节严重的，追究直接责任人员相关责任：

（一）未按审核标准开展发行上市审核工作；

（二）未按审核程序开展发行上市审核工作；

（三）不配合中国证监会对发行上市审核工作和发行承销监管工作的检查、抽查，或者不按中国证监会的整改要求进行整改。

**第六十七条** 发行人不符合发行上市条件，以欺骗手段骗取发行注册的，中国证监会将自确认之日起采取 5 年内不接受发行人公开发行证券相关文件的监管措施。对相关责任人员，视情节轻重，采取认定为不适当人选的监管措施，或者采取证券市场禁入的措施。

**第六十八条** 对发行人存在本办法第六十七条规定的行为并已经发行上市的，可以依照有关规定责令上市公司及其控股股东、实际控制人在一定期间从投资者手中购回本次公开发行的股票。

**第六十九条** 发行人存在本办法第三十一条第（三）项、第（四）项、第（五）项规定的情形，重大事项未报告、未披露，或者发行人及其董事、监事、高级管理人员、控股股东、实际控制人的签字、盖章系伪造或者变造的，中国证监会将自确认之日起采取 3 年至 5 年内不接受发行人公开发行证券相关文件的监管措施。

**第七十条**　发行人的控股股东、实际控制人违反本办法规定，致使发行人所报送的注册申请文件和披露的信息存在虚假记载、误导性陈述或者重大遗漏，或者纵容、指使、协助发行人进行财务造假、利润操纵或者有意隐瞒其他重要信息等骗取发行注册行为的，中国证监会可以视情节轻重，对相关单位和责任人员自确认之日起采取 1 年到 5 年内不接受相关单位及其控制的下属单位公开发行证券相关文件，对责任人员采取认定为不适当人选等监管措施，或者采取证券市场禁入的措施。

发行人的董事、监事和高级管理人员违反本办法规定，致使发行人所报送的注册申请文件和披露的信息存在虚假记载、误导性陈述或者重大遗漏的，中国证监会可以视情节轻重，对责任人员采取认定为不适当人选等监管措施，或者采取证券市场禁入的措施。

**第七十一条**　保荐人未勤勉尽责，致使发行人信息披露资料存在虚假记载、误导性陈述或者重大遗漏的，中国证监会将视情节轻重，自确认之日起采取暂停保荐人业务资格 1 年到 3 年，责令保荐人更换相关负责人的监管措施；情节严重的，撤销保荐人业务资格，对相关责任人员采取证券市场禁入的措施。

保荐代表人未勤勉尽责，致使发行人信息披露资料存在虚假记载、误导性陈述或者重大遗漏的，按规定撤销保荐代表人资格。

证券服务机构未勤勉尽责，致使发行人信息披露资料中与其职责有关的内容及其所出具的文件存在虚假记载、误导性陈述或者重大遗漏的，中国证监会可以视情节轻重，自确认之日起采取 3 个月至 3 年不接受相关单位及其责任人员出具的发行证券专项文件的监管措施；情节严重的，对证券服务机构相关责任人员采取证券市场禁入的措施。

**第七十二条**　保荐人存在下列情形的，中国证监会可以视情节轻重，自确认之日起采取暂停保荐人业务资格 3 个月至 3 年的监管措施；情节特别严重的，撤销其业务资格：

（一）伪造或者变造签字、盖章；

（二）重大事项未报告、未披露；

（三）以不正当手段干扰审核注册工作；

（四）不履行其他法定职责。

保荐代表人存在前款规定情形的，视情节轻重，按规定暂停保荐代表人资格 3 个月至 3 年；情节严重的，按规定撤销保荐代表人资格。

证券服务机构及其相关人员存在第一款规定情形的，中国证监会可以视情节轻重，自确认之日起，采取 3 个月至 3 年不接受相关单位及其责任人员出具的发行证券专项文件的监管措施。

**第七十三条** 发行人公开发行证券上市当年即亏损的，中国证监会自确认之日起暂停保荐人的保荐人资格3个月，撤销相关人员的保荐代表人资格，尚未盈利的企业或者已在证券发行募集文件中充分分析并揭示相关风险的除外。

**第七十四条** 保荐人、证券服务机构存在以下情形的，中国证监会可以视情节轻重，采取责令改正、监管谈话、出具警示函、1年内不接受相关单位及其责任人员出具的与注册申请有关的文件等监管措施；情节严重的，可以同时采取3个月到1年内不接受相关单位及其责任人员出具的发行证券专项文件的监管措施：

（一）制作或者出具的文件不齐备或者不符合要求；

（二）擅自改动注册申请文件、信息披露资料或者其他已提交文件；

（三）注册申请文件或者信息披露资料存在相互矛盾或者同一事实表述不一致且有实质性差异；

（四）文件披露的内容表述不清，逻辑混乱，严重影响投资者理解；

（五）未及时报告或者未及时披露重大事项。

发行人存在前款规定情形的，中国证监会可视情节轻重，采取责令改正、监管谈话、出具警示函、6个月至1年内不接受发行人公开发行证券相关文件的监管措施。

**第七十五条** 发行人披露盈利预测的，利润实现数如未达到盈利预测的80%，除因不可抗力外，其法定代表人、财务负责人应当在股东大会及中国证监会指定报刊上公开做出解释并道歉；中国证监会可以对法定代表人处以警告。

利润实现数未达到盈利预测的50%的，除因不可抗力外，中国证监会在3年内不受理该公司的公开发行证券申请。

注册会计师为上述盈利预测出具审核报告的过程中未勤勉尽责的，中国证监会将视情节轻重，对相关机构和责任人员采取监管谈话等监管措施，记入诚信档案并公布；情节严重的，给予警告等行政处罚。

**第七十六条** 发行人及其控股股东和实际控制人、董事、监事、高级管理人员，保荐人、承销商、证券服务机构及其相关执业人员，在股票公开发行并上市相关的活动中存在其他违反本办法规定行为的，中国证监会可以视情节轻重，采取责令改正、监管谈话、出具警示函、责令公开说明、责令参加培训、责令定期报告、认定为不适当人选、暂不受理与行政许可有关的文件等监管措施，或者采取证券市场禁入的措施。

**第七十七条** 发行人及其控股股东、实际控制人、保荐人、证券服务机构及其相关人员违反《中华人民共和国证券法》依法应予以行政处罚的，中国证监会将依法予以处罚；对欺诈发行、虚假陈述负有责任的发行人、保荐人、会计师事务所、律师事务所、资产评估机构及其责任人员依法从重处罚。涉嫌犯罪的，依法移送司法机关，追究其刑事责任。

**第七十八条**　交易所负责对发行人及其控股股东、实际控制人、保荐人、承销商、证券服务机构等进行自律监管。

中国证券业协会负责制定保荐业务、发行承销自律监管规则，对保荐人、承销商、保荐代表人、网下投资者进行自律监管。

交易所和中国证券业协会应当对发行上市过程中违反自律监管规则的行为采取自律监管措施或者给予纪律处分。

**第七十九条**　中国证监会会同有关部门，加强对发行人等相关市场主体的监管信息共享，完善失信联合惩戒机制。

### 第八章　附则

**第八十条**　符合《国务院办公厅转发证监会关于开展创新企业境内发行股票或存托凭证试点若干意见的通知》（国办发〔2018〕21 号，以下简称《若干意见》）等规定的红筹企业，申请首次公开发行股票并在科创板上市，还应当符合本办法相关规定，但公司形式可适用其注册地法律规定；申请发行存托凭证并在科创板上市的，适用本办法关于发行上市审核注册程序的规定。

前款规定的红筹企业在科创板发行上市，适用《若干意见》“营业收入快速增长，拥有自主研发、国际领先技术，同行业竞争中处于相对优势地位”的具体标准，由交易所制定具体规则，并报中国证监会批准。

**第八十一条**　本办法自公布之日起施行。

## 创业板首次公开发行股票注册管理办法（试行）

### 第一章　总　　则

**第一条**　为规范在深圳证券交易所创业板试点注册制首次公开发行股票相关活动，促进成长型创新创业企业的发展，保护投资者合法权益和社会公共利益，根据《中华人民共和国证券法》《国务院办公厅关于贯彻实施修订后的证券法有关工作的通知》《国务院办公厅转发证监会关于开展创新企业境内发行股票或存托凭证试点若干意见的通知》（以下简称《若干意见》）及相关法律法规，制定本办法。

**第二条**　在中华人民共和国境内首次公开发行并在深圳证券交易所创业板（以下简称创业板）上市的股票的发行注册，适用本办法。

**第三条**　发行人申请首次公开发行股票并在创业板上市，应当符合创业板定位。

创业板深入贯彻创新驱动发展战略，适应发展更多依靠创新、创造、创意的大趋势，主要服务成长型创新创业企业，支持传统产业与新技术、新产业、新业态、新模式深度融合。

**第四条** 中国证券监督管理委员会（以下简称中国证监会）加强对审核注册工作的统筹指导，统一审核理念，统一审核标准，定期检查深圳证券交易所（以下简称交易所）审核标准、制度的执行情况。

**第五条** 首次公开发行股票并在创业板上市，应当符合发行条件、上市条件以及相关信息披露要求，依法经交易所发行上市审核，并报中国证监会注册。

**第六条** 发行人应当诚实守信，依法充分披露投资者做出价值判断和投资决策所必需的信息，所披露信息必须真实、准确、完整，简明清晰、通俗易懂，不得有虚假记载、误导性陈述或者重大遗漏。

发行人应当按保荐人、证券服务机构要求，依法向其提供真实、准确、完整的财务会计资料和其他资料，配合相关机构开展尽职调查和其他相关工作。

发行人的控股股东、实际控制人、董事、监事、高级管理人员应当配合相关机构开展尽职调查和其他相关工作，不得要求或者协助发行人隐瞒应当提供的资料或者应当披露的信息。

**第七条** 保荐人应当诚实守信，勤勉尽责，按照依法制定的业务规则和行业自律规范的要求，充分了解发行人经营情况和风险，对注册申请文件和信息披露资料进行全面核查验证，对发行人是否符合发行条件、上市条件独立做出专业判断，审慎做出推荐决定，并对招股说明书及其所出具的相关文件的真实性、准确性、完整性负责。

**第八条** 证券服务机构应当严格遵守法律法规、中国证监会制定的监管规则、业务规则和本行业公认的业务标准和道德规范，建立并保持有效的质量控制体系，保护投资者合法权益，审慎履行职责，做出专业判断与认定，并对招股说明书或者其他信息披露文件中与其专业职责有关的内容及其所出具的文件的真实性、准确性、完整性负责。

证券服务机构及其相关执业人员应当对与本专业相关的业务事项履行特别注意义务，对其他业务事项履行普通注意义务，并承担相应法律责任。

证券服务机构及其执业人员从事证券服务应当配合中国证监会的监督管理，在规定的期限内提供、报送或披露相关资料、信息，并保证其提供、报送或披露的资料、信息真实、准确、完整，不得有虚假记载、误导性陈述或者重大遗漏。

证券服务机构应当妥善保存客户委托文件、核查和验证资料、工作底稿以及与质量控制、内部管理、业务经营有关的信息和资料。

**第九条** 对发行人首次公开发行股票申请予以注册，不表明中国证监会和交易所对该股票的投资价值或者投资者的收益做出实质性判断或者保证，也不表明中国证监会和交易所对注册申请文件的真实性、准确性、完整性做出保证。

**第二章　发行条件**

**第十条**　发行人是依法设立且持续经营三年以上的股份有限公司，具备健全且运行良好的组织机构，相关机构和人员能够依法履行职责。

有限责任公司按原账面净资产值折股整体变更为股份有限公司的，持续经营时间可以从有限责任公司成立之日起计算。

**第十一条**　发行人会计基础工作规范，财务报表的编制和披露符合企业会计准则和相关信息披露规则的规定，在所有重大方面公允地反映了发行人的财务状况、经营成果和现金流量，最近三年财务会计报告由注册会计师出具无保留意见的审计报告。

发行人内部控制制度健全且被有效执行，能够合理保证公司运行效率、合法合规和财务报告的可靠性，并由注册会计师出具无保留结论的内部控制鉴证报告。

**第十二条**　发行人业务完整，具有直接面向市场独立持续经营的能力：

（一）资产完整，业务及人员、财务、机构独立，与控股股东、实际控制人及其控制的其他企业间不存在对发行人构成重大不利影响的同业竞争，不存在严重影响独立性或者显失公平的关联交易；

（二）主营业务、控制权和管理团队稳定，最近两年内主营业务和董事、高级管理人员均没有发生重大不利变化；控股股东和受控股股东、实际控制人支配的股东所持发行人的股份权属清晰，最近两年实际控制人没有发生变更，不存在导致控制权可能变更的重大权属纠纷；

（三）不存在涉及主要资产、核心技术、商标等的重大权属纠纷，重大偿债风险，重大担保、诉讼、仲裁等或有事项，经营环境已经或者将要发生重大变化等对持续经营有重大不利影响的事项。

**第十三条**　发行人生产经营符合法律、行政法规的规定，符合国家产业政策。

最近三年内，发行人及其控股股东、实际控制人不存在贪污、贿赂、侵占财产、挪用财产或者破坏社会主义市场经济秩序的刑事犯罪，不存在欺诈发行、重大信息披露违法或者其他涉及国家安全、公共安全、生态安全、生产安全、公众健康安全等领域的重大违法行为。

董事、监事和高级管理人员不存在最近三年内受到中国证监会行政处罚，或者因涉嫌犯罪正在被司法机关立案侦查或者涉嫌违法违规正在被中国证监会立案调查且尚未有明确结论意见等情形。

## 第三章　注册程序

**第十四条**　发行人董事会应当依法就本次发行股票的具体方案、本次募集资金使用的可行性及其他必须明确的事项做出决议，并提请股东大会批准。

**第十五条**　发行人股东大会应当就本次发行股票做出决议，决议至少应当包括下列事项：

（一）本次公开发行股票的种类和数量；

（二）发行对象；

（三）定价方式；

（四）募集资金用途；

（五）发行前滚存利润的分配方案；

（六）决议的有效期；

（七）对董事会办理本次发行具体事宜的授权；

（八）其他必须明确的事项。

**第十六条**　发行人申请首次公开发行股票并在创业板上市，应当按照中国证监会有关规定制作注册申请文件，依法由保荐人保荐并向交易所申报。

交易所收到注册申请文件后，五个工作日内做出是否受理的决定。

**第十七条**　注册申请文件受理后，未经中国证监会或者交易所同意，不得改动。

发生重大事项的，发行人、保荐人、证券服务机构应当及时向交易所报告，并按要求更新注册申请文件和信息披露资料。

**第十八条**　交易所设立独立的审核部门，负责审核发行人公开发行并上市申请；设立行业咨询专家库，负责为创业板建设和发行上市审核提供专业咨询和政策建议；设立创业板上市委员会，负责对审核部门出具的审核报告和发行人的申请文件提出审议意见。

交易所主要通过向发行人提出审核问询、发行人回答问题方式开展审核工作，判断发行人是否符合发行条件、上市条件和信息披露要求。

**第十九条**　交易所按照规定的条件和程序，形成发行人是否符合发行条件和信息披露要求的审核意见。认为发行人符合发行条件和信息披露要求的，将审核意见、发行人注册申请文件及相关审核资料报中国证监会注册；认为发行人不符合发行条件或者信息披露要求的，做出终止发行上市审核决定。

**第二十条**　交易所应当自受理注册申请文件之日起在规定的时限内形成审核意见。发行人根据要求补充、修改注册申请文件，或者交易所按照规定对发行人实施现场检查，要求保荐人、证券服务机构对有关事项进行专项核查，并要求发行人补充、修改申请文件的时间不计算在内。

**第二十一条**　交易所应当提高审核工作透明度，接受社会监督，公开下列事项：

（一）发行上市审核标准和程序等发行上市审核业务规则和相关业务细则；

（二）在审企业名单、企业基本情况及审核工作进度；

（三）发行上市审核问询及回复情况，但涉及国家秘密或者发行人商业秘密的除外；

（四）上市委员会会议的时间、参会委员名单、审议的发行人名单、审议结果及现场问询问题；

（五）对股票公开发行并上市相关主体采取的自律监管措施或者纪律处分；

（六）交易所规定的其他事项。

**第二十二条**　中国证监会依法履行发行注册程序，发行注册主要关注交易所发行上市审核内容有无遗漏，审核程序是否符合规定，以及发行人在发行条件和信息披露要求的重大方面是否符合相关规定。中国证监会认为存在需要进一步说明或者落实事项的，可以要求交易所进一步问询。

中国证监会认为交易所对影响发行条件的重大事项未予关注或者交易所的审核意见依据明显不充分的，可以退回交易所补充审核。交易所补充审核后，认为发行人符合发行条件和信息披露要求的，重新向中国证监会报送审核意见及相关资料，本办法第二十三条规定的注册期限重新计算。

**第二十三条**　中国证监会在二十个工作日内对发行人的注册申请做出予以注册或者不予注册的决定。发行人根据要求补充、修改注册申请文件，或者中国证监会要求交易所进一步问询，要求保荐人、证券服务机构等对有关事项进行核查，对发行人现场检查，并要求发行人补充、修改申请文件的时间不计算在内。

**第二十四条**　中国证监会的予以注册决定，自做出之日起一年内有效，发行人应当在注册决定有效期内发行股票，发行时点由发行人自主选择。

**第二十五条**　中国证监会做出予以注册决定后、发行人股票上市交易前，发行人应当及时更新信息披露文件内容，财务报表已过有效期的，发行人应当补充财务会计报告等文件；保荐人以及证券服务机构应当持续履行尽职调查职责；发生重大事项的，发行人、保荐人应当及时向交易所报告。

交易所应当对上述事项及时处理，发现发行人存在重大事项影响发行条件、上市条件的，应当出具明确意见并及时向中国证监会报告。

**第二十六条**　中国证监会做出予以注册决定后、发行人股票上市交易前，发现可能影响本次发行的重大事项的，中国证监会可以要求发行人暂缓发行、上市；相关重大事项导致发行人不符合发行条件的，应当撤销注册。中国证监会撤销注册后，股票尚未发行的，发行人应当停止发行；股票已经发行尚未上市的，发行人应当按照发行价并加算银行同期存款利息返还股票持有人。

**第二十七条** 交易所认为发行人不符合发行条件或者信息披露要求，做出终止发行上市审核决定，或者中国证监会做出不予注册决定的，自决定做出之日起六个月后，发行人可以再次提出公开发行股票并上市申请。

**第二十八条** 中国证监会应当按规定公开股票发行注册行政许可事项相关的监管信息。

**第二十九条** 存在下列情形之一的，发行人、保荐人应当及时书面报告交易所或者中国证监会，交易所或者中国证监会应当中止相应发行上市审核程序或者发行注册程序：

（一）相关主体涉嫌违反本办法第十三条第二款规定，被立案调查或者被司法机关侦查，尚未结案；

（二）发行人的保荐人以及律师事务所、会计师事务所等证券服务机构因首次公开发行股票、上市公司证券发行、并购重组业务涉嫌违法违规，或者其他业务涉嫌违法违规且对市场有重大影响，正在被中国证监会立案调查，或者正在被司法机关侦查，尚未结案；

（三）发行人的签字保荐代表人以及签字律师、签字会计师等证券服务机构签字人员因首次公开发行股票、上市公司证券发行、并购重组业务涉嫌违法违规，或者其他业务涉嫌违法违规且对市场有重大影响，正在被中国证监会立案调查，或者正在被司法机关侦查，尚未结案；

（四）发行人的保荐人以及律师事务所、会计师事务所等证券服务机构被中国证监会依法采取限制业务活动、责令停业整顿、指定其他机构托管、接管等措施，或者被交易所实施一定期限内不接受其出具的相关文件的纪律处分，尚未解除；

（五）发行人的签字保荐代表人、签字律师、签字会计师等中介机构签字人员被中国证监会依法采取认定为不适当人选等监管措施或者证券市场禁入的措施，或者被交易所实施一定期限内不接受其出具的相关文件的纪律处分，尚未解除；

（六）发行人及保荐人主动要求中止发行上市审核程序或者发行注册程序，理由正当且经交易所或者中国证监会同意；

（七）发行人注册申请文件中记载的财务资料已过有效期，需要补充提交；

（八）中国证监会规定的其他情形。

前款所列情形消失后，发行人可以提交恢复申请；因前款第（二）（三）项规定情形中止的，保荐人以及律师事务所、会计师事务所等证券服务机构按照有关规定履行复核程序后，发行人也可以提交恢复申请。交易所或者中国证监会按照规定恢复发行上市审核程序或者发行注册程序。

**第三十条**　存在下列情形之一的，交易所或者中国证监会应当终止相应发行上市审核程序或者发行注册程序，并向发行人说明理由：

（一）发行人撤回注册申请或者保荐人撤销保荐；

（二）发行人未在要求的期限内对注册申请文件做出解释说明或者补充、修改；

（三）注册申请文件存在虚假记载、误导性陈述或者重大遗漏；

（四）发行人阻碍或者拒绝中国证监会、交易所依法对发行人实施检查、核查；

（五）发行人及其关联方以不正当手段严重干扰发行上市审核或者发行注册工作；

（六）发行人法人资格终止；

（七）注册申请文件内容存在重大缺陷，严重影响投资者理解和发行上市审核或者发行注册工作；

（八）发行人注册申请文件中记载的财务资料已过有效期且逾期三个月未更新；

（九）发行人发行上市审核程序中止超过交易所规定的时限或者发行注册程序中止超过三个月仍未恢复；

（十）交易所认为发行人不符合发行条件或者信息披露要求；

（十一）中国证监会规定的其他情形。

**第三十一条**　中国证监会和交易所可以对发行人进行现场检查，可以要求保荐人、证券服务机构对有关事项进行专项核查并出具意见。

中国证监会和交易所应当建立健全信息披露质量现场检查以及对保荐业务、发行承销业务的常态化检查制度。

**第三十二条**　中国证监会与交易所建立全流程电子化审核注册系统，实现电子化受理、审核，发行注册各环节实时信息共享，并依法向社会公开相关信息。

## 第四章　信息披露

**第三十三条**　发行人申请首次公开发行股票并在创业板上市，应当按照中国证监会制定的信息披露规则，编制并披露招股说明书，保证相关信息真实、准确、完整。信息披露内容应当简明清晰，通俗易懂，不得有虚假记载、误导性陈述或者重大遗漏。

中国证监会制定的信息披露规则是信息披露的最低要求。不论上述规则是否有明确规定，凡是投资者做出价值判断和投资决策所必需的信息，发行人均应当充分披露，内容应当真实、准确、完整。

**第三十四条**　中国证监会依法制定招股说明书内容与格式准则、编报规则等信息披露规则，对相关信息披露文件的内容、格式、编制要求、披露形式等做出规定。

交易所可以依据中国证监会部门规章和规范性文件，制定信息披露细则或指引，在中国证监会确定的信息披露内容范围内，对信息披露提出细化和补充要求，报中国证监会批准后实施。

**第三十五条**　发行人及其董事、监事、高级管理人员应当在招股说明书上签字、盖章，保证招股说明书的内容真实、准确、完整，不存在虚假记载、误导性陈述或者重大遗漏，按照诚信原则履行承诺，并声明承担相应法律责任。

发行人控股股东、实际控制人应当在招股说明书上签字、盖章，确认招股说明书的内容真实、准确、完整，不存在虚假记载、误导性陈述或者重大遗漏，按照诚信原则履行承诺，并声明承担相应法律责任。

**第三十六条**　保荐人及其保荐代表人应当在招股说明书上签字、盖章，确认招股说明书的内容真实、准确、完整，不存在虚假记载、误导性陈述或者重大遗漏，并声明承担相应的法律责任。

**第三十七条**　为证券发行出具专项文件的律师、注册会计师、资产评估人员、资信评级人员以及其所在机构，应当在招股说明书上签字、盖章，确认对发行人信息披露文件引用其出具的专业意见无异议，信息披露文件不因引用其出具的专业意见而出现虚假记载、误导性陈述或者重大遗漏，并声明承担相应的法律责任。

**第三十八条**　发行人应当以投资者需求为导向，结合所属行业的特点和发展趋势，充分披露自身的创新、创造、创意特征，针对性披露科技创新、模式创新或者业态创新情况，以及对新旧产业融合的促进作用，充分披露业务模式、公司治理、发展战略、经营政策、会计政策、财务状况分析等信息。

**第三十九条**　发行人应当以投资者需求为导向，精准清晰充分地披露可能对公司经营业绩、核心竞争力、业务稳定性以及未来发展产生重大不利影响的各种风险因素。

**第四十条**　发行人尚未盈利的，应当充分披露尚未盈利的成因，以及对公司现金流、业务拓展、人才吸引、团队稳定性、研发投入、战略性投入、生产经营可持续性等方面的影响。

**第四十一条**　发行人应当披露募集资金的投向和使用管理制度，披露募集资金对发行人主营业务发展的贡献、未来经营战略的影响以及发行人业务创新、创造、创意性的支持作用。

**第四十二条**　符合相关规定、存在特别表决权股份的企业申请首次公开发行股票并在创业板上市的，发行人应当在招股说明书等公开发行文件中，披露并特别提示差异化表决安排的主要内容、相关风险和对公司治理的影响，以及依法落实保护投资者合法权益的各项措施。

保荐人和发行人律师应当就公司章程规定的特别表决权股份的持有人资格、特别表决权股份拥有的表决权数量与普通股份拥有的表决权数量的比例安排、持有人所持特别表决权股份能够参与表决的股东大会事项范围、特别表决权股份锁定安排以及转让限制等事项是否符合有关规定发表专业意见。

**第四十三条**　发行人应当在招股说明书中披露公开发行股份前已发行股份的锁定期安排，特别是尚未盈利情况下发行人控股股东、实际控制人、董事、监事、高级管理人员股份的锁定期安排。

保荐人和发行人律师应当就前款事项是否符合有关规定发表专业意见。

**第四十四条**　招股说明书的有效期为六个月，自公开发行前最后一次签署之日起算。

招股说明书引用经审计的财务报表在其最近一期截止日后六个月内有效，特殊情况下发行人可申请适当延长，但至多不超过三个月。财务报表应当以年度末、半年度末或者季度末为截止日。

**第四十五条**　交易所受理注册申请文件后，发行人应当按规定，将招股说明书、发行保荐书、上市保荐书、审计报告和法律意见书等文件在交易所网站预先披露。

**第四十六条**　预先披露的招股说明书及其他注册申请文件不能含有价格信息，发行人不得据此发行股票。

发行人应当在预先披露的招股说明书显要位置做如下声明："本公司的发行申请尚需经深圳证券交易所和中国证监会履行相应程序。本招股说明书不具有据以发行股票的法律效力，仅供预先披露之用。投资者应当以正式公告的招股说明书作为投资决定的依据。"

**第四十七条**　交易所认为发行人符合发行条件和信息披露要求，将发行人注册申请文件报送中国证监会时，招股说明书、发行保荐书、上市保荐书、审计报告和法律意见书等文件应当同步在交易所网站和中国证监会网站公开。

**第四十八条**　发行人在发行股票前应当在交易所网站和符合中国证监会规定条件的网站全文刊登招股说明书，同时在符合中国证监会规定条件的报刊刊登提示性公告，告知投资者网上刊登的地址及获取文件的途径。

发行人可以将招股说明书以及有关附件刊登于其他网站，但披露内容应当完全一致，且不得早于在交易所网站、符合中国证监会规定条件的网站的披露时间。

保荐人出具的发行保荐书、证券服务机构出具的文件以及其他与发行有关的重要文件应当作为招股说明书的附件。

## 第五章　发行承销的特别规定

**第四十九条**　首次公开发行股票并在创业板上市的发行与承销行为，适用《证券发行与承销管理办法》，本办法和《创业板首次公开发行证券发行与承销特别规定》另有规定的除外。

**第五十条**　交易所应当根据《证券发行与承销管理办法》、本办法以及中国证监会相关规定制定创业板股票发行承销业务规则，并报中国证监会批准。

创业板首次公开发行股票的定价方式、投资者报价要求、最高报价剔除比例、发行价格确定、网下初始配售比例、网下优先配售比例、网上网下回拨机制、网下分类配售安排、网下配售锁定安排、战略配售、超额配售选择权等事项，应当同时遵守交易所相关规定。

**第五十一条**　首次公开发行股票采用询价方式的，应当向证券公司、基金管理公司、信托公司、财务公司、保险公司、合格境外机构投资者和私募基金管理人等专业机构投资者（以下统称网下投资者）询价。网下投资者参与询价，应当向中国证券业协会注册，并接受自律管理。

发行人和主承销商可以在符合中国证监会相关规定和证券交易所、中国证券业协会自律规则前提下，协商设置参与询价的网下投资者具体条件，并在发行公告中预先披露。

**第五十二条**　战略投资者在承诺的持有期限内，可以按规定向证券金融公司借出获得配售的股票。借出期限届满后，证券金融公司应当将借入的股票返还给战略投资者。

**第五十三条**　保荐人的相关子公司或者保荐人所属证券公司的相关子公司参与发行人股票配售的具体规则由交易所另行规定。

**第五十四条**　中国证监会做出予以注册的决定后，发行人与主承销商应当及时向交易所报备发行与承销方案。交易所在五个工作日内无异议的，发行人与主承销商可以依法刊登招股意向书，启动发行工作。

**第五十五条**　交易所对证券发行承销过程实施监管。发行承销涉嫌违法违规或者存在异常情形的，中国证监会可以要求交易所进行调查处理，或者直接责令发行人和承销商暂停或者中止发行。

## 第六章　监督管理和法律责任

**第五十六条**　中国证监会负责建立健全以信息披露为中心的注册制规则体系，制定股票发行注册并上市的规章规则，依法批准交易所制定的有关业务规则，并监督相关业务规则执行情况。

**第五十七条**　中国证监会建立对交易所发行上市审核工作和发行承销过

程监管的监督机制，持续关注交易所审核情况和发行承销过程监管情况。

**第五十八条**　中国证监会对交易所发行上市审核和发行承销过程监管等相关工作进行年度例行检查，在检查过程中，可以调阅审核工作文件，列席相关审核会议。

中国证监会定期或者不定期按一定比例对交易所发行上市审核和发行承销过程监管等相关工作进行抽查。

对于中国证监会在检查和抽查等监督过程中发现的问题，交易所应当整改。

**第五十九条**　中国证监会建立对发行上市监管全流程的权力运行监督制约机制，对发行上市审核程序和发行注册程序相关内控制度运行情况进行督导督察，对廉政纪律执行情况和相关人员的履职尽责情况进行监督监察。

**第六十条**　交易所应当建立内部防火墙制度，发行上市审核部门、发行承销监管部门与其他部门隔离运行。参与发行上市审核的人员，不得与发行人及其控股股东、实际控制人、相关保荐人、证券服务机构有利害关系，不得直接或者间接与发行人、保荐人、证券服务机构有利益往来，不得持有发行人股票，不得私下与发行人接触。

**第六十一条**　交易所应当建立定期报告制度，及时总结发行上市审核和发行承销监管的工作情况，并报告中国证监会。

**第六十二条**　交易所发行上市审核工作违反本办法规定，有下列情形之一的，由中国证监会责令改正；情节严重的，追究直接责任人员相关责任：

（一）未按审核标准开展发行上市审核工作；

（二）未按审核程序开展发行上市审核工作；

（三）不配合中国证监会对发行上市审核工作和发行承销监管工作的检查、抽查，或者不按中国证监会的整改要求进行整改。

**第六十三条**　发行人在证券发行文件中隐瞒重要事实或者编造重大虚假内容的，中国证监会采取五年内不接受发行人公开发行证券相关文件的监管措施；对相关责任人员，视情节轻重，采取认定为不适当人选的监管措施，或者采取证券市场禁入的措施。

**第六十四条**　发行人存在本办法第三十条第（三）项、第（四）项、第（五）项规定的情形，重大事项未报告、未披露，或者发行人及其董事、监事、高级管理人员、控股股东、实际控制人的签字、盖章系伪造或者变造的，中国证监会采取三年至五年内不接受发行人公开发行证券相关文件的监管措施。

**第六十五条**　发行人的控股股东、实际控制人违反本办法规定，致使发行人所报送的注册申请文件和披露的信息存在虚假记载、误导性陈述或者重大遗漏，或者组织、指使发行人进行财务造假、利润操纵或者在证券发行文件中隐瞒重要事实或编造重大虚假内容的，中国证监会视情节轻重，对相关单位和责任人员采取一年到五年内不接受相关单位及其控制的下属单位公开发行证券相关文件，对责任人员采取认定为不适当人选等监管措施，或者采取证券市场禁入的措施。

发行人的董事、监事和高级管理人员违反本办法规定，致使发行人所报送的注册申请文件和披露的信息存在虚假记载、误导性陈述或者重大遗漏的，中国证监会视情节轻重，对责任人员采取认定为不适当人选等监管措施，或者采取证券市场禁入的措施。

**第六十六条** 保荐人未勤勉尽责，致使发行人信息披露资料存在虚假记载、误导性陈述或者重大遗漏的，中国证监会视情节轻重，采取暂停保荐人业务资格一年到三年，或者责令保荐人更换相关负责人的监管措施；情节严重的，撤销保荐人业务资格，并对相关责任人员采取证券市场禁入的措施。

保荐代表人未勤勉尽责，致使发行人信息披露资料存在虚假记载、误导性陈述或者重大遗漏的，按规定认定为不适当人选。

证券服务机构未勤勉尽责，致使发行人信息披露资料中与其职责有关的内容及其所出具的文件存在虚假记载、误导性陈述或者重大遗漏的，中国证监会视情节轻重，采取三个月至三年不接受相关单位及其责任人员出具的发行证券专项文件的监管措施；情节严重的，对证券服务机构相关责任人员采取证券市场禁入的措施。

**第六十七条** 保荐人存在下列情形之一的，中国证监会视情节轻重，采取暂停保荐人业务资格三个月至三年的监管措施；情节特别严重的，撤销其业务资格：

（一）伪造或者变造签字、盖章；

（二）重大事项未报告、未披露；

（三）以不正当手段干扰审核注册工作；

（四）不履行其他法定职责。

保荐代表人存在前款规定情形之一的，中国证监会视情节轻重，三个月至三年不受理其具体负责的推荐；情节严重的，认定为不适当人选。

证券服务机构及其相关人员存在第一款规定情形的，中国证监会视情节轻重，采取三个月至三年不接受相关单位及其责任人员出具的发行证券专项文件的监管措施。

**第六十八条** 保荐人、证券服务机构存在以下情形之一的，中国证监会视情节轻重，采取责令改正、监管谈话、出具警示函、一年内不接受相关单位及其责任人员出具的与注册申请有关的文件等监管措施；情节严重的，可以同时采取三个月到一年内不接受相关单位及其责任人员出具的发行证券专项文件的监管措施：

（一）制作或者出具的文件不齐备或者不符合要求；

（二）擅自改动注册申请文件、信息披露资料或者其他已提交文件；

（三）注册申请文件或者信息披露资料存在相互矛盾或者同一事实表述不一致且有实质性差异；

（四）文件披露的内容表述不清，逻辑混乱，严重影响投资者理解；

（五）未及时报告或者未及时披露重大事项。

发行人存在前款规定情形的，中国证监会视情节轻重，采取责令改正、监管谈话、出具警示函、六个月至一年内不接受发行人公开发行证券相关文件的监管措施。

**第六十九条** 发行人披露盈利预测，利润实现数如未达到盈利预测的百分之八十的，除因不可抗力外，其法定代表人、财务负责人应当在股东大会以及证券交易所网站、符合中国证监会规定条件的媒体上公开做出解释并道歉；中国证监会可以对法定代表人处以警告。

利润实现数未达到盈利预测的百分之五十的，除因不可抗力外，中国证监会在三年内不受理该公司的公开发行证券申请。

注册会计师为上述盈利预测出具审核报告的过程中未勤勉尽责的，中国证监会视情节轻重，对相关机构和责任人员采取监管谈话等监管措施；情节严重的，给予警告等行政处罚。

**第七十条** 发行人及其控股股东和实际控制人、董事、监事、高级管理人员，保荐人、承销商、证券服务机构及其相关执业人员，在股票公开发行并上市相关的活动中存在其他违反本办法规定行为的，中国证监会视情节轻重，采取责令改正、监管谈话、出具警示函、责令公开说明、责令定期报告、认定为不适当人选、暂不受理与行政许可有关的文件等监管措施，或者采取证券市场禁入的措施。

**第七十一条** 发行人及其控股股东、实际控制人、保荐人、证券服务机构及其相关人员违反《中华人民共和国证券法》依法应予以行政处罚的，中国证监会将依法予以处罚。涉嫌犯罪的，依法移送司法机关，追究其刑事责任。

**第七十二条** 交易所负责对发行人及其控股股东、实际控制人、保荐人、承销商、证券服务机构等进行自律监管。

中国证券业协会负责制定保荐业务、发行承销自律监管规则，对保荐人、承销商、保荐代表人、网下投资者进行自律监管。

交易所和中国证券业协会应当对发行上市过程中违反自律监管规则的行为采取自律监管措施或者给予纪律处分。

**第七十三条** 中国证监会将遵守本办法的情况记入证券市场诚信档案，会同有关部门加强信息共享，依法实施守信激励与失信惩戒。

### 第七章　附　　则

**第七十四条**　符合《若干意见》等规定的红筹企业，申请首次公开发行股票并在创业板上市，应当同时符合本办法的规定，但公司形式可以适用其注册地法律规定；申请发行存托凭证并在创业板上市的，发行上市审核注册程序适用本办法的规定。

前款规定的红筹企业在创业板发行上市，适用《若干意见》“营业收入快速增长，拥有自主研发、国际领先技术，同行业竞争中处于相对优势地位”的具体标准由交易所制定，并报中国证监会批准。

**第七十五条**　本办法自公布之日起施行。《首次公开发行股票并在创业板上市管理办法》（证监会令第 142 号）同时废止。

## 国家科技成果转化引导基金设立创业投资子基金管理暂行办法

### 第一章　总　则

**第一条**　为规范国家科技成果转化引导基金（以下简称引导基金）设立创业投资子基金（以下简称子基金），加强资金管理，根据《国家科技成果转化引导基金管理暂行办法》，制定本办法。

**第二条**　引导基金按照政府引导、市场运作、不以营利为目的的原则设立子基金。设立方式包括与民间资本、地方政府资金以及其他投资者共同发起设立，或对已有创业投资基金增资设立等。

**第三条**　科技部按照《国家科技成果转化引导基金管理暂行办法》和本办法规定的条件和程序批准出资设立子基金。

### 第二章　子基金的设立

**第四条**　子基金应当在中国大陆境内注册，募集资金总额不低于 10 000 万元人民币，且以货币形式出资，经营范围为创业投资业务，组织形式为公司制或有限合伙制。

**第五条**　引导基金对子基金的参股比例为子基金总额的 20%～30%，且始终不作为第一大股东或最大出资人；子基金的其余资金应依法募集，境外出资人应符合国家相关规定。

**第六条**　子基金存续期一般不超过 8 年。在子基金股权资产转让或变现受限等情况下，经子基金出资人协商一致，最多可延长 2 年。

**第七条**　在中国大陆境内注册的投资企业或创业投资管理企业（以下统称

投资机构）可以作为申请者，向科技部、财政部申请设立子基金。多家投资机构拟共同发起子基金的，应推举一家机构作为申请者。

科技部、财政部委托引导基金的受托管理机构受理子基金的设立申请。

**第八条** 申请者为投资企业的，其注册资本或净资产应不低于 5000 万元；申请者为创业投资管理企业的，其注册资本应不低于 500 万元。

**第九条** 申请者应当确定一家创业投资管理企业作为拟设立的子基金的管理机构。该管理机构应具备以下条件：

（一）在中国大陆境内注册，主要从事创业投资业务；

（二）具有完善的创业投资管理和风险控制流程，规范的项目遴选和投资决策机制，健全的内部财务管理制度，能够为所投资企业提供创业辅导、管理咨询等增值服务；

（三）至少有 3 名具备 5 年以上创业投资或相关业务经验的专职高级管理人员；在国家重点支持的高新技术领域内，至少有 3 个创业投资成功案例；

（四）应参股子基金或认缴子基金份额，且出资额不得低于子基金总额的 5‰；

（五）企业及其高级管理人员无重大过失，无受行政主管机关或司法机关处罚的不良记录。

**第十条** 申请者向受托管理机构提交的申请应包括以下材料：

（一）子基金组建或增资方案；

（二）主要出资人的出资承诺书或出资证明；

（三）会计师事务所出具的投资机构近期的审计报告；

（四）子基金管理机构的有关材料；

（五）其他应当提交的资料。

**第十一条** 受托管理机构收到申请后，应对申请材料进行初审。对于不符合要求的，应及时通知申请者补充完善；对于符合要求的，应在规定时间内组织开展尽职调查，形成调查报告，并向引导基金理事会提交调查报告和子基金设立方案。

受托管理机构按照理事会要求委托专业化的社会中介机构开展尽职调查等工作。

**第十二条** 引导基金理事会依据《国家科技成果转化引导基金理事会规程》的相关规定，对调查报告和子基金设立方案进行审核，形成审核意见。

**第十三条** 科技部根据引导基金理事会的审核意见，对子基金设立方案进行合规性审查。对于符合设立条件的，科技部商财政部同意后向社会公示，公示期为 10 个工作日；公示无异议的，批准出资设立子基金，并向社会公告。

## 第三章 投资管理

**第十四条** 科技部、财政部委托受托管理机构向子基金派出代表，依据法律法规和子基金章程或合伙协议等行使出资人职责，参与重大决策，监督子基金的投资和运作，不参与日常管理。子基金管理机构做出投资决定后，应在实施投资前 3 个工作日告知受托管理机构代表。

**第十五条** 子基金管理机构在完成子基金 70%的资金委托投资之前，不得募集其他基金。子基金的待投资金应存放托管银行或购买国债等风险低、流动性强的符合国家有关规定的金融产品。

子基金管理费由子基金出资人与子基金管理机构协商确定。

**第十六条** 子基金投资于转化国家科技成果转化项目库中科技成果的企业的资金应不低于引导基金出资额的 3 倍，且不低于子基金总额的 50%；其他投资方向应符合国家重点支持的高新技术领域；所投资企业应在中国大陆境内注册。

**第十七条** 子基金不得从事以下业务：

（一）投资于已上市企业（所投资企业上市后，子基金所持股份未转让及其配售部分除外）；

（二）从事担保、抵押、委托贷款、房地产（包括购买自用房地产）等业务；

（三）投资于股票、期货、企业债券、信托产品、理财产品、保险计划及其他金融衍生品；

（四）进行承担无限连带责任的对外投资；

（五）吸收或变相吸收存款，以及发行信托或集合理财产品的形式募集资金；

（六）向任何第三方提供资金拆借、赞助、捐赠等；

（七）其他国家法律法规禁止从事的业务。

**第十八条** 引导基金以出资额为限对子基金债务承担责任。子基金清算出现亏损时，首先由子基金管理机构以其对子基金的出资额承担亏损，剩余部分由引导基金和其他出资人按出资比例承担。

**第十九条** 出现下列情况之一时，引导基金可选择退出，且无须经由其他出资人同意：

（一）子基金方案获得科技部批准后，未按规定程序完成设立手续超过一年的；

（二）引导基金向子基金账户拨付资金后，子基金未开展投资超过一年的；

（三）子基金投资项目不符合本办法规定的政策目标的；

（四）子基金未按照章程或合伙协议约定投资的；

（五）子基金管理机构发生实质性变化的。

**第二十条** 子基金存续期内，鼓励子基金的股东（出资人）或其他投资者购买引导基金所持子基金的股权或份额。同等条件下，子基金的股东（出资人）优先购买。

对于发起设立的子基金，注册之日起 4 年内（含 4 年）购买的，以引导基金原始出资额转让；4 年至 6 年内（含 6 年）购买的，以引导基金原始出资额及从第 5 年起按照转让时中国人民银行公布的 1 年期贷款基准利率计算的利息之和转让；6 年以上仍未退出的，将与其他出资人同股同权在存续期满后清算退出。

对于增资设立的子基金的，上述年限从子基金完成变更登记手续之日起计算。

**第二十一条**　子基金存续期结束时，子基金出资各方按照出资比例或相关协议约定获取投资收益。子基金的年平均收益率不低于子基金出资时中国人民银行公布的一年期贷款基准利率的，引导基金可将其不超过 20%的收益奖励子基金管理机构。

## 第四章　托管银行

**第二十二条**　科技部、财政部通过招标等方式确定若干家银行作为子基金的托管银行，并向社会公布。托管银行应当符合以下条件：

（一）成立时间在 5 年以上的全国性股份制商业银行；

（二）具有专门的基金托管机构和创业投资基金托管经验；

（三）无重大过失以及受行政主管机关或司法机关处罚的不良记录。

**第二十三条**　子基金应在科技部、财政部公布的银行名单中选择托管银行，签订资产托管协议，开设托管账户。托管银行与子基金主要出资人、子基金管理机构之间不得有股权和亲属等关联及利害关系。

**第二十四条**　托管银行负责托管子基金资产，按照托管协议和投资指令负责子基金的资金往来，定期向受托管理机构报告资金情况。受托管理机构负责对托管银行履行职责情况进行考核。

**第二十五条**　子基金存续期内产生的股权转让、分红、清算等资金应进入托管账户，不得循环投资。

## 第五章　收入收缴

**第二十六条**　引导基金投资子基金的收入包括引导基金退出时应收回的原始投资及应取得的收益、子基金清算时引导基金应取得的剩余财产清偿收入等。

上述原始投资及应取得的收益，按照引导基金的实际出资额以及引导基金股权或份额转让协议等确定；应取得的剩余财产清偿收入根据有关法律程序确定。

**第二十七条**　引导基金投资子基金的所得收入上缴中央国库，纳入中央公共财政预算管理。收入收缴工作由受托管理机构负责，按照国库集中收缴有关规定执行。

**第二十八条** 引导基金投资子基金的收入按以下程序上缴：

（一）受托管理机构与子基金其他出资人等商议股权或份额退出、收益分配及清算等事宜，并对子基金实施情况的专项审计报告、受让子基金股权或份额申请以及确认收入所依据的相关资料等进行审核；

（二）受托管理机构根据商议及审核结果，提出引导基金退出及收入收缴实施方案，报科技部、财政部审定；

（三）受托管理机构根据科技部、财政部的审定意见，办理股权或份额转让、收入收缴等手续，向有关缴款单位发送缴款通知；

（四）缴款单位在收到缴款通知后的30日内，将应缴的引导基金投资子基金收入缴入引导基金在托管银行开设的指定账户。

## 第六章 管理与监督

**第二十九条** 受托管理机构应建立子基金管理信息系统，实施子基金设立及运作的过程管理，并采取投资告知、定期报告、专项审计等方式，加强对子基金的管理和监督。

**第三十条** 受托管理机构应向科技部、财政部定期提交子基金运作情况和引导基金投资子基金收入上缴情况，及时报告子基金法律文件变更、资本增减、违法违规事件、管理机构变动、清算与解散等重大事项。

**第三十一条** 科技部、财政部委托引导基金理事会对子基金运作情况定期开展绩效评价，对受托管理机构改进工作提出建议。

**第三十二条** 受托管理机构不能有效履行职责、发生重大过失或违规行为等造成恶劣影响的，科技部、财政部视情况给予约谈、批评、警告直至取消其受托管理资格的处理。处理结果可向社会公告。

**第三十三条** 任何单位和个人不得隐瞒、滞留、截留、挤占、挪用引导基金投资子基金的收入。一经发现和查实前述行为，除收回有关资金外，按照《财政违法行为处罚处分条例》（国务院令第427号）的规定处理。

## 第七章 附 则

**第三十四条** 本办法规定的相关事项应在子基金章程或合伙协议等文件中载明。

**第三十五条** 本办法由科技部、财政部负责解释。

**第三十六条** 本办法自发布之日起30日后施行。

# 财政部 国家税务总局 科技部
# 关于完善研究开发费用税前加计扣除政策的通知

财税〔2015〕119号

各省、自治区、直辖市、计划单列市财政厅（局）、国家税务局、地方税务局、科技厅（局），新疆生产建设兵团财务局、科技局：

根据《中华人民共和国企业所得税法》及其实施条例有关规定，为进一步贯彻落实《中共中央 国务院关于深化体制机制改革加快实施创新驱动发展战略的若干意见》精神，更好地鼓励企业开展研究开发活动（以下简称研发活动）和规范企业研究开发费用（以下简称研发费用）加计扣除优惠政策执行，现就企业研发费用税前加计扣除有关问题通知如下：

## 一、研发活动及研发费用归集范围

本通知所称研发活动，是指企业为获得科学与技术新知识，创造性运用科学技术新知识，或实质性改进技术、产品（服务）、工艺而持续进行的具有明确目标的系统性活动。

（一）允许加计扣除的研发费用。

企业开展研发活动中实际发生的研发费用，未形成无形资产计入当期损益的，在按规定据实扣除的基础上，按照本年度实际发生额的50%，从本年度应纳税所得额中扣除；形成无形资产的，按照无形资产成本的150%在税前摊销。研发费用的具体范围包括：

1. 人员人工费用。

直接从事研发活动人员的工资薪金、基本养老保险费、基本医疗保险费、失业保险费、工伤保险费、生育保险费和住房公积金，以及外聘研发人员的劳务费用。

2. 直接投入费用。

（1）研发活动直接消耗的材料、燃料和动力费用。

（2）用于中间试验和产品试制的模具、工艺装备开发及制造费，不构成固定资产的样品、样机及一般测试手段购置费，试制产品的检验费。

（3）用于研发活动的仪器、设备的运行维护、调整、检验、维修等费用，以及通过经营租赁方式租入的用于研发活动的仪器、设备租赁费。

3. 折旧费用。

用于研发活动的仪器、设备的折旧费。

4. 无形资产摊销。

用于研发活动的软件、专利权、非专利技术（包括许可证、专有技术、设计和计算方法等）的摊销费用。

5. 新产品设计费、新工艺规程制定费、新药研制的临床试验费、勘探开发技术的现场试验费。

6. 其他相关费用。

与研发活动直接相关的其他费用，如技术图书资料费、资料翻译费、专家咨询费、高新科技研发保险费，研发成果的检索、分析、评议、论证、鉴定、评审、评估、验收费用，知识产权的申请费、注册费、代理费，差旅费、会议费等。此项费用总额不得超过可加计扣除研发费用总额的 10%。

7. 财政部和国家税务总局规定的其他费用。

（二）下列活动不适用税前加计扣除政策。

1. 企业产品（服务）的常规性升级。

2. 对某项科研成果的直接应用，如直接采用公开的新工艺、材料、装置、产品、服务或知识等。

3. 企业在商品化后为顾客提供的技术支持活动。

4. 对现存产品、服务、技术、材料或工艺流程进行的重复或简单改变。

5. 市场调查研究、效率调查或管理研究。

6. 作为工业（服务）流程环节或常规的质量控制、测试分析、维修维护。

7. 社会科学、艺术或人文学方面的研究。

## 二、特别事项的处理

1. 企业委托外部机构或个人进行研发活动所发生的费用，按照费用实际发生额的 80%计入委托方研发费用并计算加计扣除，受托方不得再进行加计扣除。委托外部研究开发费用实际发生额应按照独立交易原则确定。

委托方与受托方存在关联关系的，受托方应向委托方提供研发项目费用支出明细情况。

企业委托境外机构或个人进行研发活动所发生的费用，不得加计扣除。

2. 企业共同合作开发的项目，由合作各方就自身实际承担的研发费用分别计算加计扣除。

3. 企业集团根据生产经营和科技开发的实际情况，对技术要求高、投资数额大，需要集中研发的项目，其实际发生的研发费用，可以按照权利和义务相一致、费用支出和收益分享相配比的原则，合理确定研发费用的分摊方法，在受益成员企业间进行分摊，由相关成员企业分别计算加计扣除。

4. 企业为获得创新性、创意性、突破性的产品进行创意设计活动而发生的相关费用，可按照本通知规定进行税前加计扣除。

创意设计活动是指多媒体软件、动漫游戏软件开发，数字动漫、游戏设计制作；房屋建筑工程设计（绿色建筑评价标准为三星）、风景园林工程专项设计；工业设计、多媒体设计、动漫及衍生产品设计、模型设计等。

### 三、会计核算与管理

1. 企业应按照国家财务会计制度要求，对研发支出进行会计处理；同时，对享受加计扣除的研发费用按研发项目设置辅助账，准确归集核算当年可加计扣除的各项研发费用实际发生额。企业在一个纳税年度内进行多项研发活动的，应按照不同研发项目分别归集可加计扣除的研发费用。

2. 企业应对研发费用和生产经营费用分别核算，准确、合理归集各项费用支出，对划分不清的，不得实行加计扣除。

### 四、不适用税前加计扣除政策的行业

1. 烟草制造业。
2. 住宿和餐饮业。
3. 批发和零售业。
4. 房地产业。
5. 租赁和商务服务业。
6. 娱乐业。
7. 财政部和国家税务总局规定的其他行业。

上述行业以《国民经济行业分类与代码（GB/4754-2011）》为准，并随之更新。

### 五、管理事项及征管要求

1. 本通知适用于会计核算健全、实行查账征收并能够准确归集研发费用的居民企业。

2. 企业研发费用各项目的实际发生额归集不准确、汇总额计算不准确的，税务机关有权对其税前扣除额或加计扣除额进行合理调整。

3. 税务机关对企业享受加计扣除优惠的研发项目有异议的，可以转请地市级（含）以上科技行政主管部门出具鉴定意见，科技部门应及时回复意见。企业承担省部级（含）以上科研项目的，以及以前年度已鉴定的跨年度研发项目，不再需要鉴定。

4. 企业符合本通知规定的研发费用加计扣除条件而在 2016 年 1 月 1 日以后未及时享受该项税收优惠的，可以追溯享受并履行备案手续，追溯期限最长为 3 年。

5. 税务部门应加强研发费用加计扣除优惠政策的后续管理，定期开展核

查，年度核查面不得低于 20%。

六、执行时间

本通知自 2016 年 1 月 1 日起执行。《国家税务总局关于印发〈企业研究开发费用税前扣除管理办法（试行）〉的通知》（国税发〔2008〕116 号）和《财政部 国家税务总局关于研究开发费用税前加计扣除有关政策问题的通知》（财税〔2013〕70 号）同时废止。

财政部 国家税务总局 科技部
2015 年 11 月 2 日

**注：**以上政策和法规中，2018 年 3 月，根据第十三届全国人民代表大会第一次会议批准的国务院机构改革方案，将国家工商行政管理总局的职责整合，组建中华人民共和国国家市场监督管理总局，不再保留国家工商行政管理总局。

2018 年 3 月，根据第十三届全国人民代表大会第一次会议批准的国务院机构改革方案，将农业部的草原资源调查和确权登记管理职责整合，组建中华人民共和国自然资源部；将农业部的监督指导农业面源污染治理职责整合，组建中华人民共和国生态环境部；将农业部的职责整合，组建中华人民共和国农业农村部；将农业部的渔船检验和监督管理职责划入中华人民共和国交通运输部；将农业部的草原防火整合，组建中华人民共和国应急管理部；将农业部的草原监督管理职责、自然保护区、风景名胜区、自然遗产、地质公园等管理职责整合，组建中华人民共和国国家林业和草原局，由自然资源部管理；不再保留农业部。

2020 年 5 月 28 日，十三届全国人民代表大会第三次会议表决通过了《中华人民共和国民法典》，自 2021 年 1 月 1 日起施行。婚姻法、继承法、民法通则、收养法、担保法、合同法、物权法、侵权责任法、民法总则同时废止。

附录 A

# 商业计划书编写参考格式

商业计划书是全面介绍企业或项目运作情况及阐述未来发展前景和融资要求的书面材料。为使企业的商业计划更全面地被投资人了解，一般应按照下列要求详细编写商业计划书。

提交商业计划书要遵循以下原则：

（1）真实，论据、假设合理；

（2）形式完善，叙述清晰流畅；

（3）简明扼要，突出重点；

（4）书面商业计划书一式五份，另备电脑磁盘拷贝一份。

格式 1：供初创期、成长期的企业融资参考

商业计划书应包括以下部分（有些部分可根据情况合并、增减）：

（1）摘要；

（2）企业背景与历史；

（3）法律协议与诉讼；

（4）企业发展计划（目标）；

（5）企业组织与管理；

（6）产品、服务与行业介绍；

（7）研究与开发；

（8）市场与营销；

（9）生产与经营；

（10）基本经营模式；

（11）竞争与风险；

（12）财务；

（13）投资建议；

（14）附录。

封面格式：

# 商 业 计 划 书

项目单位________________________________________
地　　址________________________________________
电　　话________________________________________
传　　真________________________________________
电子邮件________________________________________
联 系 人________________________________________

## 保密协议

________________________________________
________________________________________
________________________________________
________________________________________

创业计划编号：　　　　　　　　　　　　收方：
企业：　　　　　　　　　　　　　　　　签字：
　　　　　　　　　　　　　　　　　　　日期：

格式 1

### 1. 摘要

（1）企业简介。

企业的名称、性质、地址、电话、成立时间、联系人。

（2）业务类型。

所属行业、业务范围、业务性质。

（3）企业产品和经营概况。

企业产品情况和经营情况的概述。

（4）企业现有股权状况。

a）股东名单。

b）各股东的认股权、股份比例和特权等。

（5）资金需求与融资阶段。

a）总资金需求及运作周期。

b）合作方式。

### 2. 企业背景与历史

（1）企业创建时间。
（2）企业的主导产品。
（3）企业发展的历史及重要事件。

### 3. 法律协议与诉讼

（1）企业签署的各项法律协议。
雇员协议、特许权、营销许可、专利权等。
（2）诉讼。
说明与企业相关的诉讼事件。

### 4. 企业发展计划（目标）

（1）近期发展目标（1～2年）。
（2）中长期发展目标（3～5年）。
（3）资金使用计划。
a）各阶段资金用途及金额。
b）资金投入后要取得的效益或阶段性目标。

### 5. 企业组织与管理

（1）企业组织结构图。
a）行政管理。
b）生产运营。
（2）董事和高级职员。

列出董事、主要高级职员的姓名、职务和年龄，简要介绍他们的背景和个人履历。

（3）薪酬体系。

列表说明企业所有关键雇员、股东和高级职员的个人收入状况，包括姓名、职务、薪金及其他收入情况。薪金指从企业取得的全部收入，具体包括股东收入、咨询费、佣金、红利、工资等。

### 6. 产品、服务与行业介绍

（1）产品或服务。
a）准确描述产品或服务，以免对产品或服务在理解上有歧义。

b）如果有多种产品或服务，应分项说明。
c）说明产品价格、定价依据和获利水准。
d）全面分析影响价格的因素，并应对各种情况均能做出尽可能的解释。
e）产品或技术的版权、专利权和商标权等。
f）关于产品的报道、介绍、样品与图片。
（2）产品或服务的竞争优势。
a）竞争对手的产品特点、市场状况及发展趋势。
b）自有产品的竞争优势。
（3）行业或市场。
a）行业概况。
b）产品市场的分布与结构。
c）产品或服务的市场总需求量（市场容量）。
d）政府政策。

7. 研究与开发

（1）明确列出已用于研究、开发的费用总额。
（2）研究开发的现状、计划发展方向和目标。
（3）计划将来用于研究与开发的费用预算。
（4）说明准备利用研究与开发资金完成哪些具体任务。

8. 市场与营销

（1）市场分析。
a）目标用户群的需求及其变化发展预测。
b）用户群的性质、特点。
c）市场形成的背景、过程及发展速度。
d）现有的市场规模和特点。
e）推动市场发展的动力及市场的发展前景。
f）影响市场发展的有利因素和不利因素。
（2）市场销售。
a）现有销售模式及现有的市场机构和销售渠道。
b）发展方向和各阶段的目标。
c）现有销售队伍及管理方法。
d）发展过程中销售队伍的建立和管理。
e）现有的广告、促销手段及实施效果和未来计划。
f）现行价格策略及其制定原因、效果和未来计划。

g）企业以往销售业绩。

h）预期分阶段销售目标。

（3）售后服务。

略。

### 9. 生产与经营

（1）生产与服务。

a）描述生产或服务的全部过程，并着重说明主要生产阶段。

b）生产成本及其控制，特别要说明计划采用什么措施把成本控制在理想范围内。

c）质量控制方案。

（2）生产类型。

a）技术难度。

b）产品科技含量。

c）协作或外购部分的比例。

d）生产过程中的关键技术。

e）技术人员培训的有关情况。

（3）生产或营业设施。

a）企业自有或合用的作为生产、营业场所的不动产。

b）营业场所占地面积及每平方米的价格。

（4）设备。

a）企业现有或计划购置的主要设备。

b）现存固定资产的基本情况及其价值。

c）现存可用于生产的设备总量及价值。

d）设备的先进程度。

（5）供应情况。

a）供应本企业原材料和其他资源的有关企业情况。

b）完整的主要原材料供应商的明细表。

c）原材料市场分析。

（6）协作生产商。

如果有协作生产商或委托加工部分，则应在商业计划书中说明主要协作生产商的名称、地址和合同金额。

（7）关键技术人员。

a）说明现有关键技术人员的人数及主要作用。

b）保证关键技术人员稳定可靠的有关措施。

### 10. 基本经营模式

可以用图表说明。

### 11. 竞争与风险

（1）竞争分析。

a）说明已有的竞争产品及相关企业的情况。

b）说明各竞争对手的销售额和市场占有率，同时要说明各企业的实力。

c）本企业产品与竞争对手的产品的区别。

d）如果竞争力不强，应分析缺少竞争力的原因。

e）如果认为将来可能有竞争力，则应指出主要潜在的竞争对手，分析他们何时可能进入市场。

（2）其他弱点与潜在威胁。

略。

### 12. 财务

（1）以往财务状况。

a）现金流量表。

b）损益表。

c）资产负债表。

（2）经营计划的分阶段条件假设。

a）产品的销售价格和销售量。

b）产品的生产成本。

c）研发费用（人员、设备、场地、调研、办公费用等）。

d）销售费用（渠道、推广费用等）。

e）利润。

f）资金缺口。

（3）预计财务状况。

a）企业或项目收益预测。

b）财务盈亏分析。

### 13. 投资建议

对投资人阐明企业期望的投资和退出方式。

### 14. 附录

（1）主要合同资料。

（2）信誉证明。
（3）相关图片。
（4）分支机构列表。
（5）市场调查结果。
（6）主要领导人履历。
（7）生产技术信息平面布置。
格式2：供种子期项目融资参考
商业计划书应包括以下部分（有些部分可根据情况合并、增减）：
（1）摘要；
（2）项目背景与历史；
（3）产品、服务与行业介绍；
（4）项目发展计划（目标）；
（5）研究与开发；
（6）法律协议与诉讼；
（7）内部管理；
（8）市场与营销；
（9）生产与经营；
（10）基本经营模式；
（11）竞争与风险；
（12）财务；
（13）投资建议；
（14）附录。

1. 摘要

（1）项目简介。
项目的名称、概述（行业描述及项目在行业中所处的地位和作用）、相关联系电话和联系人。
（2）项目产品。
项目技术或产品情况。
（3）项目产品或技术产权状况。
a）项目技术持有人情况。
b）产品或技术的产权状况。
（4）资金需求与融资阶段。
a）总资金需求及运作周期。
b）合作步骤和方式。

### 2. 项目背景与历史

项目背景与来源介绍。

### 3. 产品、服务与行业介绍

（1）产品或服务。
a）准确描述项目现状，产品设计或样机，完成定型产品所需的各种条件。
b）如果有多种产品或服务，应分项说明。
c）说明拟推向市场的产品的定价依据和获利水准。
d）全面分析影响价格的因素，并应对各种情况均能做出尽可能详尽的解释。
e）产品或技术的版权、专利权和商标权等。
f）关于产品的报道、介绍、样品与图片。
（2）产品或服务的竞争优势。
a）竞争对手的产品特点、市场状况（国内外）及发展趋势。
b）自有产品的竞争优势。
（3）行业或市场。
a）项目产品所处行业概况。
b）项目产品市场的分布与结构。
c）项目产品的市场总需求量（市场容量）。
d）国家政策及行业政策规定等。
e）市场准入或市场壁垒。

### 4. 项目发展计划（目标）

（1）近期发展目标（1～2 年）。
a）组织机构发展目标。
b）产品技术目标。
c）销售目标。
d）研发目标。
e）市场占有率目标。
（2）中长期发展目标（3～5 年）。
a）产品技术目标。
b）企业要达到的规模目标。
c）研发目标。
d）市场占有率目标。
e）战略发展目标。

（3）资金使用计划。

a）各阶段资金用途及金额。

b）资金投入后要取得的效果或阶段性目标。

### 5. 研究与开发

（1）研究开发的现状、计划发展方向和目标。

（2）计划将来用于研究与开发的费用预算。

（3）说明准备利用研究与开发资金完成的具体任务。

### 6. 法律协议与诉讼

（1）企业签署的各项法律协议。

雇员协议、特许权、营销许可、专利权等与项目有关的各项协议。

（2）诉讼。

说明与项目相关的诉讼事件。

### 7. 内部管理

（1）组织结构图。

a）行政管理。

b）生产运营管理。

（2）团队主要成员介绍。

a）与项目有关的关键人员履历。

b）团队主要成员的分工和组合优势。

（3）薪酬体系。

说明项目关键人员在企业成立后的职务和收入（指从企业取得的全部收入，具体包括股权、股东收入、咨询费、佣金、红利、工资等）计划。

### 8. 市场与营销

（1）市场分析。

a）目标用户群的需求及其变化发展预测。

b）用户群的性质、特点。

c）市场形成的背景、过程及发展速度。

d）现有的市场规模和特点（国内外同类产品市场）。

e）推动市场发展的动力及市场的发展前景。

f）影响市场发展的有利因素和不利因素。

（2）市场销售。

a）项目产品拟采用的销售模式，以及可利用的市场机构和销售渠道。

b）发展方向和各阶段的目标。

c）现有销售队伍及管理方法。

d）发展过程中销售队伍的建立和管理。

e）促销手段及实施效果和未来计划。

f）价格策略及其制定原因、效果和未来计划。

g）具有购买意向的潜在客户。

h）预期分阶段销售目标。

（3）售后服务。

略。

9. 生产与经营

（1）生产与服务。

a）描述生产或服务的全部过程，并着重说明主要生产阶段。

b）生产成本及其控制，特别要说明计划采用什么措施把成本控制在理想范围内。

c）质量控制方案。

（2）生产类型。

a）技术难度。

b）产品科技含量。

c）协作或外购部分的比例。

d）生产过程中的关键技术。

e）技术人员培训的有关情况。

（3）生产或营业设施。

a）项目拟作为生产、营业场所的不动产。

b）营业场所占地面积及每平方米的价格。

（4）设备。

a）计划购置的主要设备。

b）设备的先进程度。

（5）供应情况。

a）项目所需原材料和其他资源的有关情况。

b）完整的主要原材料供应商的明细表。

c）原材料市场分析。

（6）协作生产商。

如果有协作生产商或委托加工部分，则应在商业计划书中说明主要协作生产商的名称、地址和合同金额。

（7）关键技术人员。

a）说明现有关键技术人员的人数及主要作用。

b）保证关键技术人员稳定可靠的有关措施。

### 10. 基本经营模式

可以用图表说明。

### 11. 竞争与风险

（1）竞争分析。

a）说明是否有竞争产品及相关企业，如有，请加以说明。

b）说明各竞争对手的销售额和市场占有率。

c）本项目产品与竞争对手的产品的区别。

d）如果认为将来可能有竞争，应指出主要潜在的竞争对手，分析他们何时可能进入市场。

（2）其他弱点与潜在威胁。

略。

### 12. 财务

（1）财务状况及管理。

a）与项目有关的财务管理及制度。

b）损益表。

c）现金流量表。

d）资产负债表。

（2）经营计划的分阶段条件假设。

a）产品的销售价格和销售量。

b）产品的生产成本。

c）研发费用（人员、设备、场地、调研、办公费用等）。

d）销售费用（渠道、推广费用等）。

e）利润。

f）资金缺口。

（3）预计财务状况。

a）项目收益预测。

b）财务盈亏分析。

13. 投资建议

对投资人阐明该项目期望的理想投资方式（例如，利用投资方的资金共同成立企业，投资方占有新成立企业的股份，将项目进行商业运作，或者与一家已成立的企业达成协议，以项目入股占有该企业一定比例股份，利用已有企业体系进行商业运作等）和企业可以接受的退出方式。

14. 附录

（1）主要合同资料。
（2）信誉证明。
（3）相关图片。
（4）分支机构列表。
（5）市场调查结果。
（6）主要领导人履历。
（7）生产技术信息平面布置。

附录 B

# 国家科技风险开发事业中心简介

国家科技风险开发事业中心（简称风险中心）设立于 1991 年，是中华人民共和国科学技术部（简称科技部）、中华人民共和国财政部（简称财政部）共同组建的中央级事业单位，2015 年后纳入科技部直属事业单位管理。

风险中心的主要职责是开展科技金融结合、科技成果转化、科技风险管理等理论、现状和发展趋势研究，为科技部的宏观决策提供建议和对策；受托承担技术创新引导专项（基金）相关工作，承担国家科技成果转化引导基金日常管理工作；受托承担中央财政科技计划（专项、基金等）相关领域专项、项目等经费预算评估评审、绩效评价及科研机构、科技园区绩效评价等工作；开展科技金融结合、科技成果转化、科技风险管理等相关领域的国际和对港、澳、台地区的交流与合作工作等。

2011 年 7 月，财政部、科技部印发《国家科技成果转化引导基金管理暂行办法》（财教〔2011〕289 号）。2014 年 8 月，科技部、财政部印发《国家科技成果转化引导基金设立创业投资子基金管理暂行办法》（国科发财〔2014〕229 号），中央财政出资设立国家科技成果转化引导基金（简称转化基金），决定采取设立创业投资子基金的方式，引导社会资本共同支持科技成果的转化应用，利用财政资金形成科技成果的转化，包括国家（行业、部门）科技计划（专项、项目）和地方科技计划（专项、项目）及其他由事业单位产生的新技术、新产品、新工艺、新材料、新装置及其系统等。风险中心受科技部和财政部委托，作为专业受托管理机构，负责国家科技成果转化引导基金日常管理工作。

转化基金发挥中央财政资金的杠杆和引导作用，采用多种方式带动地方财政、金融资本和民间资本加大对科技成果转化的投入。转化基金与符合条件的投资机构共同设立市场化运作的创业投资子基金，为转化科技成果的企业提供股权投资。子基金由专业基金管理机构或团队进行投资运作管理，改变由政府组织选项目、评项目、管项目的管理模式，充分发挥了市场在配置科技成果转化资源的决定性作用；转化基金对子基金投资项目进行合规性审查，确保不偏离设定的政策目标，以更好发挥政府的作用。

转化基金是母基金。

在子基金设立上，转化基金不做第一大出资人，参股比例为子基金募资总额的 20%～30%；在子基金投资上，要求子基金以不低于转化基金出资额 3 倍的资金投资于转化科技成果（该成果应为利用财政资金形成的科技成果）的企业，其他投资应符合国家重点支持的高新技术领域方向。

在子基金运行上，转化基金不参与子基金管理机构对拟投资项目的选择、决策和投后管理等日常经营，充分发挥子基金管理机构的专业能力。

在子基金退出上，存续期内鼓励子基金出资人或其他投资者购买转化基金所持子基金的份额。4 年内（含 4 年）购买的，以转化基金原始出资额转让；4 年至 6 年内（含 6 年）购买的，以转化基金原始出资额及从第 5 年起按照转让时中国人民银行公布的 1 年期贷款基准利率计算的利息之和转让；6 年以上仍未退出的，将与其他出资人同股同权在存续期满后清算退出。

截至 2020 年，转化基金已分 5 批、设立子基金 30 支，子基金总规模达 422.37 亿元，其中转化基金出资 106.42 亿元。在子基金层面，中央财政资金放大比例为 1∶4；在项目层面，经子基金进一步带动社会资本同步投资，中央财政资金放大比例约为 1∶18。至 2020 年 9 月底，子基金已累计投资企业 350 家，投资总额达 189.79 亿元，带动社会资本同步投资 608.47 亿元，转化 651 项财政资金支持形成的科技成果，涵盖电子信息、生物医药、新材料、新能源与节能及先进制造与自动化等全部国家重点支持的高新技术领域和战略性新兴产业。以中科寒武纪为代表的一批从事硬科技成果转化的中小企业，得到了转化基金子基金的资金支持，发展动力得到进一步激发，科技成果转化和产业化速度得到明显提升，有力推动了一批行业关键共性技术的转化应用。转化基金促进科技成果转化应用的成效显著。

附录 C

# 国内部分风险投资机构名录

风险投资基金存续期一般为 8 年，运作顺利时也可能不需要 8 年，因此风险投资机构信息变化较快。中国证券投资基金业协会建立了私募股权投资基金的备案及公示机制，中国证券投资基金业协会官方网站设有私募基金管理人和私募基金产品专区，有需要的创业企业可以登录专区查询已备案的风险投资基金及其管理机构的相关信息。

# 参考文献


[1] 王元．中国创业风险投资发展报告[M]．北京：经济管理出版社，2011．

[2] 林金腾．私募股权投资与创业投资[M]．广州：中山大学出版社，2011．

[3] 孔淑红．风险投资与融资[M]．北京：对外经济贸易大学出版社，2010．

[4] 何国杰．本土风险投资实务[M]．广州：中山大学出版社，2010．

[5] 红霞．风险投资[M]．北京：中国科学技术出版社，2009．

[6] 陈永坚．中国风险投资与私募股权[M]．北京：法律出版社，2008．

[7] 高成亮．风险投资运作[M]．北京：首都经济贸易大学出版社，2008．

[8] 于俊燕．风险投资红人馆[M]．北京：机械工业出版社，2008．